我的路

MEIN WEG 1

Jidi
寂地
(Texte und
Bilder)

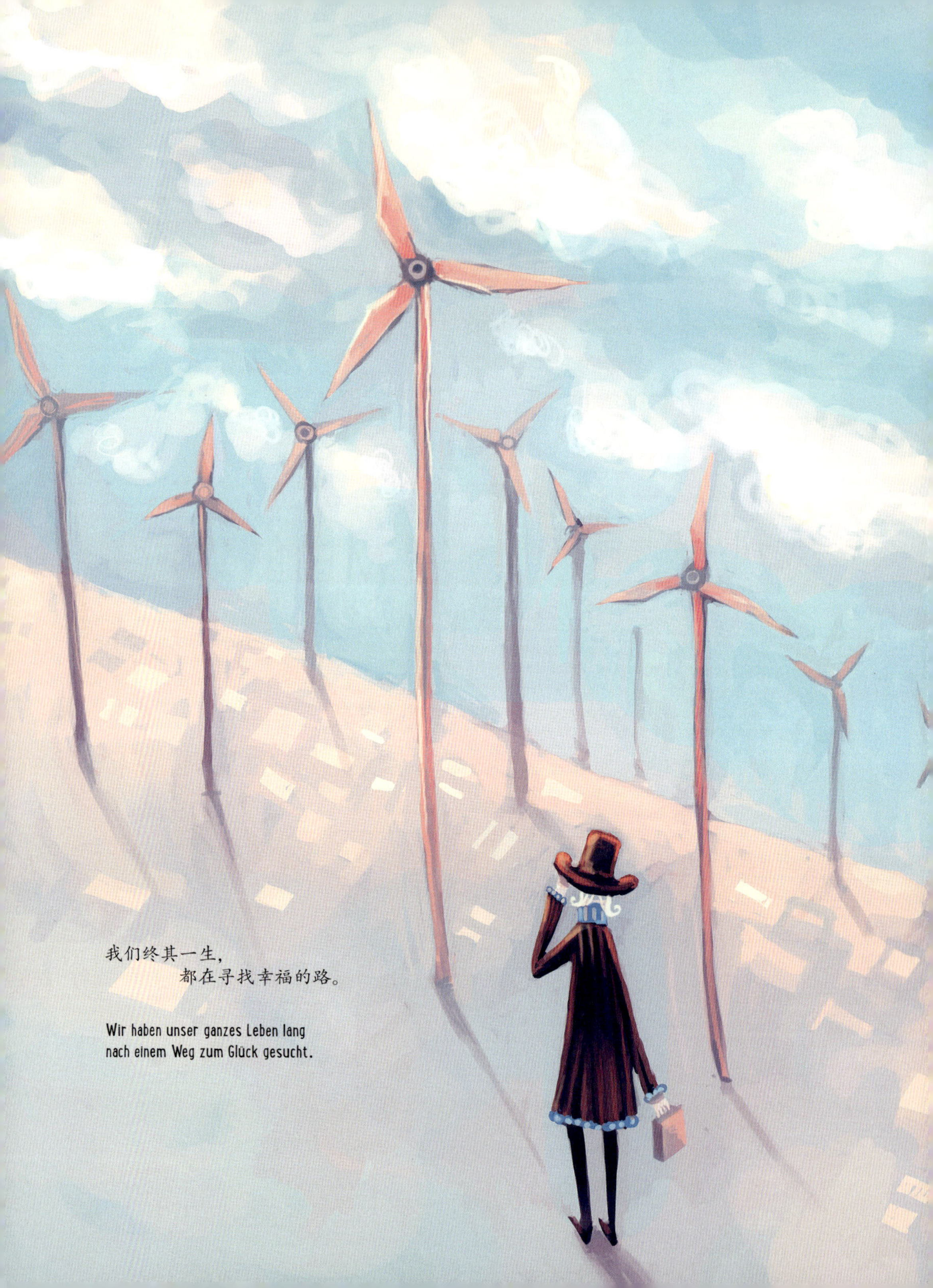

我们终其一生，
都在寻找幸福的路。

Wir haben unser ganzes Leben lang
nach einem Weg zum Glück gesucht.

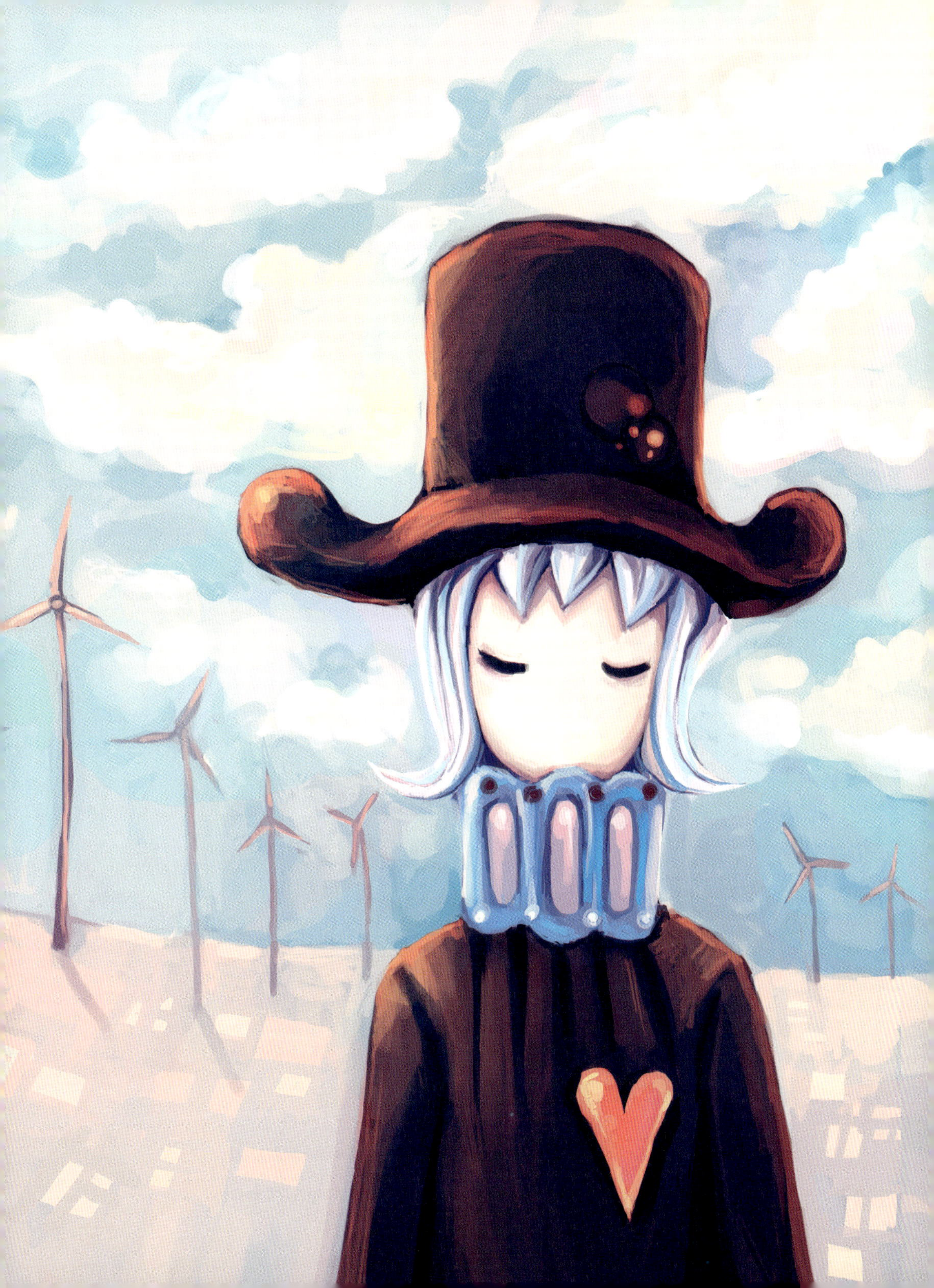

目录 Inhaltsverzeichnis

MEIN WEG

Meine Einzige

惟一

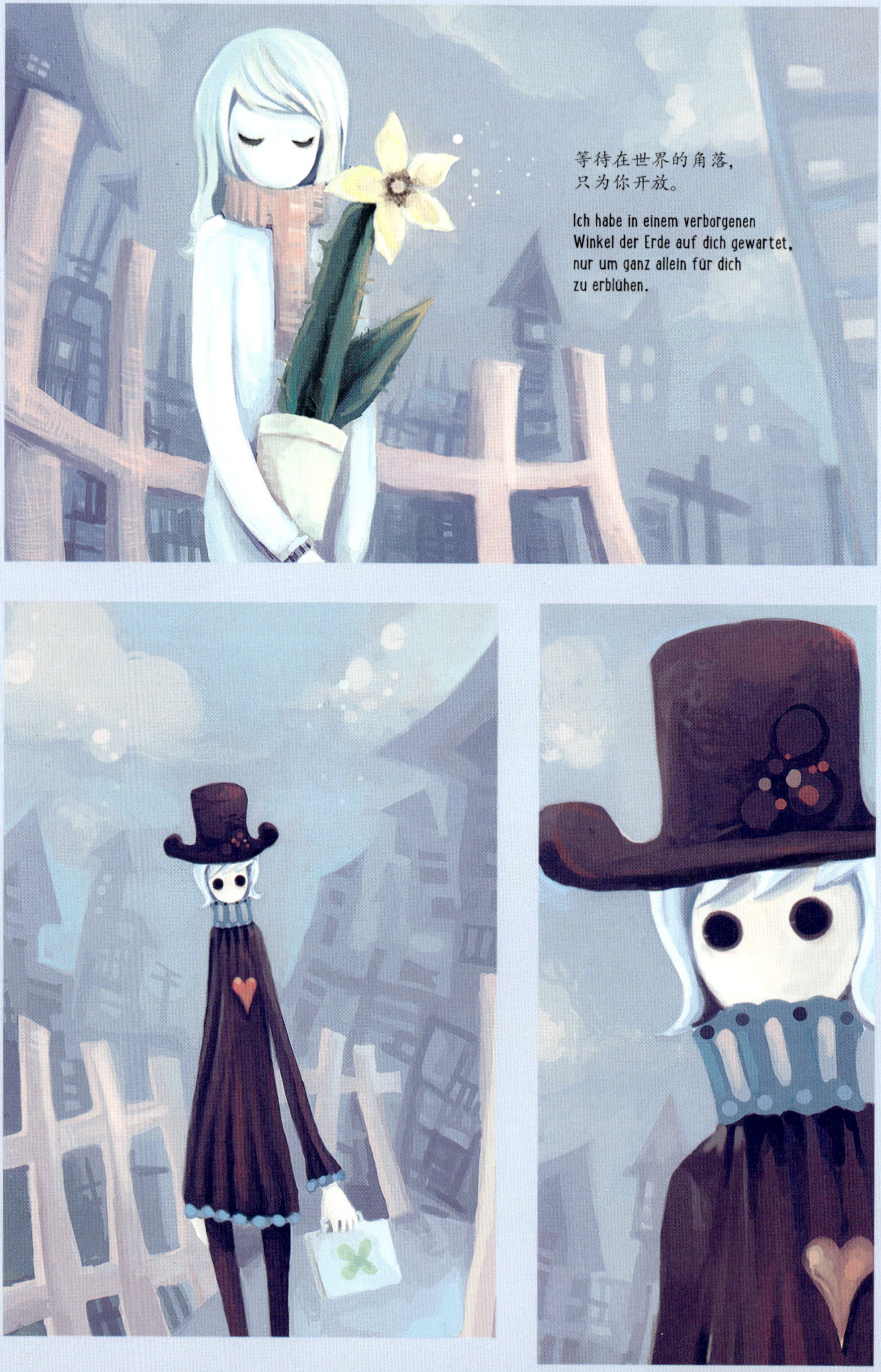
等待在世界的角落，
只为你开放。
Ich habe in einem verborgenen
Winkel der Erde auf dich gewartet,
nur um ganz allein für dich
zu erblühen.

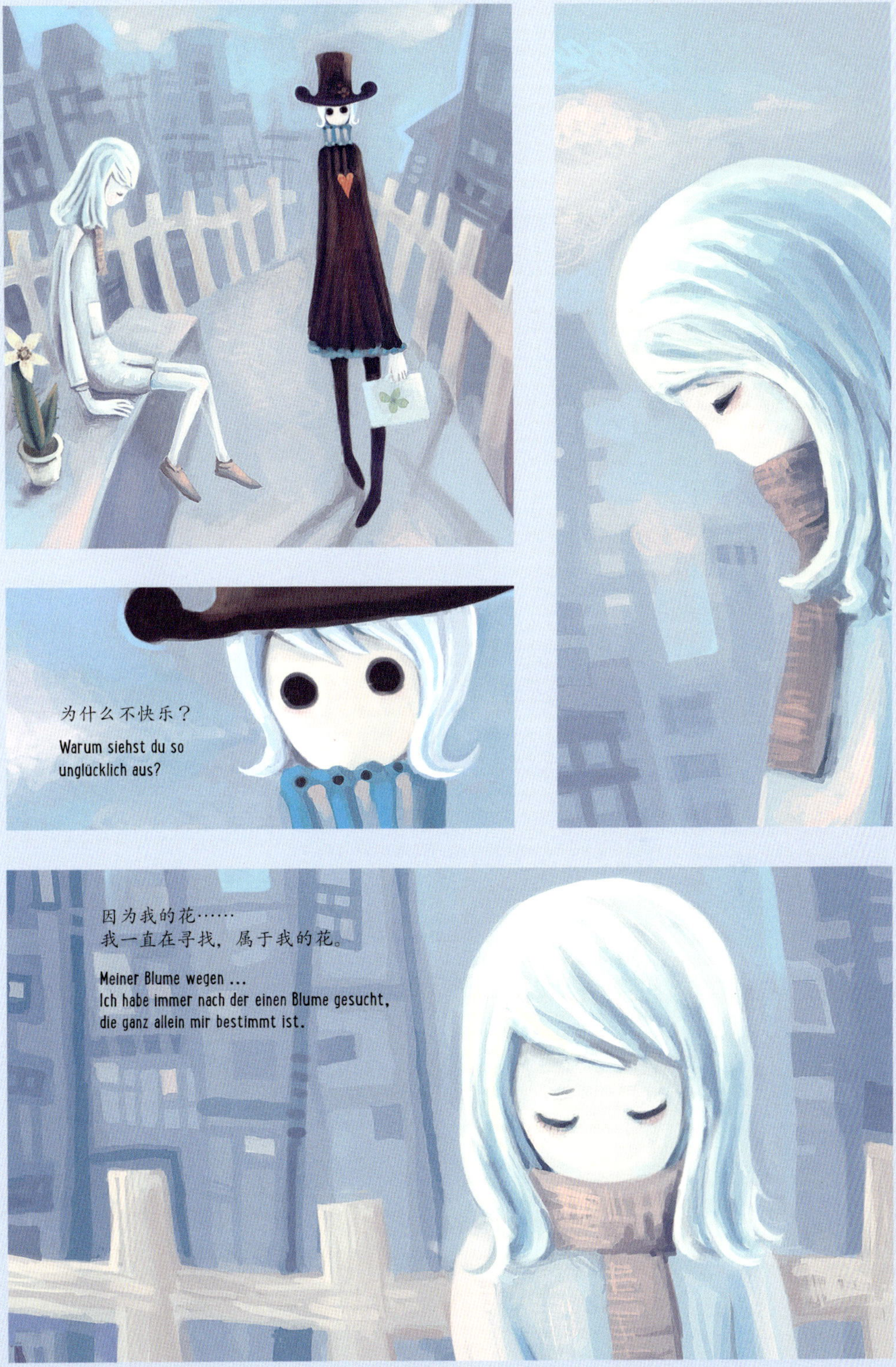
为什么不快乐？
Warum siehst du so unglücklich aus?
因为我的花……
我一直在寻找，属于我的花。
Meiner Blume wegen ...
Ich habe immer nach der einen Blume gesucht, die ganz allein mir bestimmt ist.

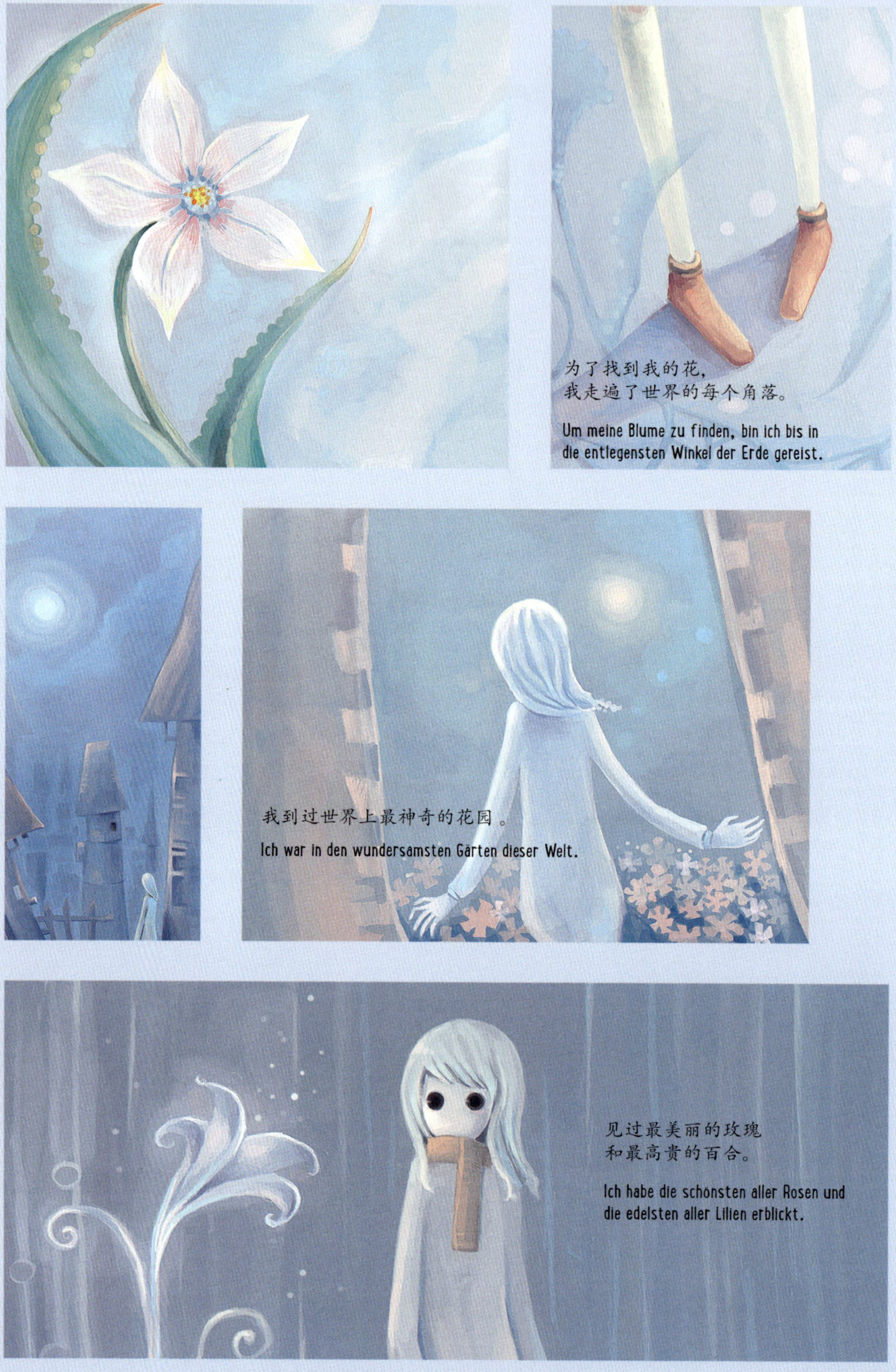
为了找到我的花，
我走遍了世界的每个角落。
Um meine Blume zu finden, bin ich bis in
die entlegensten Winkel der Erde gereist.
我到过世界上最神奇的花园。
Ich war in den wundersamsten Gärten dieser Welt.
见过最美丽的玫瑰
和最高贵的百合。
Ich habe die schönsten aller Rosen und
die edelsten aller Lilien erblickt.

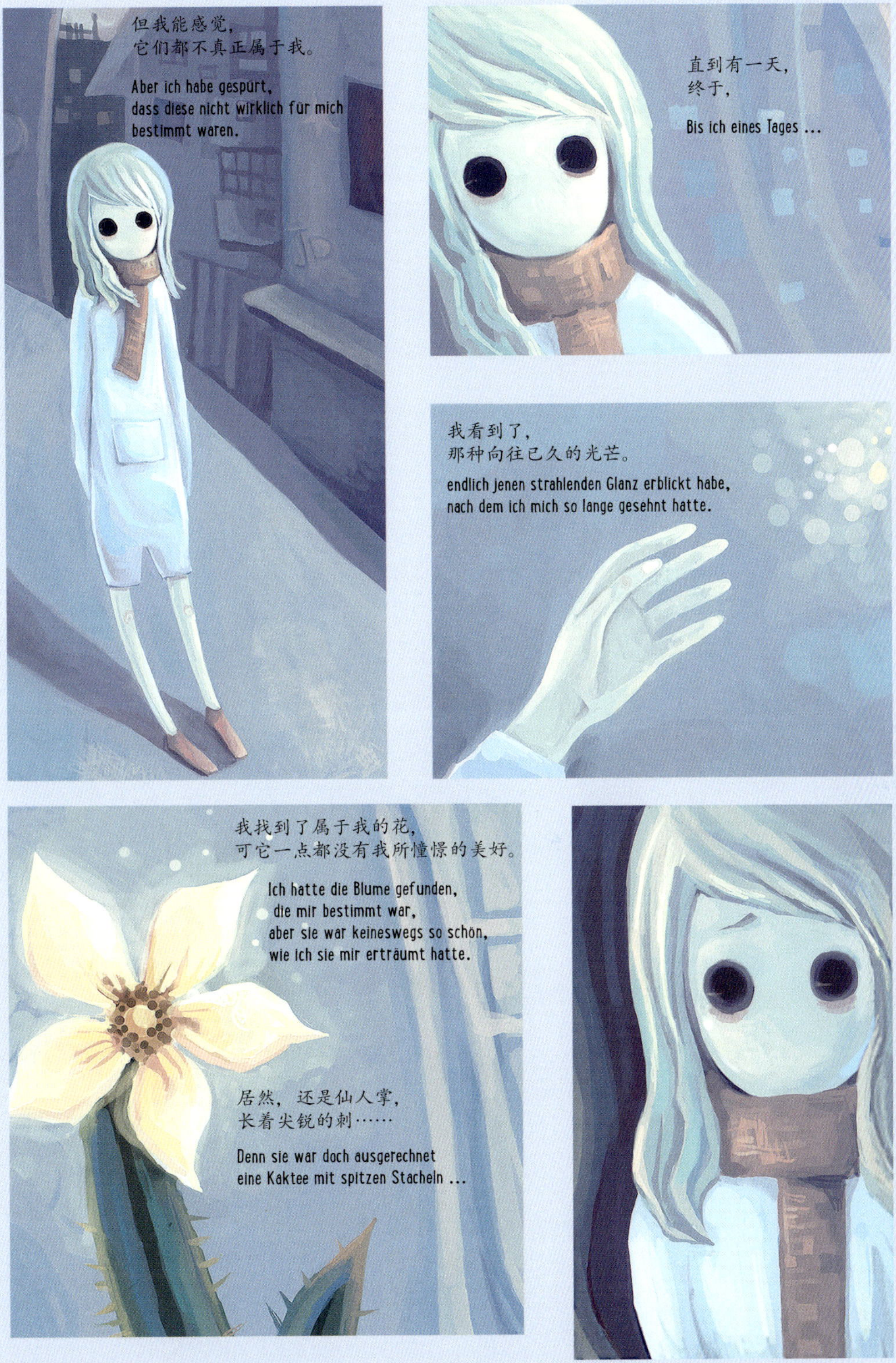
但我能感觉，
它们都不真正属于我。
Aber ich habe gespürt,
dass diese nicht wirklich für mich
bestimmt waren.
直到有一天，
终于，
Bis ich eines Tages ...
我看到了，
那种向往已久的光芒。
endlich jenen strahlenden Glanz erblickt habe,
nach dem ich mich so lange gesehnt hatte.
我找到了属于我的花，
可它一点都没有我所憧憬的美好。
Ich hatte die Blume gefunden,
die mir bestimmt war,
aber sie war keineswegs so schön,
wie ich sie mir erträumt hatte.
居然，还是仙人掌，
长着尖锐的刺……
Denn sie war doch ausgerechnet
eine Kaktee mit spitzen Stacheln ...

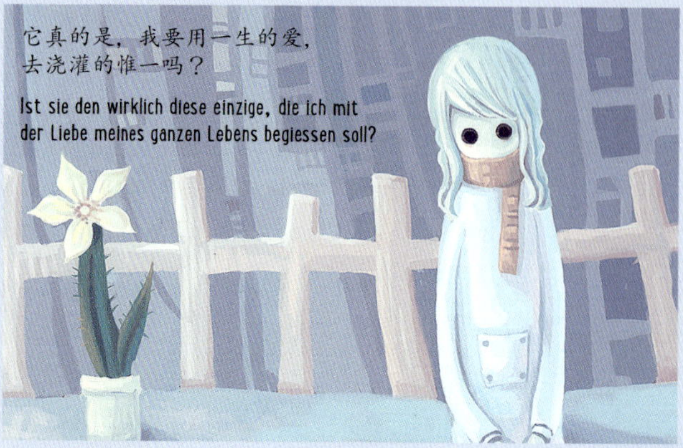
它真的是，我要用一生的爱，
去浇灌的惟一吗？
Ist sie den wirklich diese einzige, die ich mit
der Liebe meines ganzen Lebens begiessen soll?

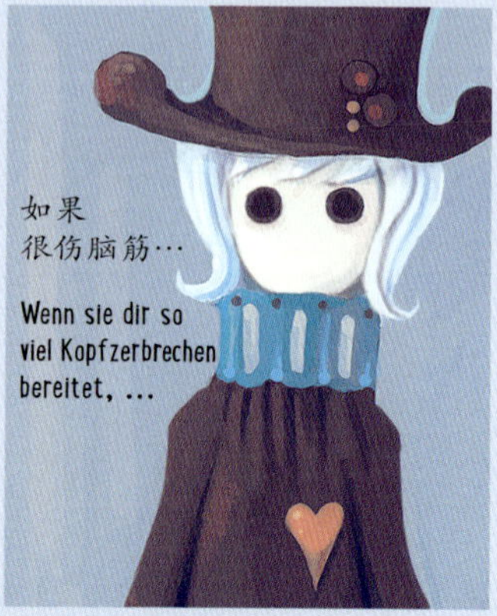
如果
很伤脑筋…
Wenn sie dir so
viel Kopfzerbrechen
bereitet, ...

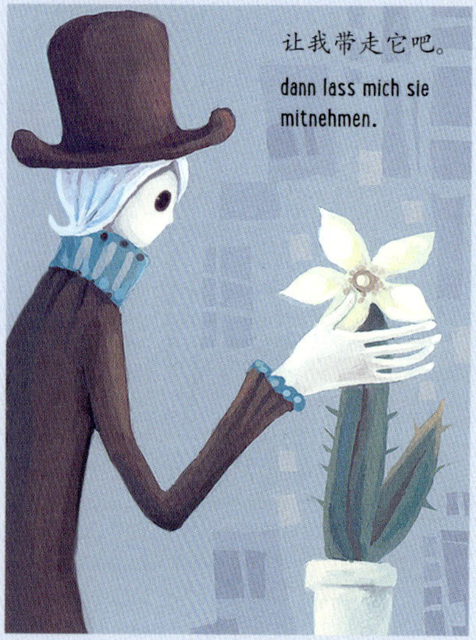
让我带走它吧。
dann lass mich sie
mitnehmen.

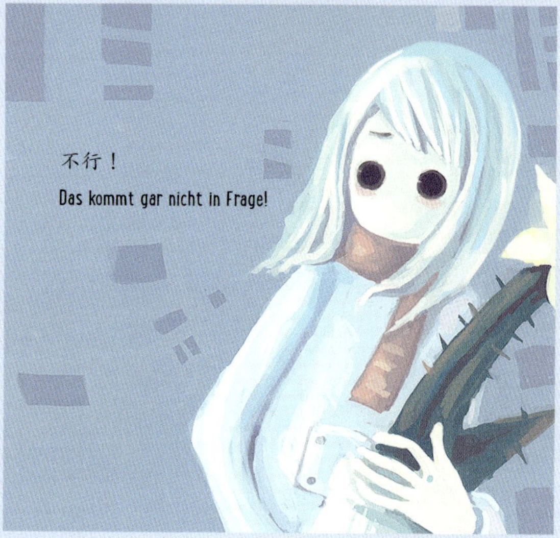
不行！
Das kommt gar nicht in Frage!

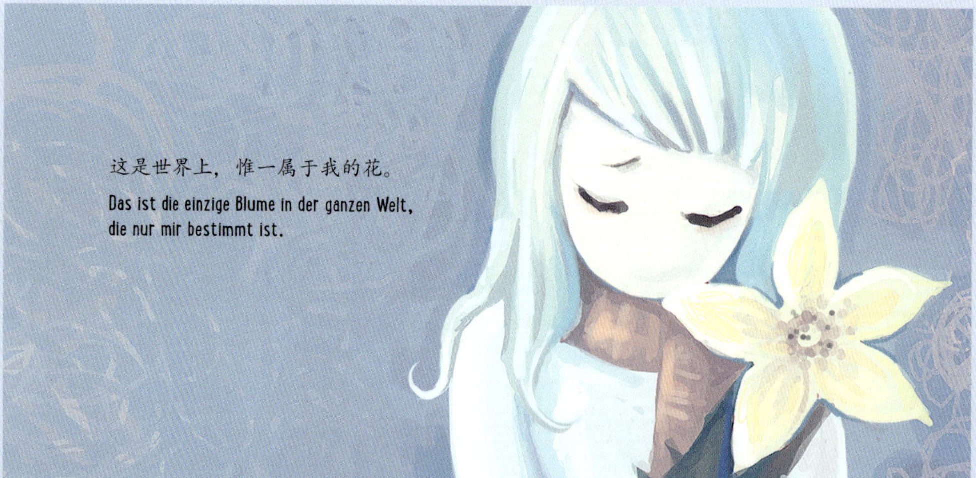
这是世界上，惟一属于我的花。
Das ist die einzige Blume in der ganzen Welt,
die nur mir bestimmt ist.

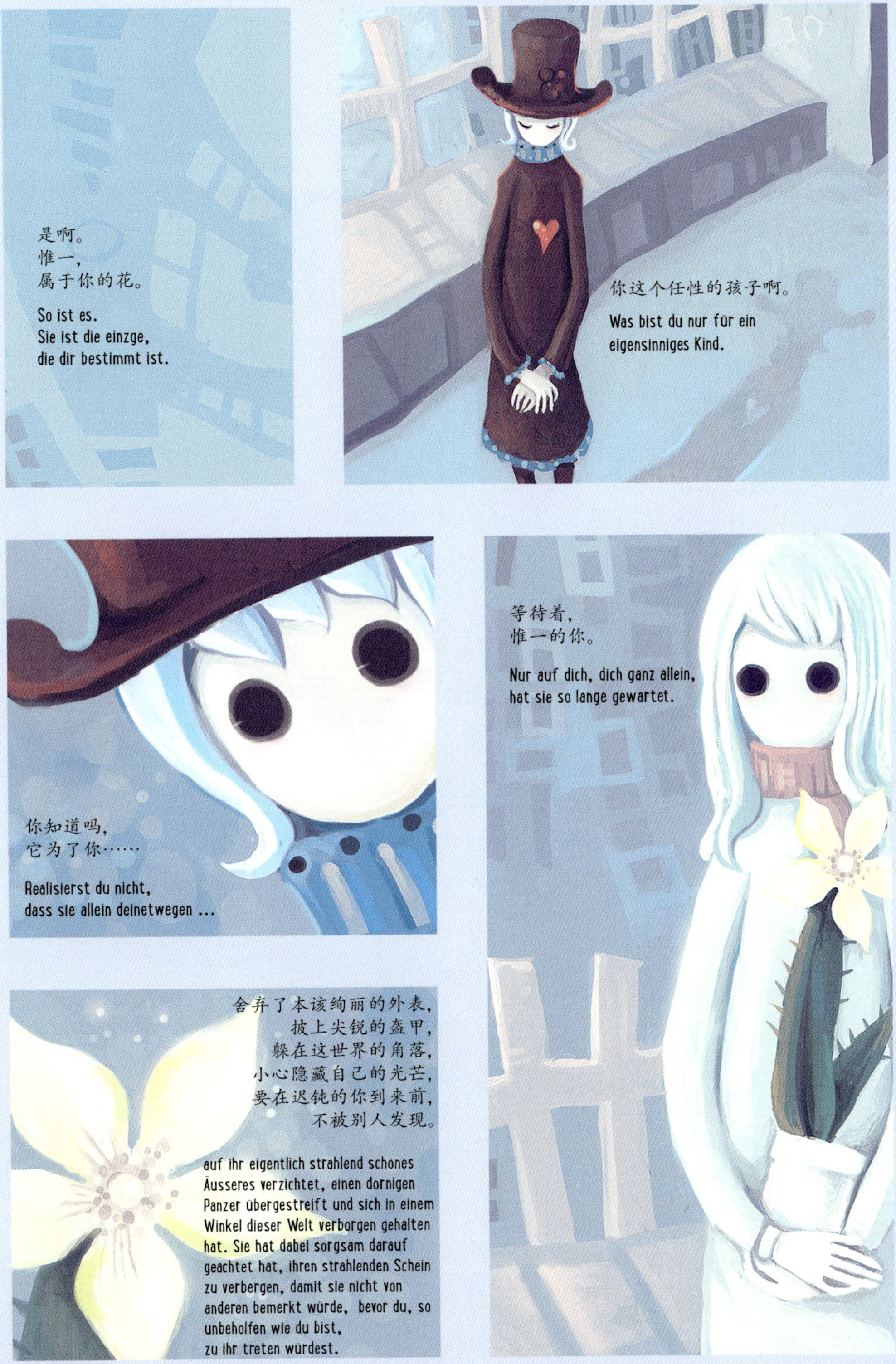
是啊。
惟一，
属于你的花。
So ist es.
Sie ist die einzge,
die dir bestimmt ist.
你这个任性的孩子啊。
Was bist du nur für ein
eigensinniges Kind.
你知道吗，
它为了你……
Realisierst du nicht,
dass sie allein deinetwegen ...
舍弃了本该绚丽的外表，
披上尖锐的盔甲，
躲在这世界的角落，
小心隐藏自己的光芒，
要在迟钝的你到来前，
不被别人发现。
auf ihr eigentlich strahlend schönes
Äusseres verzichtet, einen dornigen
Panzer übergestreift und sich in einem
Winkel dieser Welt verborgen gehalten
hat. Sie hat dabei sorgsam darauf
geachtet hat, ihren strahlenden Schein
zu verbergen, damit sie nicht von
anderen bemerkt würde, bevor du, so
unbeholfen wie du bist,
zu ihr treten würdest.
等待着，
惟一的你。
Nur auf dich, dich ganz allein,
hat sie so lange gewartet.

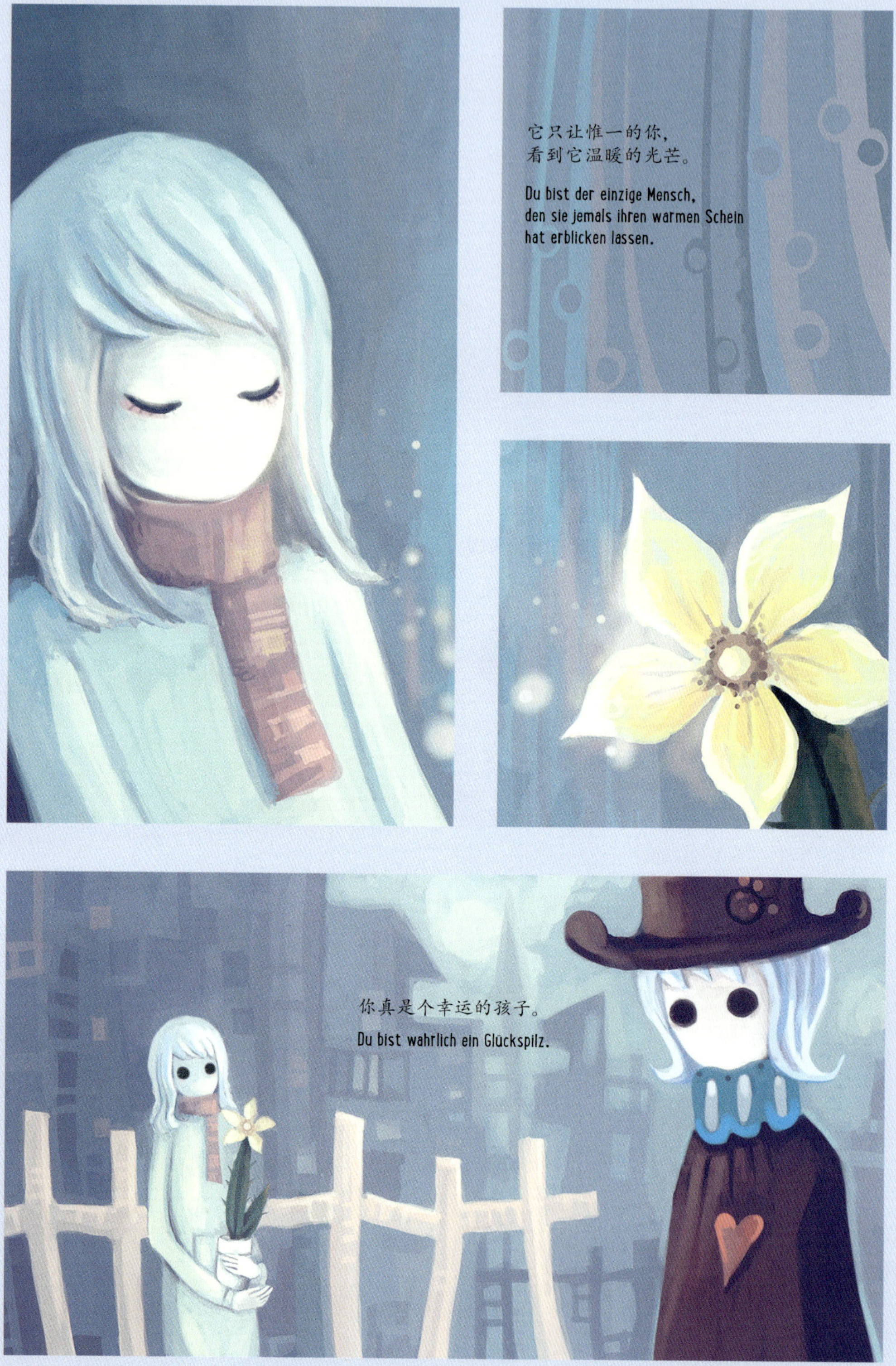
它只让惟一的你，
看到它温暖的光芒。
Du bist der einzige Mensch,
den sie jemals ihren warmen Schein
hat erblicken lassen.
你真是个幸运的孩子。
Du bist wahrlich ein Glückspilz.

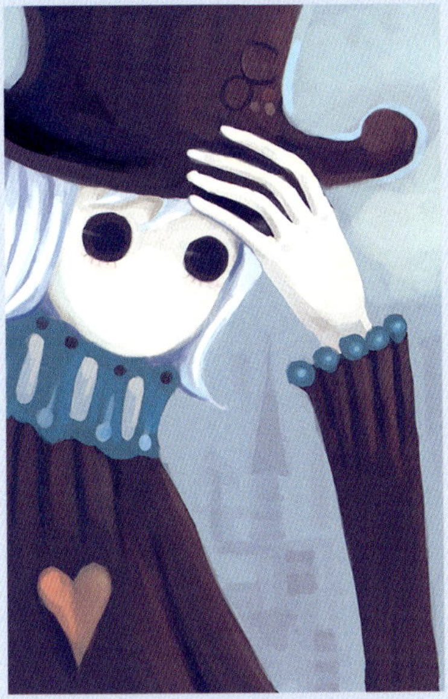

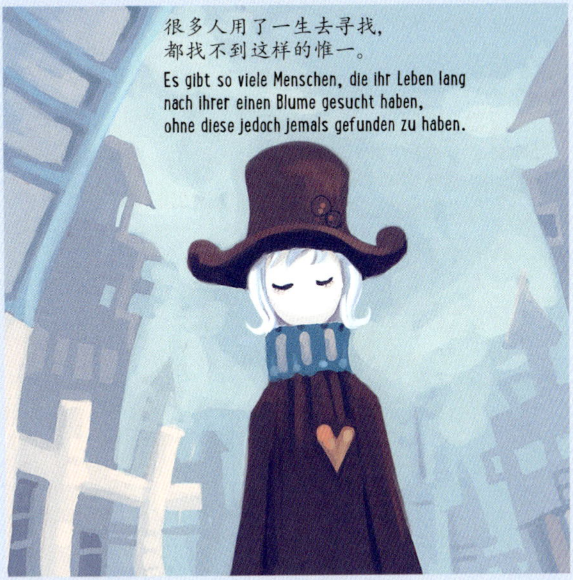
很多人用了一生去寻找，
都找不到这样的惟一。
Es gibt so viele Menschen, die ihr Leben lang
nach ihrer einen Blume gesucht haben,
ohne diese jedoch jemals gefunden zu haben.

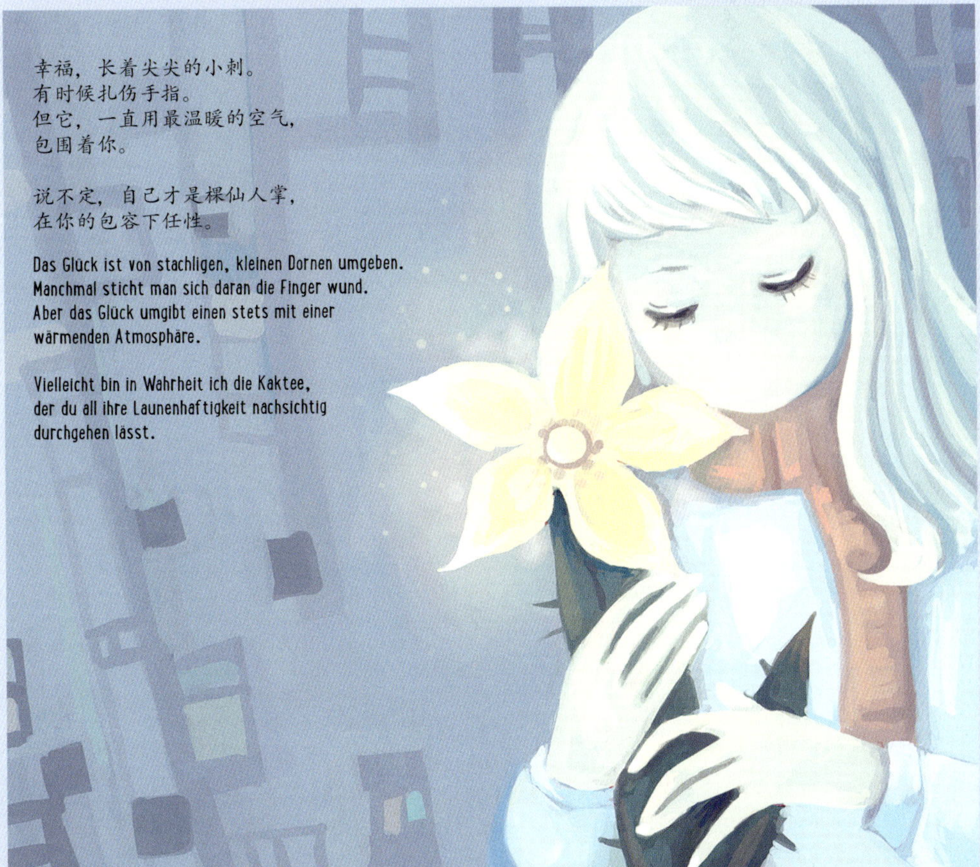
幸福，长着尖尖的小刺。
有时候扎伤手指。
但它，一直用最温暖的空气，
包围着你。
说不定，自己才是棵仙人掌，
在你的包容下任性。
Das Glück ist von stachligen, kleinen Dornen umgeben.
Manchmal sticht man sich daran die Finger wund.
Aber das Glück umgibt einen stets mit einer
wärmenden Atmosphäre.
Vielleicht bin in Wahrheit ich die Kaktee,
der du all ihre Launenhaftigkeit nachsichtig
durchgehen lässt.

仙人掌

外表再张牙舞爪，仙人掌的内部，还是柔软的汁液。

她和他是邻居，从小青梅竹马地长大，已经到了该牵着手一起风花雪月的年纪。他们像童话中的王子公主一样般配。他们一直在一起长大，熟悉彼此，更知道怎么伤害彼此。

他们总是做让对方伤心的事情，好像那是他们之间一种痛并快乐着的游戏。

他在小学的时候就当着她的面去亲一个女生，她望着他那得意的样子，很想哭，却牵着另外一个男孩子的手扭头走掉。

这种坏习惯一直持续到他们长大，他们伤害彼此，也不断地伤害了周围的人。

他们都爱着对方。然而他们都是仙人掌，总是用刺去伤害对方；也只有他们自己，才明白这是表达爱的方式。在他们的意识里也清楚，自己是属于对方的。

但他们渐渐长大，这种坏习惯不断地给他们和周围的人带来麻烦。小学时曾经被他吻过的那个女生，很不幸地从那时开始就成为他的同学，一直到大学——那个女生喜欢他，却也一直成为他们之间爱情的牺牲品。我们就叫她路人甲好了。他总是在跟她斗气的时候故意和那个路人甲好。

总之这两个青梅竹马的冤家就是这样让人看了着急。他们可以当街指着对方的鼻子大骂，完全不在乎路人的目光，却就是不能小声地说出对彼此的感情。

但他们不能永远这样下去，虽然他还是和她斗争到底，却慢慢地因为她的伤害而变得忧伤。在他二十岁生日的那天，他终于想明白了幸福要自己去争取。他用了很长时间在镜子面前练习，然后他敲开她的门，用难得的非常温柔的语气对她说："今天晚上希望你过来参加我的生日晚会。"接着他低着头，一把拉过她的手，说:"今天晚上，我要告诉大家谁是我最重要的人。"

Die Kaktee

Und mag das Äussere der Kaktee auch noch so stachelig und furchteinflössend sein, so besteht ihr Inneres doch aus einem zarten Saft.

Sie und er waren Nachbarn. Von klein auf verband die beiden eine Sandkastenliebe. Mittlerweile hatten sie ein Alter erreicht, das reif dazu war, sich Hand in Hand in eine romantische Liebesbeziehung zu begeben. Sie schienen wie füreinander geschaffen zu sein, wie Prinz und Prinzessin in einem Märchen. Sie waren die ganze Zeit über zusammen aufgewachsen und mit den Eigenheiten des anderen vertraut, weshalb sie sich umso besser darauf verstanden, einander zu verletzen.

Sie taten stets Dinge, die dem anderen Kummer bereiteten, so als spielten sie ein Spiel, bei dem Schmerz und Freude ineinander verschlungen waren.

Er hatte während der Grundschulzeit vor ihren Augen ein anderes Mädchen geküsst. Als sie seine überhebliche Miene erblickte, war ihr nach Weinen zumute. Jedoch packte sie einen anderen Jungen an der Hand, wandte sich ab und ging davon.

Diese schlechte Angewohnheit setzte sich fort, bis sie erwachsen waren. Sie fügten sich gegenseitig Verletzungen zu und verletzten dabei auch unentwegt Menschen aus ihrem Umfeld.

Sie beide liebten den jeweils anderen, jedoch waren sie beide Kakteen. Sie fügten dem anderen beständig mit ihren Stacheln Verletzungen zu. Auch nur sie beide begriffen, dass es sich dabei um ihr Weise handelte, ihre Liebe auszudrücken. In ihrem Bewusstsein war ihnen glasklar, dass sie zum anderen gehörten.

Sie wurden allmählich erwachsen. und diese schlechte Angewohnheit verursachte den Menschen um sie herum ununterbrochen Unannehmlichkeiten. Das kleine Mädchen, das er während der Grundschulzeit geküsst hatte, wurde unglücklicherweise von da an seine Mitschülerin und blieb dies die ganze Zeit über bis zur Universität. Diese Mitschülerin war in ihn verknallt, wurde jedoch zu einer Art Spielball im Liebesdrama zwischen ihm und ihr. Es reicht, wenn wir sie Passantin A nennen. Immer, wenn er mit ihr im Zwist lag, benahm er sich Passantin A gegenüber absichtlich überaus nett und zuvorkommend.

Kurzum, diese beiden zänkischen Liebenden, die von klein auf einander zugetan waren, liessen auf diese Weise bei Beobachtern grosse Besorgnis aufkommen. Es war ihnen ein Leichtes, mitten auf der Strasse den anderen zu beschimpfen, während sie mit dem Finger auf den anderen zeigten, ohne sich auch nur im Geringsten um die Blicke der Passanten zu scheren. Jedoch waren sie ausserstande, einander mit leiser Stimme die Gefühle füreinander einzugestehen.

Aber sie konnten nicht für immer so weitermachen. Obwohl er sich mit ihr bis zum bitteren Ende zanken würde, wurde er allmählich durch die von ihr zugefügten Verletzungen schwermütig. An seinem zwanzigsten Geburtstag kam er für sich endlich zur Erkenntnis, dass man sich sein Glück selbst erkämpfen muss. Nachdem er sehr lange Zeit vor einem Spiegel dafür geübt hatte, klopfte er an ihre Tür und sagte zu ihr in einem sehr zärtlichen Ton, den er ihr gegenüber sonst selten anschlug:

„Ich hoffe sehr, dass du heute Abend an meiner Geburtstagsparty teilnehmen wirst." Anschliessend senkte er seinen Kopf, zog ihre Hand zu sich heran und fügte hinzu: „Heute Abend möchte ich vor allen verkünden, wer für mich der wichtigste Mensch in meinem Leben ist."

她一下子也红了脸。心扑通扑通地跳。
她趴在窗台上一个人偷笑，看着朋友们陆续来到他家——忽然，她看到了路人甲拿着大大的蛋糕走了过来。
她一下子觉得自己是个笨蛋，他们这样斗争了十几年，她怎么还会因为他的恶作剧高兴？凭她的经验，他一定会宣布路人甲是他最重要的人，然后对着她得意地笑。
她立刻拨通了一个电话："你说过希望我成为你的女朋友吧，我考虑好了，我愿意。"
很快一个男生就赶了过来，我们叫他路人乙好了。
所有客人都到齐的时候，她出现在门口，挽着那个路人乙。
她对他说这个路人乙是她的男朋友，她把头靠在他肩膀上。
这次和以前任何一次都不一样，一个充满期待的人，总是脆弱得多。他被她得意的笑容刺伤了。比以前任何一次都要厉害。
他也拉过路人甲的手，带到她面前——"正好呢，今天晚上我想告诉大家，这是我的女朋友，对我来说，她是我最重要的人。"
于是这个晚上她和他彻底地伤害了彼此。
为了让对方生气，他们就对两个可怜的路人非常好。
就这样他们之间的误会越来越大，他和她也越来越觉得看着对方难受，便各自搬了家，分别住在城市的两头。眼不见心不烦。

就这样过了十年。

Da stieg ihr sofort die Röte ins Gesicht und ihr Herz pochte heftig.
Sie lehnte sich nach vorne gebeugt gegen das Fensterbrett und lächelte im Stillen vor sich hin, während sie beobachtete, wie Freunde und Bekannte nach und nach in seinem Zuhause eintrafen — bis sie plötzlich die Passantin A erblickte, wie sie mit einem riesengrossen Kuchen in den Händen vorbeigelaufen kam.
Da fühlte sie sich auf einmal wie eine Närrin. Sie hatten über zehn Jahre lang in solcher Weise miteinander gezankt, Wie hatte sie sich nur sogar noch über sein übles Possenspiel freuen können? Nach ihrer Erfahrung würde er bestimmt verkünden, dass es sich bei dem Menschen, der ihm am wichtigsten sei, um die Passantin A handele. Und anschliessend würde er sie auf seine herablassende Weise verhöhnen.
Sie wählte rasch eine Telefonnummer: „Du hast doch gesagt, du wünschst dir, dass ich deine Freundin werde. Ich habe darüber nachgedacht und bin jetzt dazu bereit."
Sehr schnell eilte dieser junge Mann herbei, nennen wir ihn passenderweise den Passanten B.
Nachdem alle Gäste vollständig eingetroffen waren, erschien sie am Eingang und zog den Passanten B am Arm hinter sich her. Sie sagte ihm, dass es sich beim Passanten B um ihren festen Freund handele, und um dem Nachdruck zu verleihen, lehnte sie ihren Kopf an seine Schulter.
Dieses Mal war mit allen früheren Malen aber nicht zu vergleichen: Ein Mensch, der tief und fest auf etwas hofft, ist schliesslich viel verletzlicher. Ihre herablassend lächelnde Miene versetzte ihm einen tiefen Stich, die Verletzung war tiefer als jemals zuvor.
Er zog ebenso die Passantin A an der Hand herbei und führte sie vor sie — „Das trifft sich ja hervorragend. Genau heute Abend will ich vor allen verkünden, dass sie hier meine feste Freundin ist, und dass sie der wichtigste Mensch in meinem Leben ist."
In der Folge verletzten sich die beiden im Verlauf des weiteren Abends gegenseitig bis zum Gehtnichtmehr.
Um den anderen zu erzürnen, behandelten sie die beiden bedauernswerten Passanten äusserst nett und zuvorkommend.
Auf diese Weise wurden die Missverständnisse zwischen ihnen immer tiefer. Sie und er, alle beide, fühlten sich immer unwohler in der Gegenwart des anderen und empfanden es als immer unerträglicher, den anderen ansehen zu müssen. Also zog ein jeder von ihnen um. Sie lebten nun getrennt voneinander an zwei unterschiedlichen Enden der Stadt.
Solange man den anderen nicht sah, brauchte man sich über ihn nicht aufzuregen. Aus den Augen, aus dem Sinn.

Und so waren zehn Jahre vergangen.

十年里他们都结婚了。他和路人甲结婚，她的男朋友换了一个又一个，但好歹还是和某个人结婚了，在得到他结婚的消息后。

又过了十年，他们被邀请参加大学同学会。他和她都去了，路人甲没有来。

喝了很多酒以后有人开始哭，大家都开始说年轻时候那些悲伤的事情。他哭得很伤心，问："你们知道我为什么结婚吗？"

她的嘴角露出轻蔑的微笑，心想，为了气我吧。

他哭得乱七八糟。他说，曾经那个路人甲，和他交往了五年后，忽然哭着对他说，我知道你根本不爱我，你爱的是她，还是回到她身边吧。

他发现那么多年路人甲一直都爱他，而他只把她当成一个和别人作对的工具。

他觉得自己烂得一塌糊涂，他根本没有资格伤害这么善良的路人甲。他决定用一辈子来弥补这十多年来对她的伤害，所以他娶了路人甲，而且发誓一定要让她幸福。

她惊讶地望着他那张悲伤的脸，终于明白自己和他的故事早就在他们任性的游戏中结束了。这个世界不断地变化，现实而残酷。他们各自去了再也不能回来的路。

外表再张牙舞爪，仙人掌的内部，还是柔软的汁液。

少年时对彼此的伤害，再也不能复原，只在对方心中留下一个巨大的伤疤。

她面无表情地回到家中，坐在沙发上，望着什么节目都没有的电视机，然后慢慢地在沙发上沉沉睡去——梦中她回到小时候，那一天他亲了路人甲，小小的她望着他，放下骄傲肆无忌惮地哭了起来；他脸上得意的笑容不见了，仿佛一个做错事情的孩子，蹲在她身边安慰她。

她却越哭越厉害，泪水大滴地涌出来，整个世界都一片潮湿，她把这20多年的眼泪，都在那个梦里，全部哭出来。

In diesen zehn Jahren hatten sie beide geheiratet. Er hatte die Passantin A geheiratet. Sie hatte einen Freund nach dem anderen gehabt. Aber jedenfalls hatte sie schliesslich als Notbehelf doch irgendeinen Typen geheiratet, nachdem sie von seiner Heirat erfahren hatte.

Es vergingen wiederum zehn Jahre. Sie wurden zu einem Ehemaligentreffen ihrer Universität eingeladen. Er und sie nahmen beide teil, die Passantin A war jedoch nicht dabei.

Nachdem eine Menge Alkohol getrunken wurde, begann jemand zu weinen, und alle fingen an, über unglückliche Dinge zu sprechen, die ihnen in den Jugendjahren widerfahren waren. Er weinte auf sehr schmerzvolle Weise und fragte sie: „Weisst du, warum ich geheiratet habe?"

Ihre Lippen umspielte ein verächtliches Lächeln und sie dachte bei sich: „Wohl um mich zu ärgern."

Ihn überkam ein heftiger Weinkrampf.

Er erzählte, die Passantin A habe einst, nachdem sie bereits fünf Jahre zusammen waren, zu ihm unter Tränen gemeint: „Ich weiss, dass es im Grunde gar nicht ich bin, die du liebst, sondern sie es ist. Es ist besser, wenn du zu ihr zurückkehrst."

Er realisierte plötzlich, dass die Passantin A ihn während all dieser vielen Jahre immer geliebt hatte, er sie aber dazu instrumentalisiert hatte, um einer anderen eins auszuwischen.

Er kam sich vor wie ein vollkommen verdorbener Mistkerl. Er hatte nicht das Recht, die gutmütige Passantin A in dieser Weise zu verletzen. Er fasste daher den Entschluss, diese mehr als zehn Jahre, in denen er ihr Verletzungen zugefügt hatte, mit dem Rest seines Lebens wiedergutzumachen. Deshalb hatte er die Passantin A geheiratet und geschworen, dass er alles tun würde, um sie glücklich zu machen.

Erstaunt betrachtete sie sein schmerzerfülltes Gesicht. Endlich begriff sie, dass ihre gemeinsame Geschichte schon längst durch ihre eigensinnigen Spielchen ein Ende gefunden hatte. Diese Welt verändert sich andauernd, und die Realität ist grausam. Sie beide waren ihre eigenen Wege gegangen, und sie konnten niemals mehr umkehren.

Und mag das Äussere der Kaktee auch noch so stachelig und furchteinflössend sein, so besteht ihr Inneres doch aus einem zarten Saft.

Die Verletzungen, die sie in ihrer Jugend einander zugefügt hatten, liessen sich niemals mehr ungeschehen machen. Sie hinterliessen im Herzen des jeweils anderen nichts als ein riesiges Wundmal.

Sie kehrte mit ausdrucksloser Miene nach Hause zurück. Sie setzte sich aufs Sofa und starrte den dunklen Bildschirm des ausgeschalteten Fernsehers an. Anschliessend fiel sie auf dem Sofa in einen tiefen Schlaf. — Im Traum kehrte sie in ihre Kindheit zurück, an jenen Tag, als er die Passantin A geküsst hatte. Ihr junges Selbst blickte ihn an, legte all ihren Stolz ab und begann hemmungslos zu weinen. Die Überheblichkeit auf seinem lächelnden Gesicht war verschwunden, und er glich einem Kind, das erkannt hatte, dass es etwas verbrochen hatte. Er hockte sich neben sie nieder und tröstete sie.

Sie weinte jedoch immer heftiger, die Tränen quollen in grossen Tropfen aus ihren Augen hervor und die ganze Welt verwandelte sich in ein feuchtes Etwas. In ihrem Traum weinte sie all die Tränen dieser mehr als zwanzig Jahre aus sich heraus.

MEIN WEG

Der Magier der Sterne

星之魔术师

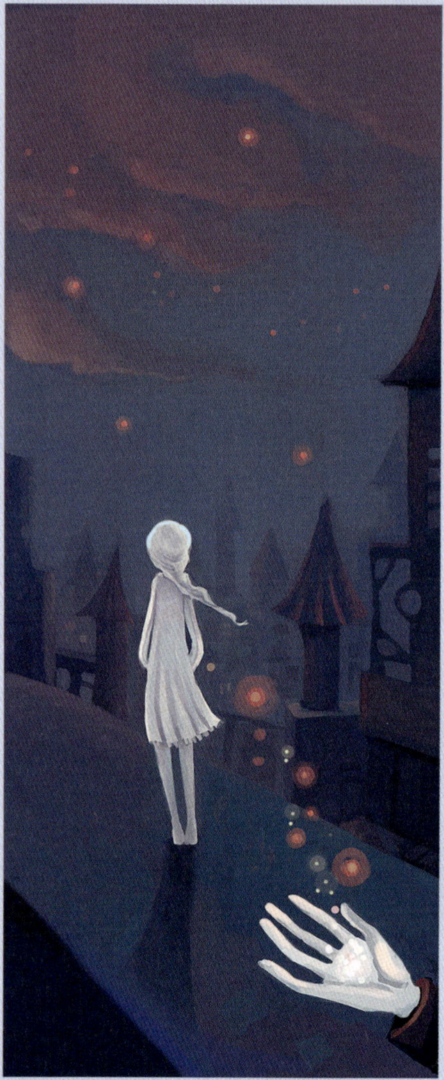

这个城市原本没有星星的，
可我，想让你看到。
离开后，路漫长而孤独。
终于，为你学会了，
世上最绚丽的魔术。

Am Himmel über dieser Stadt leuchteten einst niemals die Sterne.
Aber ich wollte, dass du sie trotzdem erblicken kannst.
Nach meinem Abschied von hier war mein Weg lang und einsam.
Doch schliesslich habe ich dir zuliebe die farbenprächtigste und schönste Zauberkunst in dieser Welt erlernt.

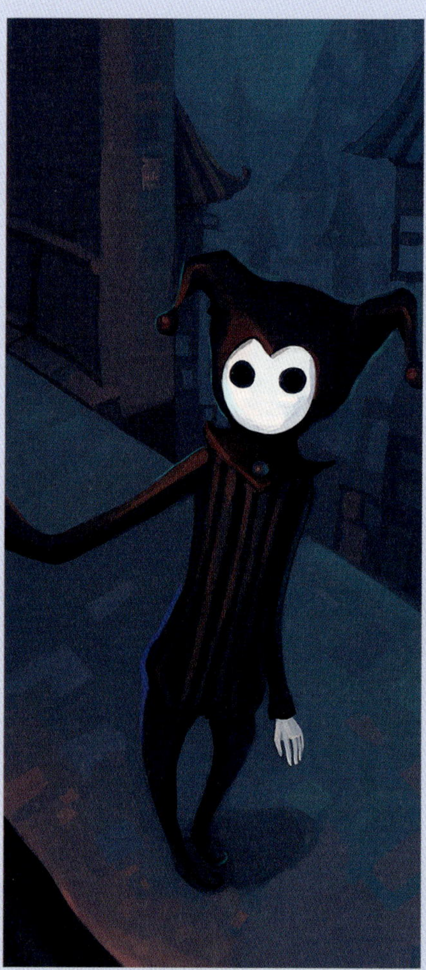

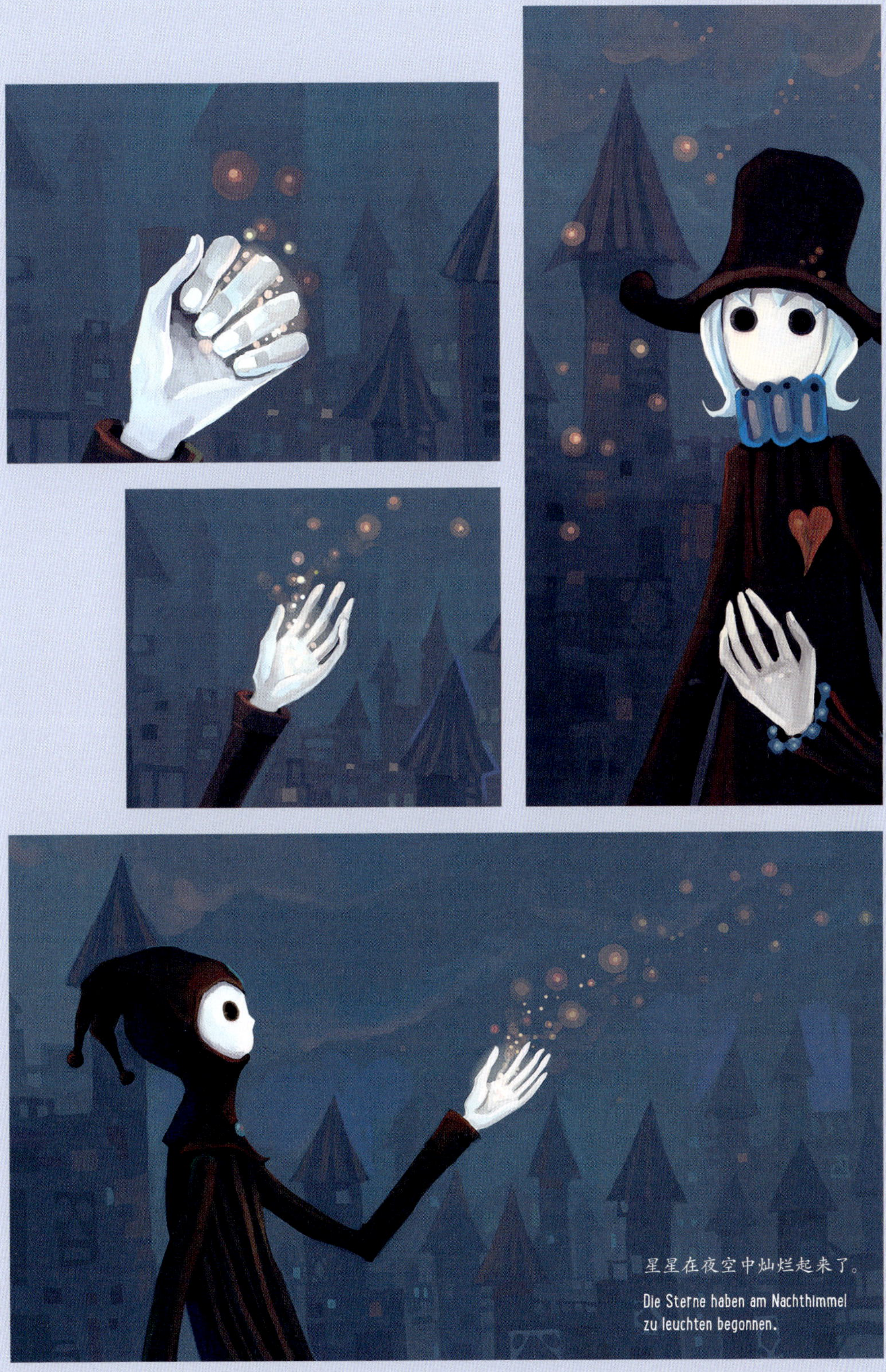
星星在夜空中灿烂起来了。
Die Sterne haben am Nachthimmel zu leuchten begonnen.

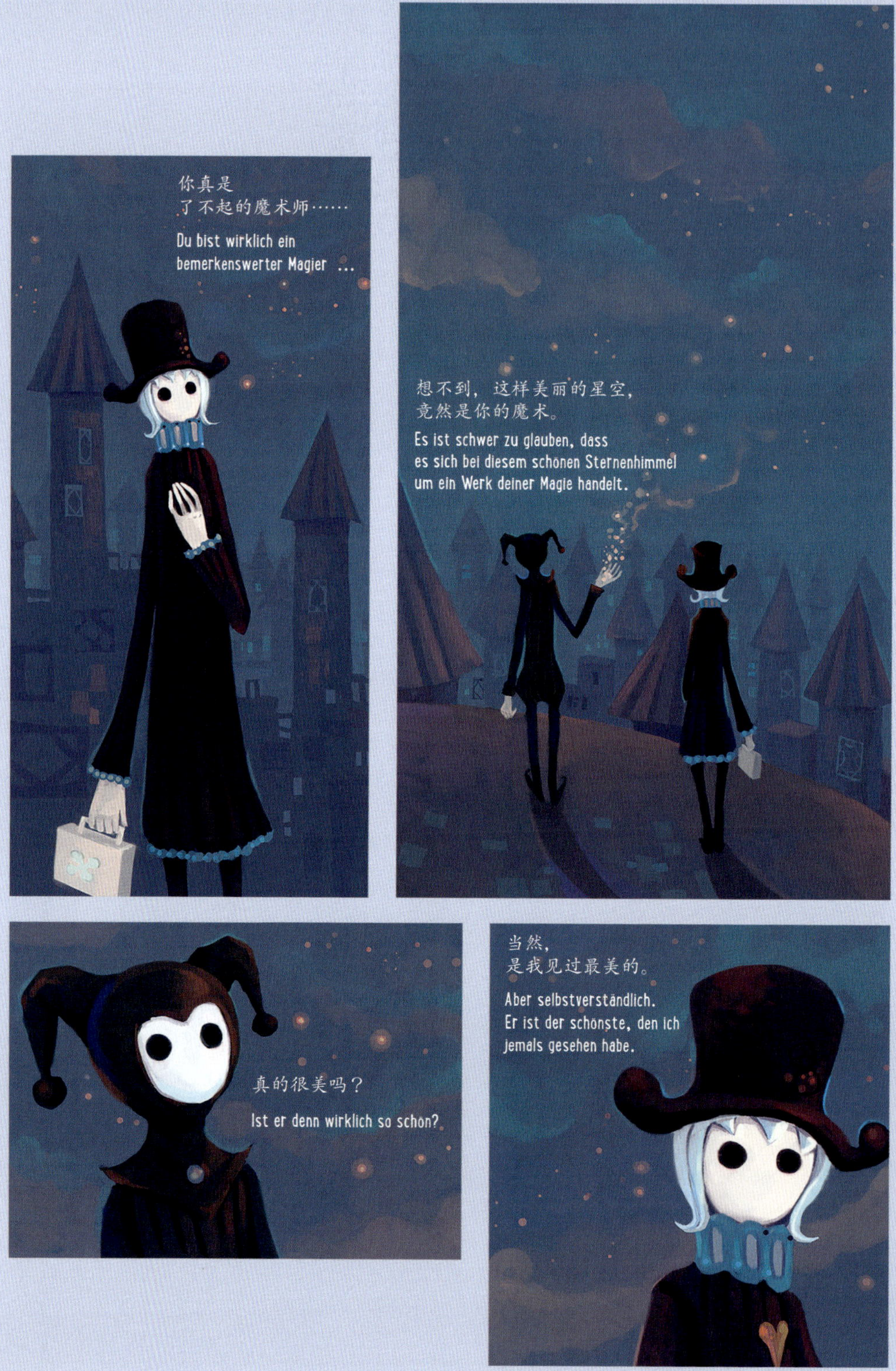
你真是
了不起的魔术师……
Du bist wirklich ein
bemerkenswerter Magier ...
想不到，这样美丽的星空，
竟然是你的魔术。
Es ist schwer zu glauben, dass
es sich bei diesem schönen Sternenhimmel
um ein Werk deiner Magie handelt.
真的很美吗？
Ist er denn wirklich so schön?
当然，
是我见过最美的。
Aber selbstverständlich.
Er ist der schönste, den ich
jemals gesehen habe.

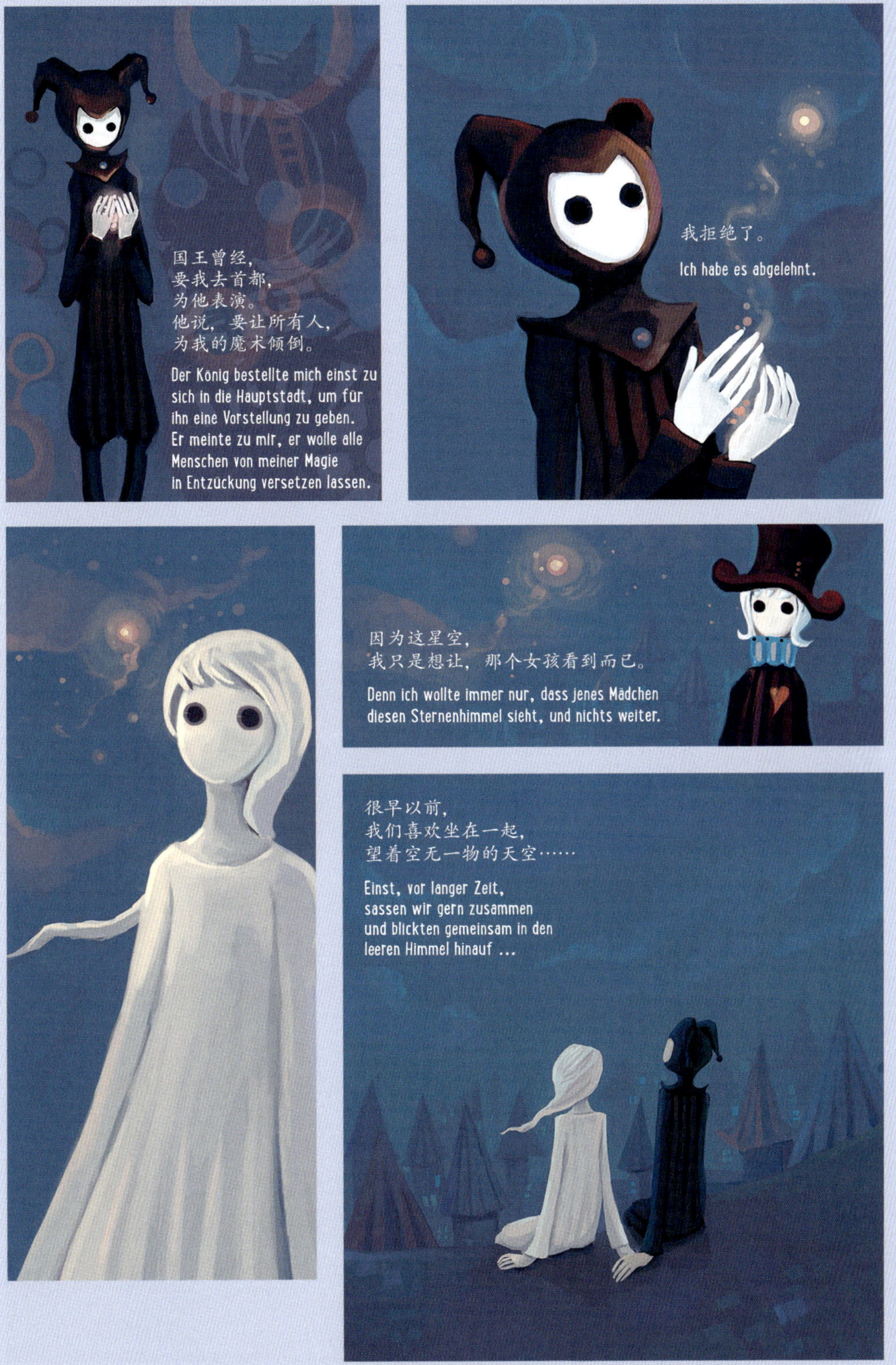
国王曾经，
要我去首都，
为他表演。
他说，要让所有人，
为我的魔术倾倒。
Der König bestellte mich einst zu sich in die Hauptstadt, um für ihn eine Vorstellung zu geben. Er meinte zu mir, er wolle alle Menschen von meiner Magie in Entzückung versetzen lassen.
我拒绝了。
Ich habe es abgelehnt.
因为这星空，
我只是想让，那个女孩看到而已。
Denn ich wollte immer nur, dass jenes Mädchen diesen Sternenhimmel sieht, und nichts weiter.
很早以前，
我们喜欢坐在一起，
望着空无一物的天空……
Einst, vor langer Zeit, sassen wir gern zusammen und blickten gemeinsam in den leeren Himmel hinauf ...

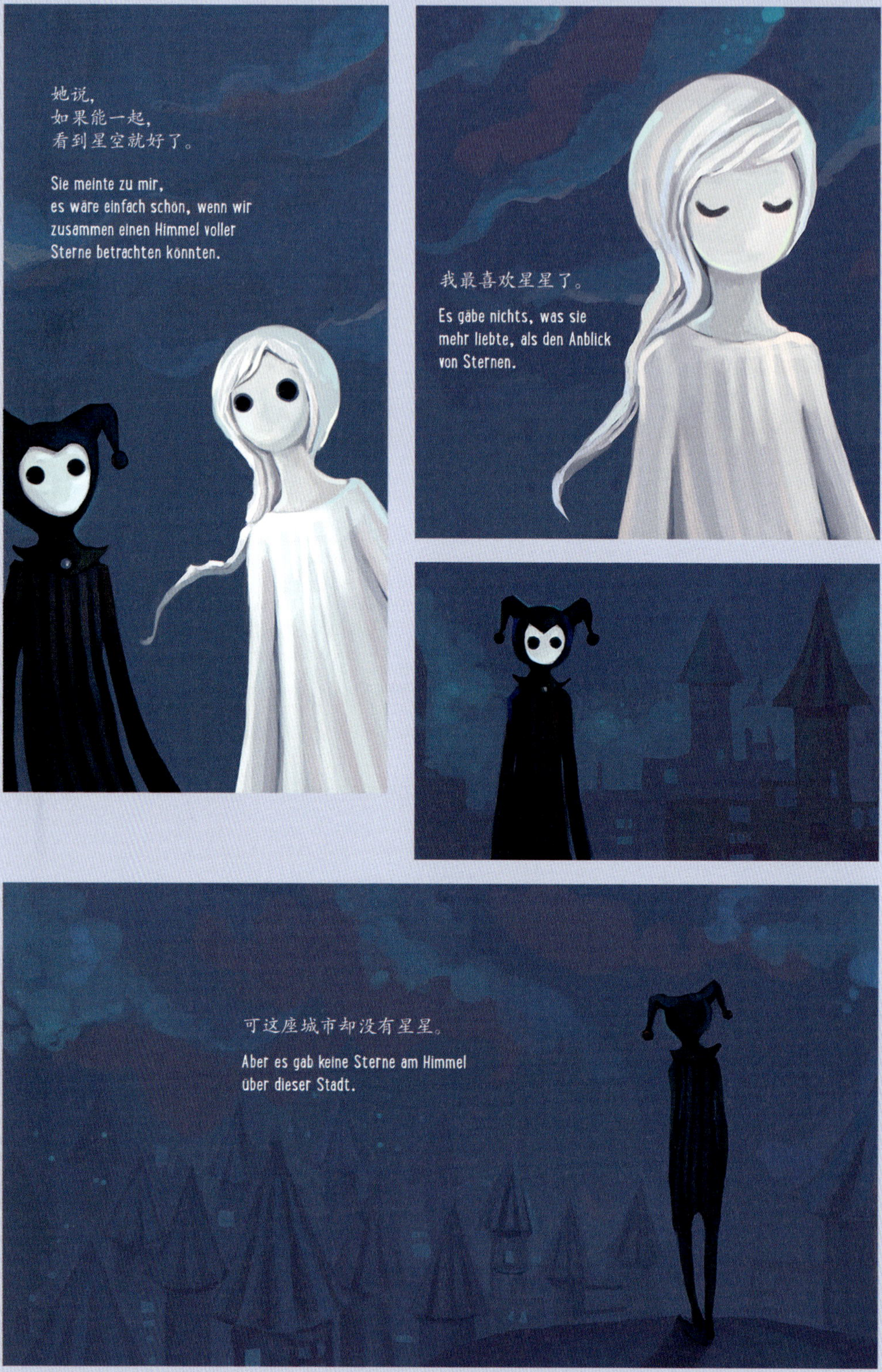
她说，
如果能一起，
看到星空就好了。
Sie meinte zu mir,
es wäre einfach schön, wenn wir
zusammen einen Himmel voller
Sterne betrachten könnten.
我最喜欢星星了。
Es gäbe nichts, was sie
mehr liebte, als den Anblick
von Sternen.
可这座城市却没有星星。
Aber es gab keine Sterne am Himmel
über dieser Stadt.

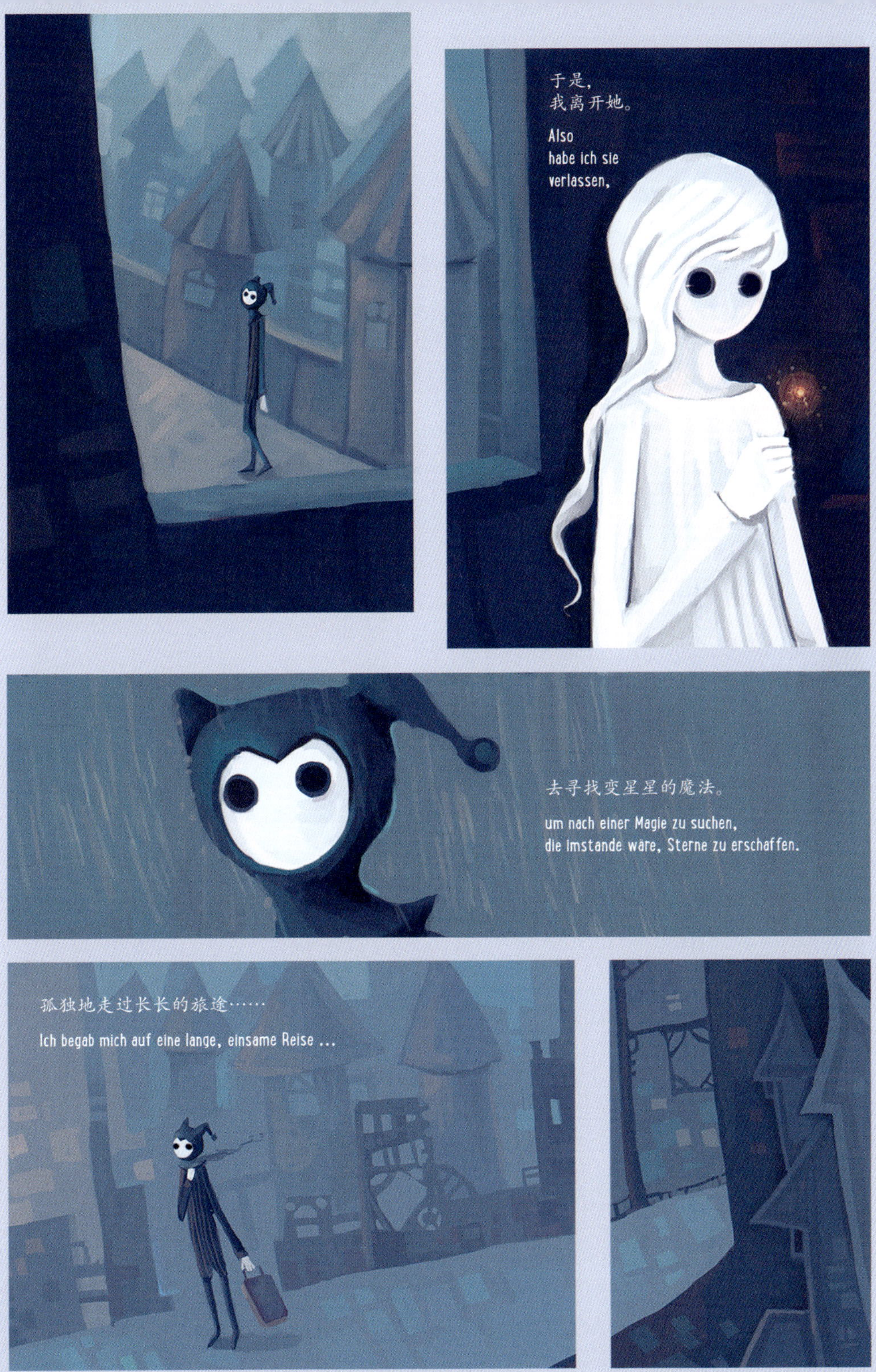
于是，
我离开她。
Also
habe ich sie
verlassen,
去寻找变星星的魔法。
um nach einer Magie zu suchen,
die imstande wäre, Sterne zu erschaffen.
孤独地走过长长的旅途……
Ich begab mich auf eine lange, einsame Reise ...

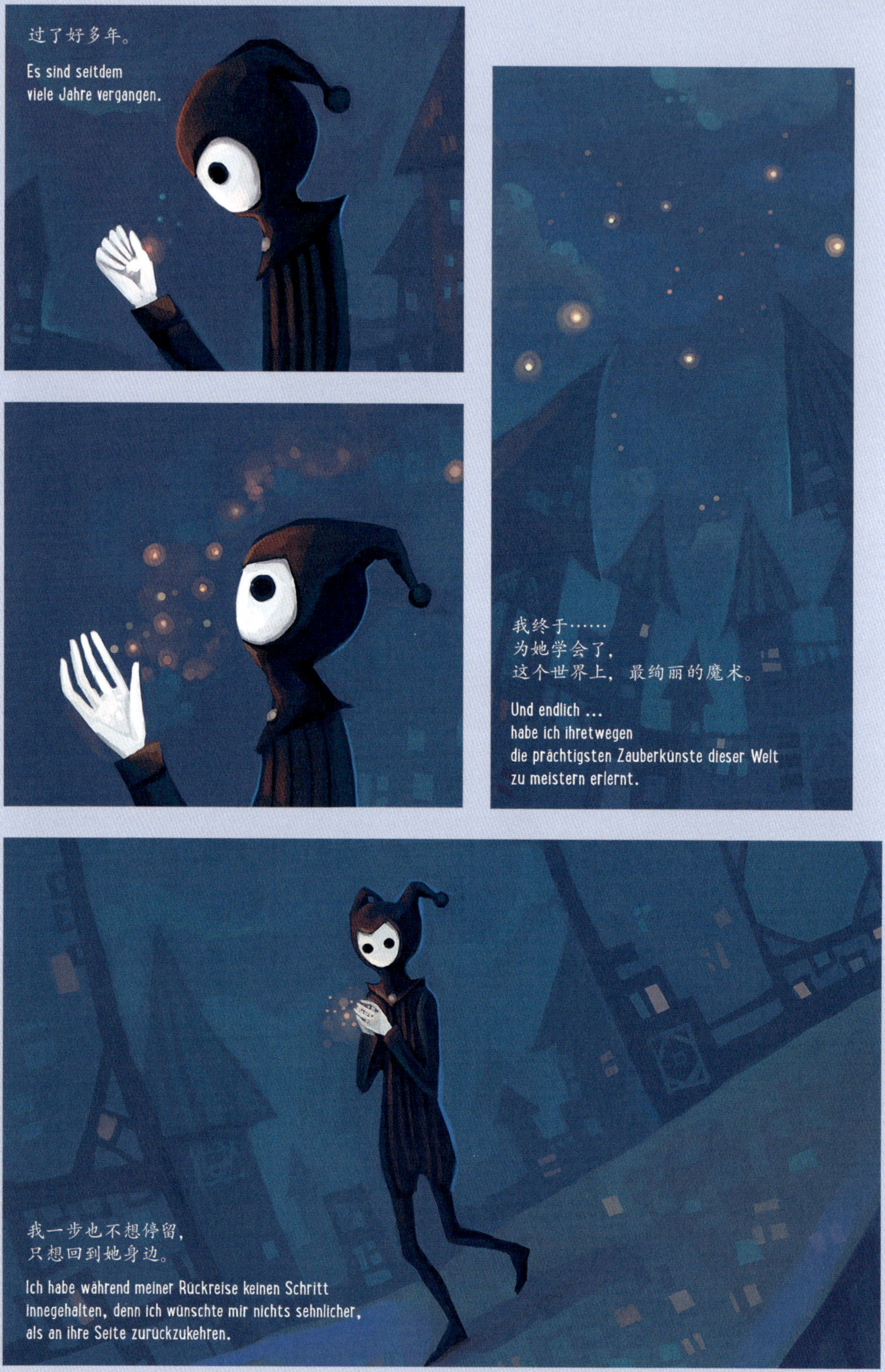
过了好多年。
Es sind seitdem viele Jahre vergangen.
我终于……
为她学会了，
这个世界上，最绚丽的魔术。
Und endlich ...
habe ich ihretwegen
die prächtigsten Zauberkünste dieser Welt
zu meistern erlernt.
我一步也不想停留，
只想回到她身边。
Ich habe während meiner Rückreise keinen Schritt
innegehalten, denn ich wünschte mir nichts sehnlicher,
als an ihre Seite zurückzukehren.

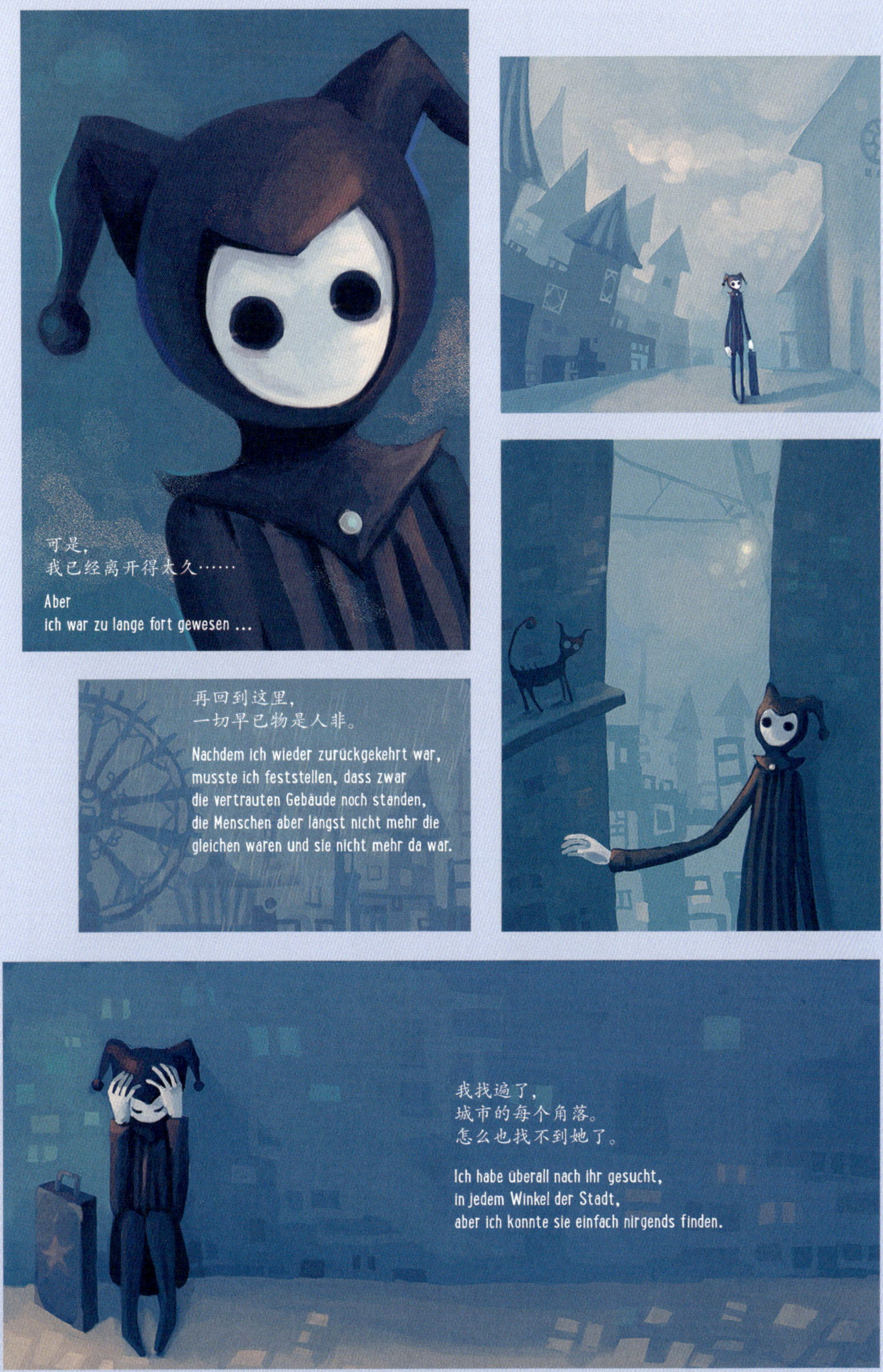
可是，
我已经离开得太久……
Aber
ich war zu lange fort gewesen ...
再回到这里，
一切早已物是人非。
Nachdem ich wieder zurückgekehrt war,
musste ich feststellen, dass zwar
die vertrauten Gebäude noch standen,
die Menschen aber längst nicht mehr die
gleichen waren und sie nicht mehr da war.
我找遍了，
城市的每个角落。
怎么也找不到她了。
Ich habe überall nach ihr gesucht,
in jedem Winkel der Stadt,
aber ich konnte sie einfach nirgends finden.

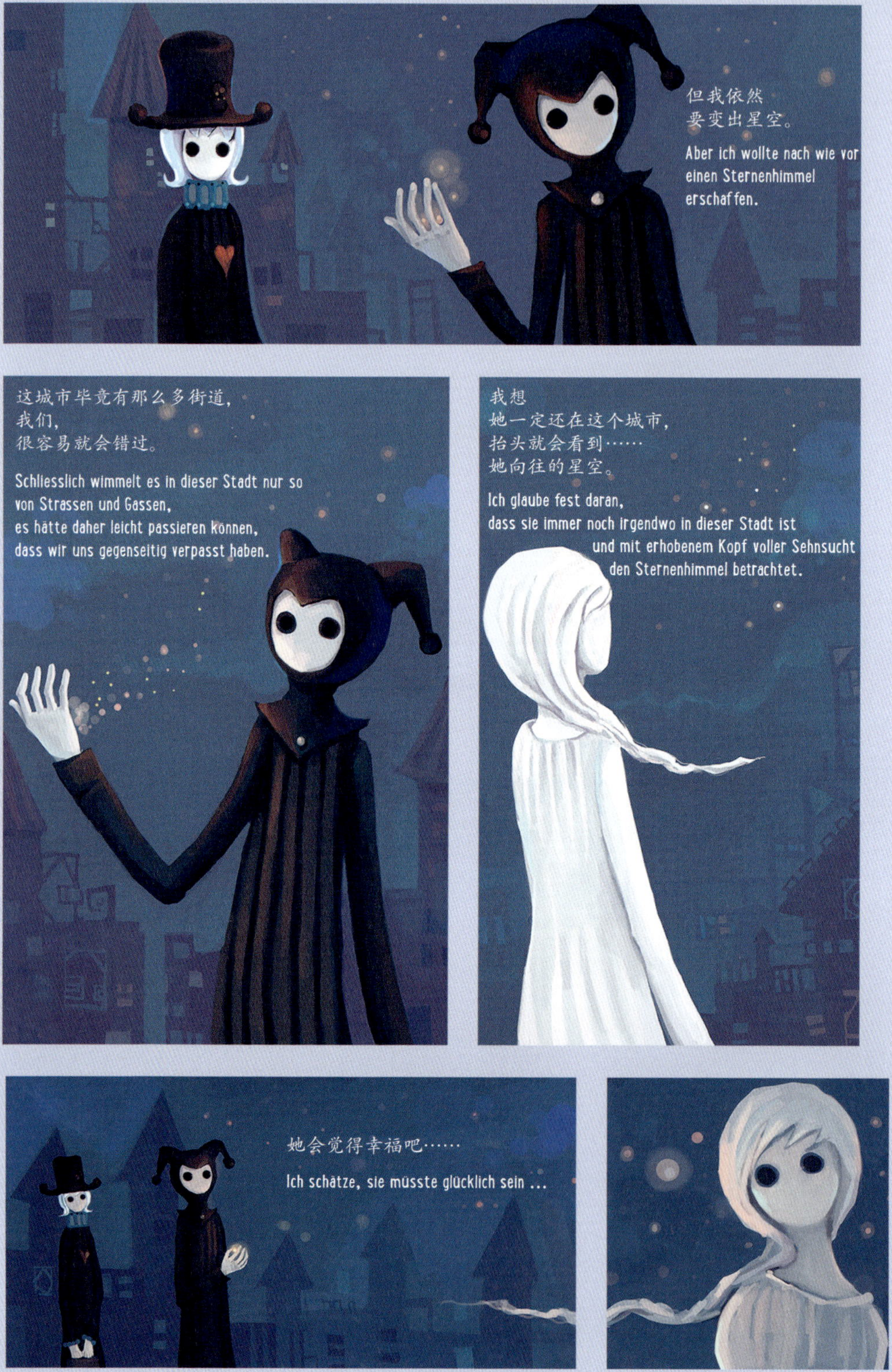
但我依然
要变出星空。
Aber ich wollte nach wie vor
einen Sternenhimmel
erschaffen.
这城市毕竟有那么多街道，
我们，
很容易就会错过。
Schliesslich wimmelt es in dieser Stadt nur so
von Strassen und Gassen,
es hätte daher leicht passieren können,
dass wir uns gegenseitig verpasst haben.
我想
她一定还在这个城市，
抬头就会看到……
她向往的星空。
Ich glaube fest daran,
dass sie immer noch irgendwo in dieser Stadt ist
und mit erhobenem Kopf voller Sehnsucht
den Sternenhimmel betrachtet.
她会觉得幸福吧……
Ich schätze, sie müsste glücklich sein ...

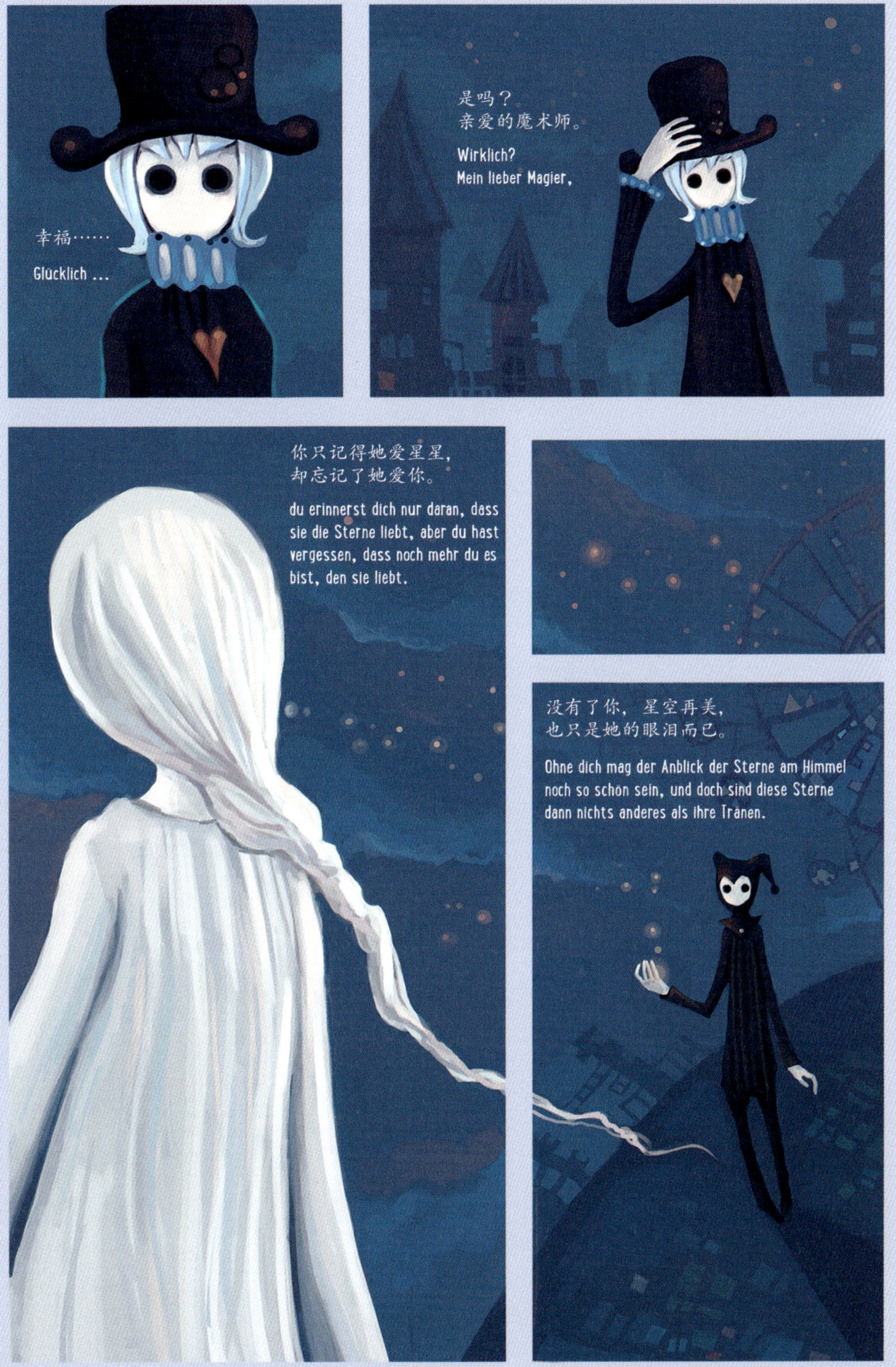

幸福……
Glücklich ...
是吗？
亲爱的魔术师。
Wirklich?
Mein lieber Magier,
你只记得她爱星星，
却忘记了她爱你。
du erinnerst dich nur daran, dass sie die Sterne liebt, aber du hast vergessen, dass noch mehr du es bist, den sie liebt.
没有了你，星空再美，
也只是她的眼泪而已。
Ohne dich mag der Anblick der Sterne am Himmel noch so schön sein, und doch sind diese Sterne dann nichts anderes als ihre Tränen.

十年

他这十年默默忍受着痛苦，为的都是这个名字的主人的梦想。

那是一个更开放的年代，整个世界都为那节奏而疯狂的年代。

那年头他和她都是狂热的摇滚爱好者，即使在期末考试前，也会去看摇滚的现场表演。一次激动人心的现场表演后，她和他站在楼顶看着繁华城市的点点灯火，竭力地大声喊叫。

“你，你的梦想是什么？”她大声地对他说。风呼呼地在耳边吹。

“成为一个摇滚歌手，让所有人都听到我的歌！”他也笑着对她大喊。其实他的梦想并不是成为摇滚歌手，而是一直和她在一起，仿佛他们的时间就静止在那些狂热的摇滚节奏里。他看着她在灯光中忽明忽暗的脸，以为他们会就这样一辈子继续下去。

“那么你，你的梦想是什么？”他也大声地问她。

她把双手合拢放在嘴边，对着楼下穿流不止的车流，对着这个繁华而寂寞的城市，大声地喊道：“我的梦想是，成为那个摇滚歌手的老婆！”

然后他们在一起没心没肺地大笑。

他爱她，她也爱他，有时候他们会在跳动的人群里拉着手，其它的时候，从来不会说明。他们都觉得他们一定会在一起，时间到了，那就是理所当然的事情；在那之前，没有必要，或者根本没有想到要把爱说出来。

Zehn Jahre

All den Kummer, den er zehn Jahre lang stillschweigend ertragen hatte, hatte er nur auf sich genommen, um den Traum der Besitzerin dieses Namens wahr werden zu lassen.

Es war damals eine freiere, offenere Ära, in der die ganze Welt verrückt nach jenen Rhythmen war.

In jenem Jahr waren sie und er beide glühende Liebhaber der Rockmusik. Selbst noch vor den Prüfungen zum Semesterende würden sie trotzdem noch Live-Rockkonzerte besuchen gehen. Einmal nach einer aufwühlenden Vorstellung standen sie und er auf dem Dach eines Hochhauses und betrachteten das Lichtermeer der florierenden Stadt und schrien dabei mit voller Kraft ihrer Lungen.

„Was ist dein Traum?“, rief sie laut zu ihm hinüber, und der Wind pfiff ihnen dabei um die Ohren.

„Ich möchte ein Rocksänger werden, ich möchte, dass alle Menschen meine Lieder anhören!“, schrie er ihr zur Antwort lachend herüber. Tatsächlich war es nie sein Traum gewesen, ein Rocksänger zu werden, sondern, für immer mit ihr zusammen zu sein, so als ob ihre Zeit in jenen fieberhaften Rockmusikrhythmen stillstünde. Er betrachtete ihr Gesicht, das im flackernden Lichtschein mal erleuchtet wurde und mal in Dunkelheit gehüllt war, und glaubte, dies alles würde für sie ein Leben lang so weitergehen können.

„Nun, wie steht es dann mit dir, was ist dein Traum?“, schrie er laut zu ihr herüber.

Sie formte beide Hände um ihren Mund herum zu einem Trichter und schrie laut in Richtung der unterhalb des Gebäudes endlos hin- und herpendelnden Verkehrsströme und der boomenden, aber tristen Stadt entgegen: „Mein Traum ist es, die Frau eben dieses Rocksängers hier zu werden!“

Daraufhin verfielen beide gemeinsam in ein unsinniges, nicht enden wollendes Gelächter.

Er liebte sie und sie liebte ihn. Manchmal hielten sie einander inmitten der tanzenden und hüpfenden Menschenmenge an der Hand. Ansonsten erklärten sie sich einander aber nicht. Beide glaubten fest daran, dass sie zusammen sein würden, dies wäre nur noch eine Selbstverständlichkeit, wenn die Zeit reif dazu wäre. Bevor dieser Zeitpunkt gekommen wäre, sei es nicht notwendig, ihre Liebe füreinander auszusprechen, oder es war ihnen einfach nie in den Sinn gekommen.

一个很有名的摇滚乐队来到他们的城市。演出结束后，他对她说，请你等着我，我会实现你的梦想。然后他在人海中放开她的手。人太多，他没有看到她满是悲伤和不解的神情。

他悄悄跳上那个乐队的卡车，离开这个城市，心里满是激动。

那个乐队的人先是很无奈，然后收留了他，他为他们打杂，然后学习吉他技术。他满脑子都是她的梦想，却不知道要实现梦想要花那么多年。十年过去了，他终于成为一个摇滚歌手，回到他和她的城市。

曾经记下来的那些电话地址统统都已过期，她好像凭空消失了一样。十年，毕竟可以改变太多东西，连他最熟悉的他和她曾走过的街道，都陌生得他不认识。

那个城市热情地接待了他，为他安排了盛大的签名会。人们排起长长的队伍。他心不在焉地签着，只希望在人群中看到她而已。

一个男子拿着他的CD，对他说，能不能麻烦你帮我写上我太太的名字。我想给她一个惊喜。

Eine sehr bekannte Rockmusikgruppe kam in ihre Stadt. Nachdem das Konzert beendet war, sagte er zu ihr: „Bitte warte auf mich. Ich werde dir deinen Traum erfüllen." Dann liess er mitten im Menschenmeer ihre Hand los.

Es waren zu viele Menschen um sie herum, er konnte daher nicht sehen, wie Schmerz und Ungläubigkeit ihr Gesicht überstömten.

Er sprang klammheimlich auf den Lastwagen der Musikgruppe auf und verliess die Stadt mit wallender Aufregung im Herzen.

Die Mitglieder der Band waren zuerst recht ratlos, was sie mit ihm anfangen sollten, aber nahmen ihn letztlich bei sich auf. Er erledigte für sie alle möglichen Arbeiten, die so anfielen, und erlernte später, auf der Gitarre zu spielen. Sein Kopf schwirrte vor ihren Träumen, aber er war sich nicht im Klaren darüber, wie viele Jahre es kosten würde, um diese Träume zu verwirklichen. Zehn Jahre später war aus ihm endlich ein Rocksänger geworden und er kehrte in seine und ihre Stadt zurück.

Die Telefonnummern und Adressen, die er einst notiert hatte, waren allesamt nicht mehr gültig. Sie schien grundlos von der Bildfläche verschwunden zu sein. Zehn Jahre konnten schliesslich zu viel verändern. Selbst die ehemals vertrauten Strassen, die er einst mit ihr entlanggschlendert war, waren ihm so fremd geworden, dass er sie nicht wiedererkannte.

Jene Stadt bereitete ihm einen herzlichen Empfang und richtete für ihn eine festliche Veranstaltung aus, an der er Autogramme geben sollte. Die Menschen bildeten lange Schlangen.

Er war beim Signieren mit dem Herzen nicht bei der Sache, da er immer nur darauf hoffte, in der Menschenmenge niemanden anderes als sie zu erblicken.

Ein Mann hatte seine CD mit dabei und bat ihn darum, ob es ihm möglich wäre, eine Widmung für seine Frau darauf zu schreiben, er wolle ihr eine freudige Überraschung bereiten.

“你太太也喜欢我？”他保持了职业的笑容问道：“她叫什么名字？”

那个男子说出了她的名字。

她的名字很特别，几乎没有人会和她重名。

你看，这是我的太太，那男子拿出钱包——他看到了照片上的她，笑得很甜蜜地和眼前这个男子靠在一起，手里抱着他们的孩子。

他机械地写下那个他最熟悉不过的名字。他这十年默默忍受着痛苦，为的都是这个名字的主人的梦想。

“我想我太太应该很喜欢你的歌吧，我看到她望着你的海报微笑呢。”那男子继续说。可他已经什么都听不清楚了。

人群很快又扑上来淹没了他。

他不愧是在圈子里打拼了多年的人，一直保持着僵硬的微笑。

“你，你的梦想是什么？”那年她在风中，笑得一脸灿烂。

一些东西在他的心里轻微地碎裂开来，他还来不及感觉到痛楚。

人群发出嘈杂的声音，像极了那天楼顶上呼呼的风声。他在一个人潮涌动的夜晚告别了她，而他和她年少的梦想，也永远地丢失在那个夜晚，再也找不回来。

„Ist deine Frau auch ein Fan von mir?“ Er behielt sein professionelles Lächeln bei, als er weiter fragte: „Wie heisst sie denn?“

Jener Mann sprach ihren Namen aus.

Sie hatte einen unverwechselbaren Namen getragen, es war fast nicht möglich, dass es jemand anderen mit dem gleichen Namen hätte geben können.

„Sehen Sie, das ist meine Frau.“ Der Mann zog ein Foto aus seiner Brieftasche. Er erkannte sie auf dem Foto, auf dem sie glücklich lächelnd und an den Mann gelehnt, der jetzt vor ihm stand, ihr gemeinsames Kind in den Armen hielt.

Mechanisch schrieb er den Namen nieder, der ihm so vertraut war wie kein zweiter. All den Kummer, den er zehn Jahre lang stillschweigend ertragen hatte, hatte er nur auf sich genommen, um den Traum der Besitzerin dieses Namens wahr werden zu lassen.

„Ich glaube, dass meine Frau Ihre Lieder wohl sehr lieben muss, denn ich habe beobachtet, wie sie immer lächelt, wenn sie ein Plakat mit Ihnen darauf betrachtet“, fuhr jener Mann fort. Aber er konnte bereits nichts mehr davon klar hören.

Bald drängten wieder die Menschenmassen zu ihm vor und überfluteten ihn.

Er konnte zu Recht stolz darauf sein, sich in diesem Millieu über viele Jahre hinweg hochgekämpft und dabei immer ein hartnäckiges Lächeln bewahrt zu haben.

„Und du, was ist dein Traum?“ In jenem Jahr hatte sich umweht vom Wind auf ihrem Gesicht das strahlendste Lächeln gezeigt.

Einige Dinge in seinem Herzen fingen unmerklich an, auseinanderzubrechen. Er kam noch nicht dazu, den Schmerz wahrzunehmen.

Das Stimmengewirr, das den Menschenmassen entströmte, ähnelte extrem jenem pfeifenden Wind an jenem Tage auf dem Dach des Hochhauses.

Er verabschiedete sich an jenem Abend inmitten der vorwärtsdrängenden Menschenfluten von ihr. Die Träume, die sie und er in ihrer Jugendzeit miteinander geteilt hatten, gingen an jenem Abend ebenso für immer verloren und sollten sich niemals mehr wiederfinden lassen.

MEIN WEG

Der Leucht-
turm

灯塔

愿时间，
赋予我们智慧和勇气，
在这条道路上，
一直走下去。

Möge die Zeit
uns Weisheit und Mut schenken,
damit wir immer auf unserem Weg bleiben.

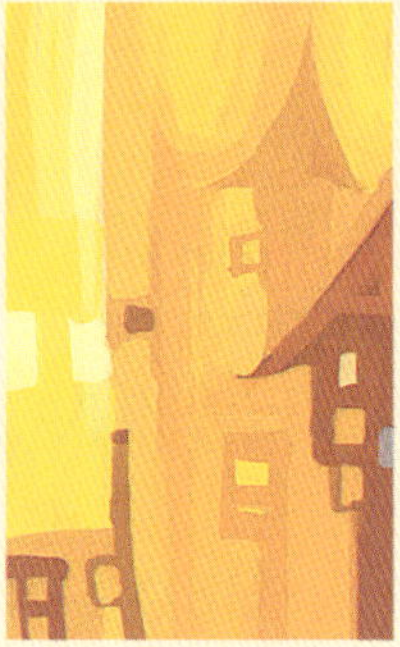

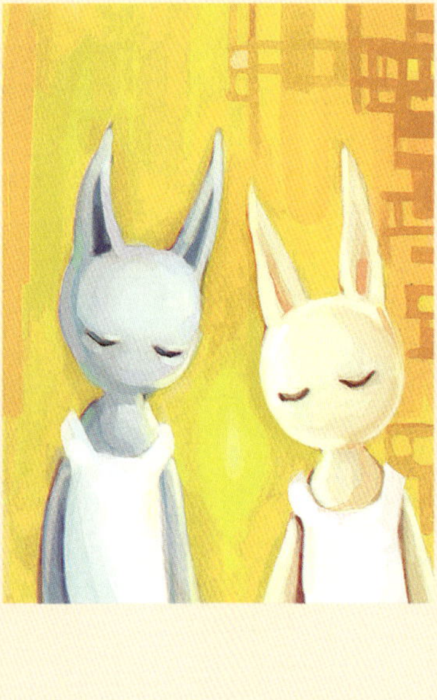

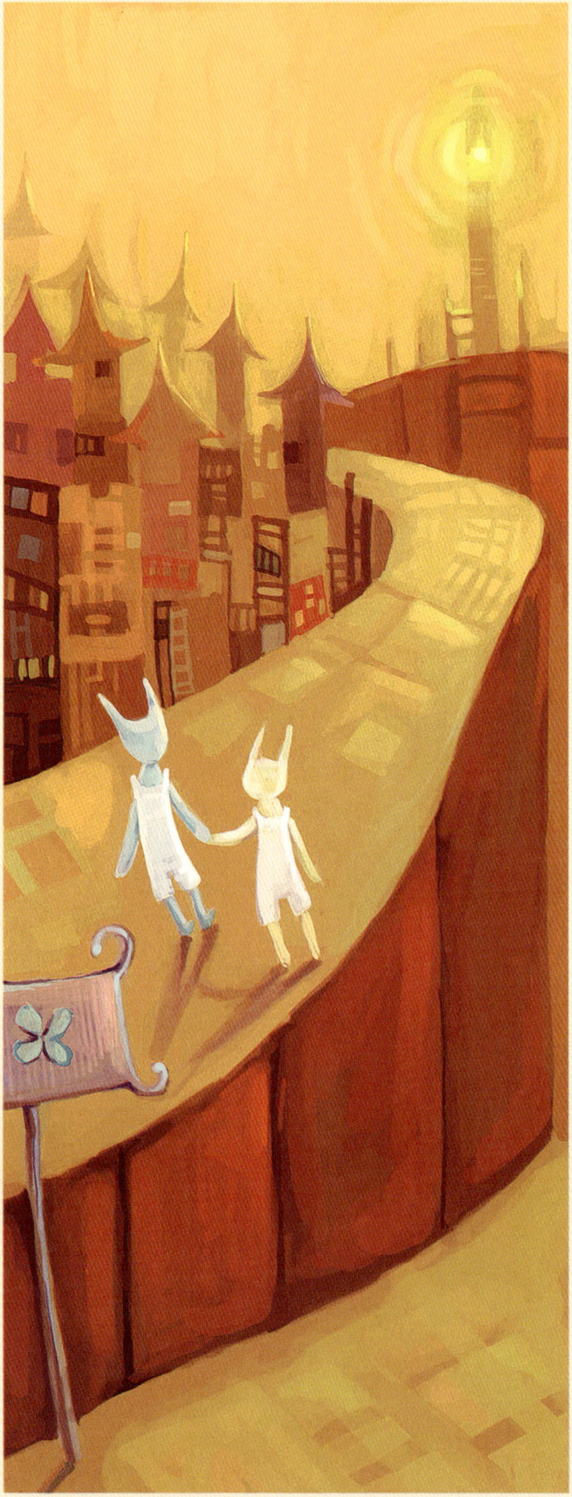

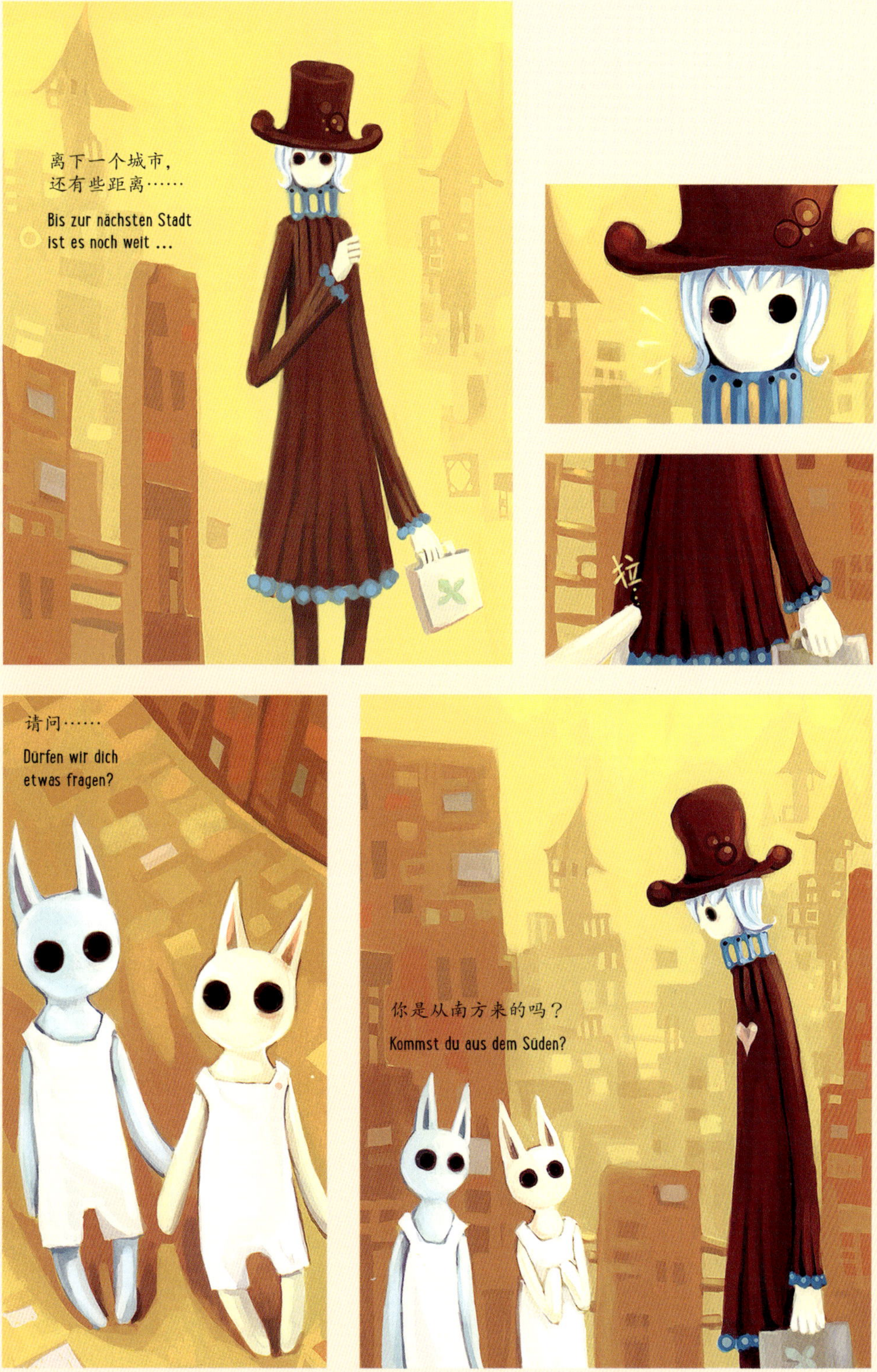
离下一个城市，
还有些距离……
Bis zur nächsten Stadt
ist es noch weit ...
拉…
请问……
Dürfen wir dich
etwas fragen?
你是从南方来的吗？
Kommst du aus dem Süden?

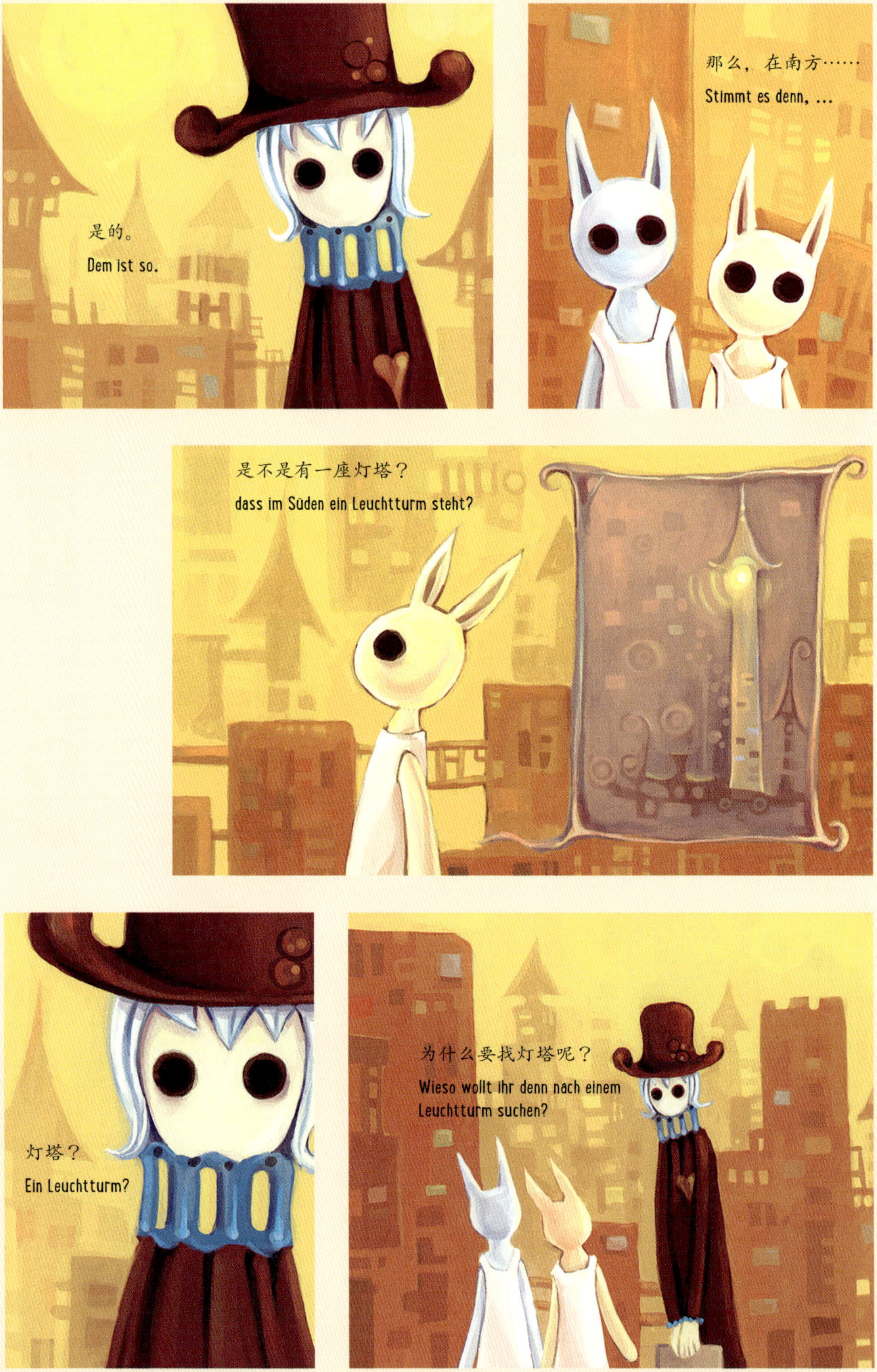
是的。
Dem ist so.
那么，在南方……
Stimmt es denn, ...
是不是有一座灯塔？
dass im Süden ein Leuchtturm steht?
灯塔？
Ein Leuchtturm?
为什么要找灯塔呢？
Wieso wollt ihr denn nach einem Leuchtturm suchen?

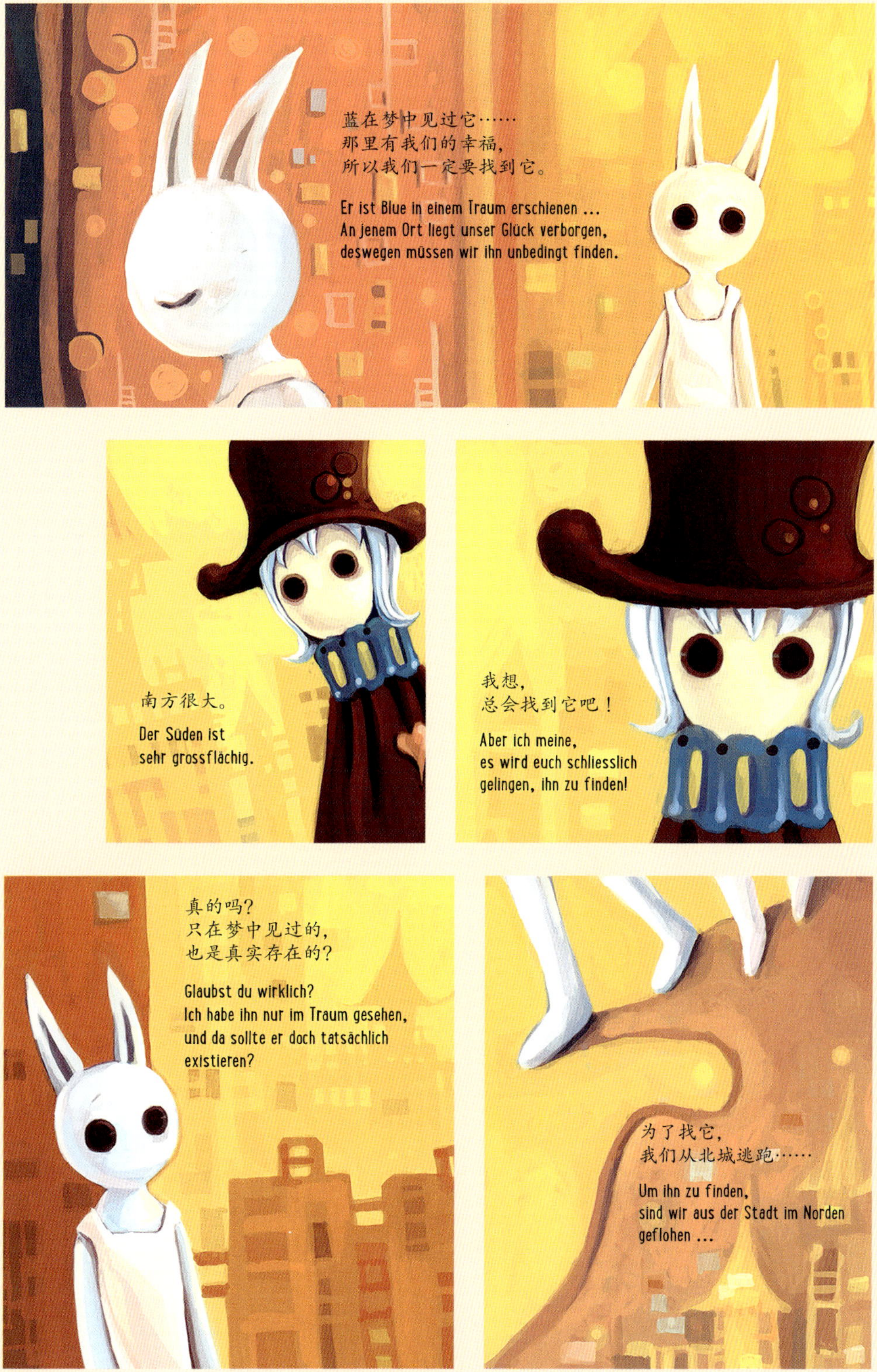
蓝在梦中见过它……
那里有我们的幸福，
所以我们一定要找到它。
Er ist Blue in einem Traum erschienen ...
An jenem Ort liegt unser Glück verborgen,
deswegen müssen wir ihn unbedingt finden.
南方很大。
Der Süden ist
sehr grossflächig.
我想，
总会找到它吧！
Aber ich meine,
es wird euch schliesslich
gelingen, ihn zu finden!
真的吗？
只在梦中见过的，
也是真实存在的？
Glaubst du wirklich?
Ich habe ihn nur im Traum gesehen,
und da sollte er doch tatsächlich
existieren?
为了找它，
我们从北城逃跑……
Um ihn zu finden,
sind wir aus der Stadt im Norden
geflohen ...

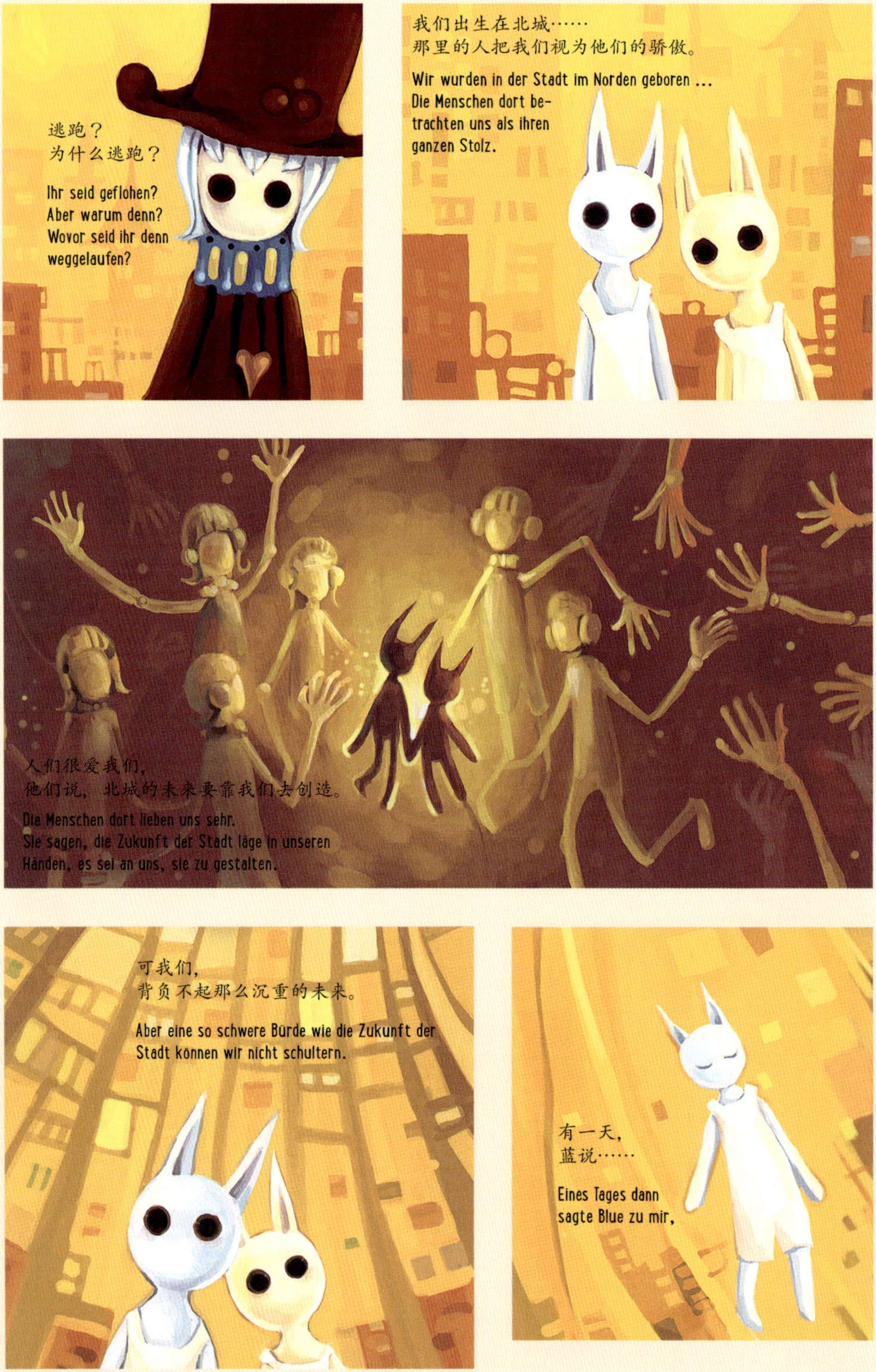
逃跑？
为什么逃跑？
Ihr seid geflohen?
Aber warum denn?
Wovor seid ihr denn weggelaufen?
我们出生在北城……
那里的人把我们视为他们的骄傲。
Wir wurden in der Stadt im Norden geboren ...
Die Menschen dort betrachten uns als ihren ganzen Stolz.
人们很爱我们，
他们说，北城的未来要靠我们去创造。
Die Menschen dort lieben uns sehr.
Sie sagen, die Zukunft der Stadt läge in unseren Händen, es sei an uns, sie zu gestalten.
可我们，
背负不起那么沉重的未来。
Aber eine so schwere Bürde wie die Zukunft der Stadt können wir nicht schultern.
有一天，
蓝说……
Eines Tages dann
sagte Blue zu mir,

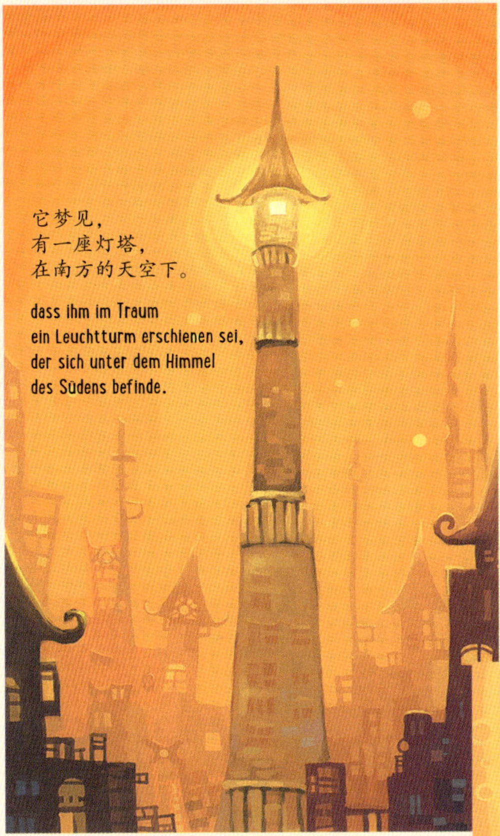
它梦见，
有一座灯塔，
在南方的天空下。
dass ihm im Traum
ein Leuchtturm erschienen sei,
der sich unter dem Himmel
des Südens befinde.

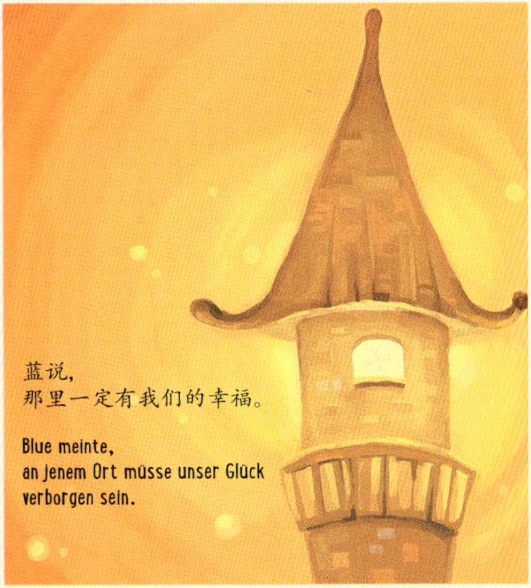
蓝说，
那里一定有我们的幸福。
Blue meinte,
an jenem Ort müsse unser Glück
verborgen sein.

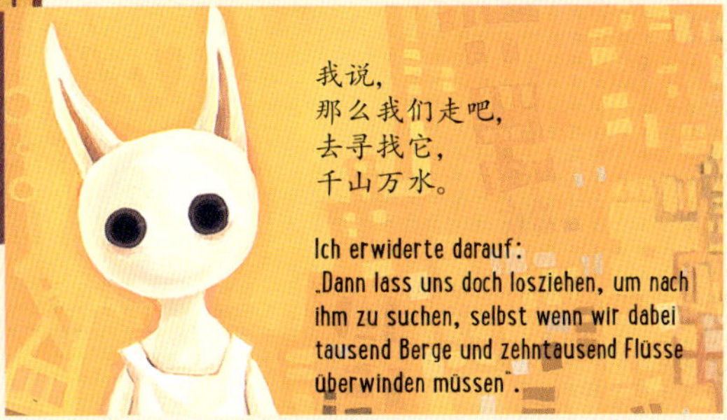
我说，
那么我们走吧，
去寻找它，
千山万水。
Ich erwiderte darauf:
„Dann lass uns doch losziehen, um nach
ihm zu suchen, selbst wenn wir dabei
tausend Berge und zehntausend Flüsse
überwinden müssen".

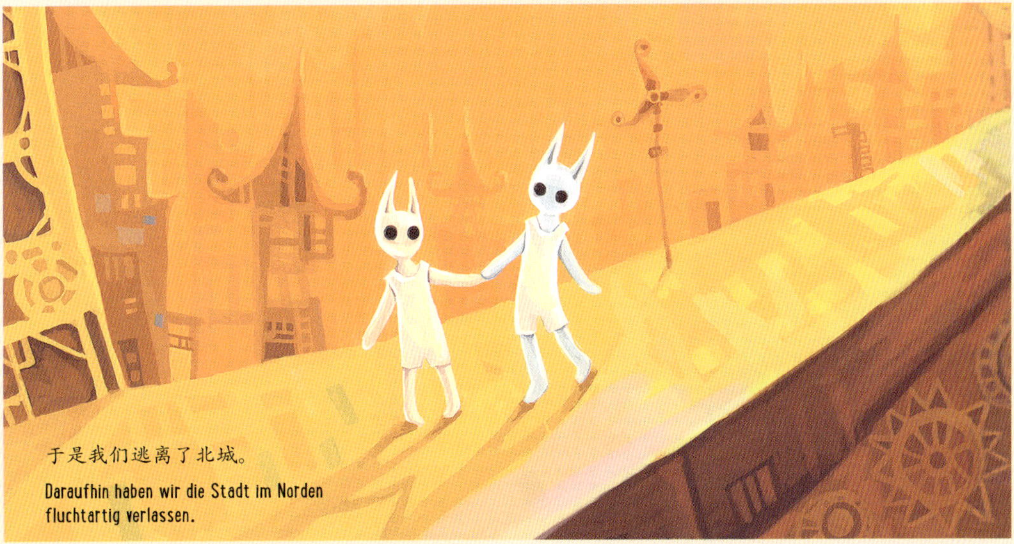
于是我们逃离了北城。
Daraufhin haben wir die Stadt im Norden
fluchtartig verlassen.

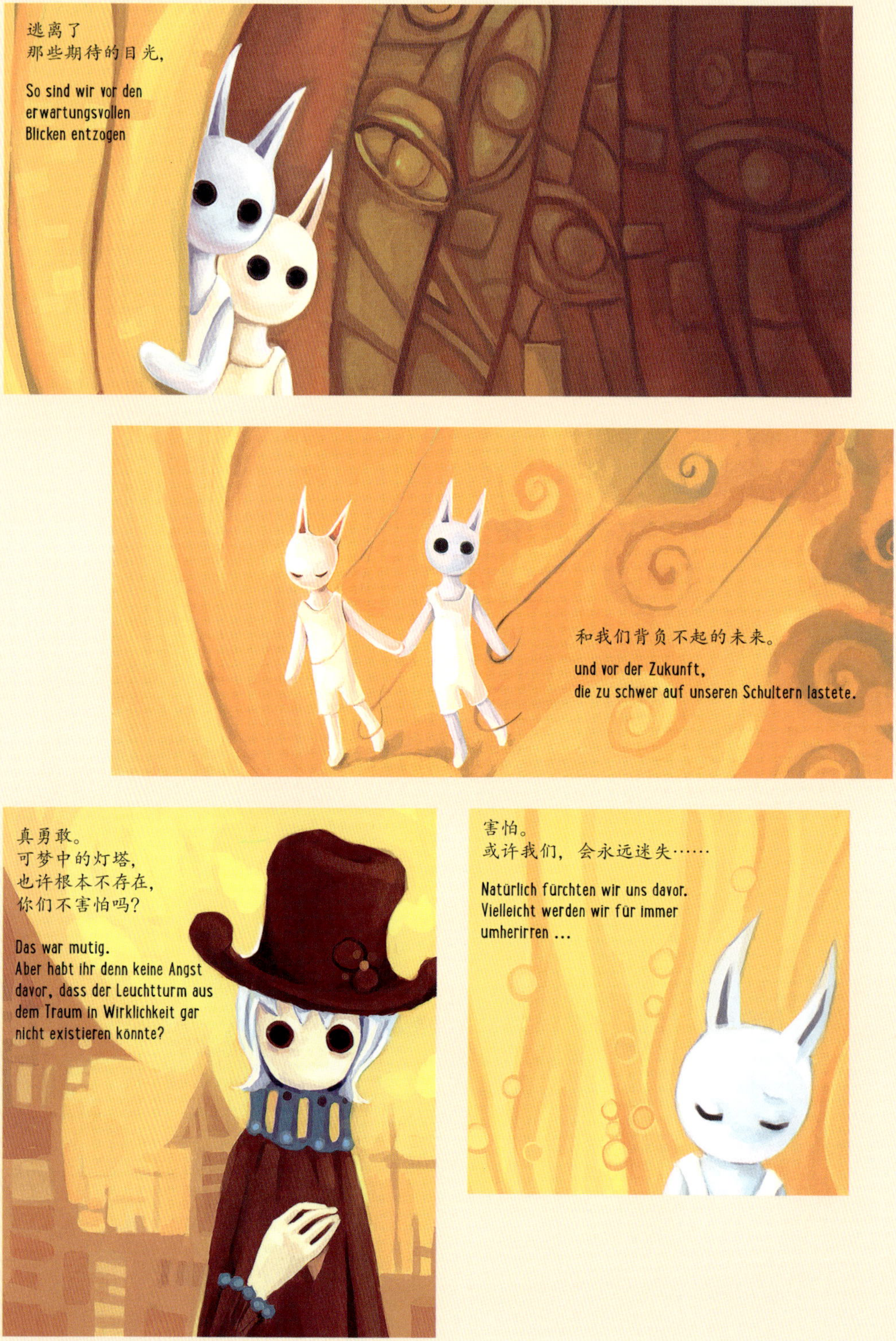
逃离了
那些期待的目光，
So sind wir vor den
erwartungsvollen
Blicken entzogen
和我们背负不起的未来。
und vor der Zukunft,
die zu schwer auf unseren Schultern lastete.
真勇敢。
可梦中的灯塔，
也许根本不存在，
你们不害怕吗？
Das war mutig.
Aber habt ihr denn keine Angst
davor, dass der Leuchtturm aus
dem Traum in Wirklichkeit gar
nicht existieren könnte?
害怕。
或许我们，会永远迷失……
Natürlich fürchten wir uns davor.
Vielleicht werden wir für immer
umherirren ...

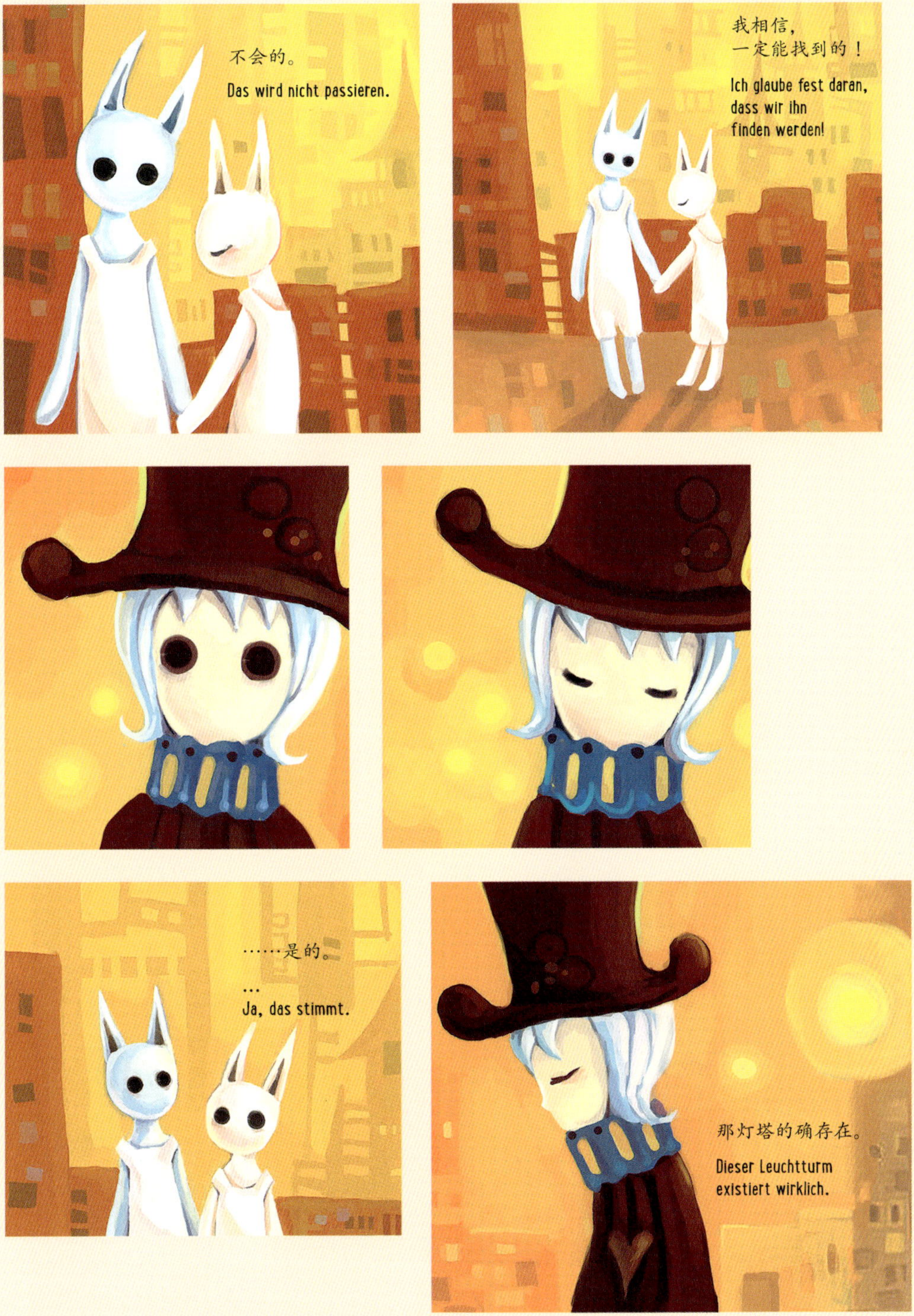

不会的。
Das wird nicht passieren.
我相信，
一定能找到的！
Ich glaube fest daran,
dass wir ihn
finden werden!
……是的。
...
Ja, das stimmt.
那灯塔的确存在。
Dieser Leuchtturm
existiert wirklich.

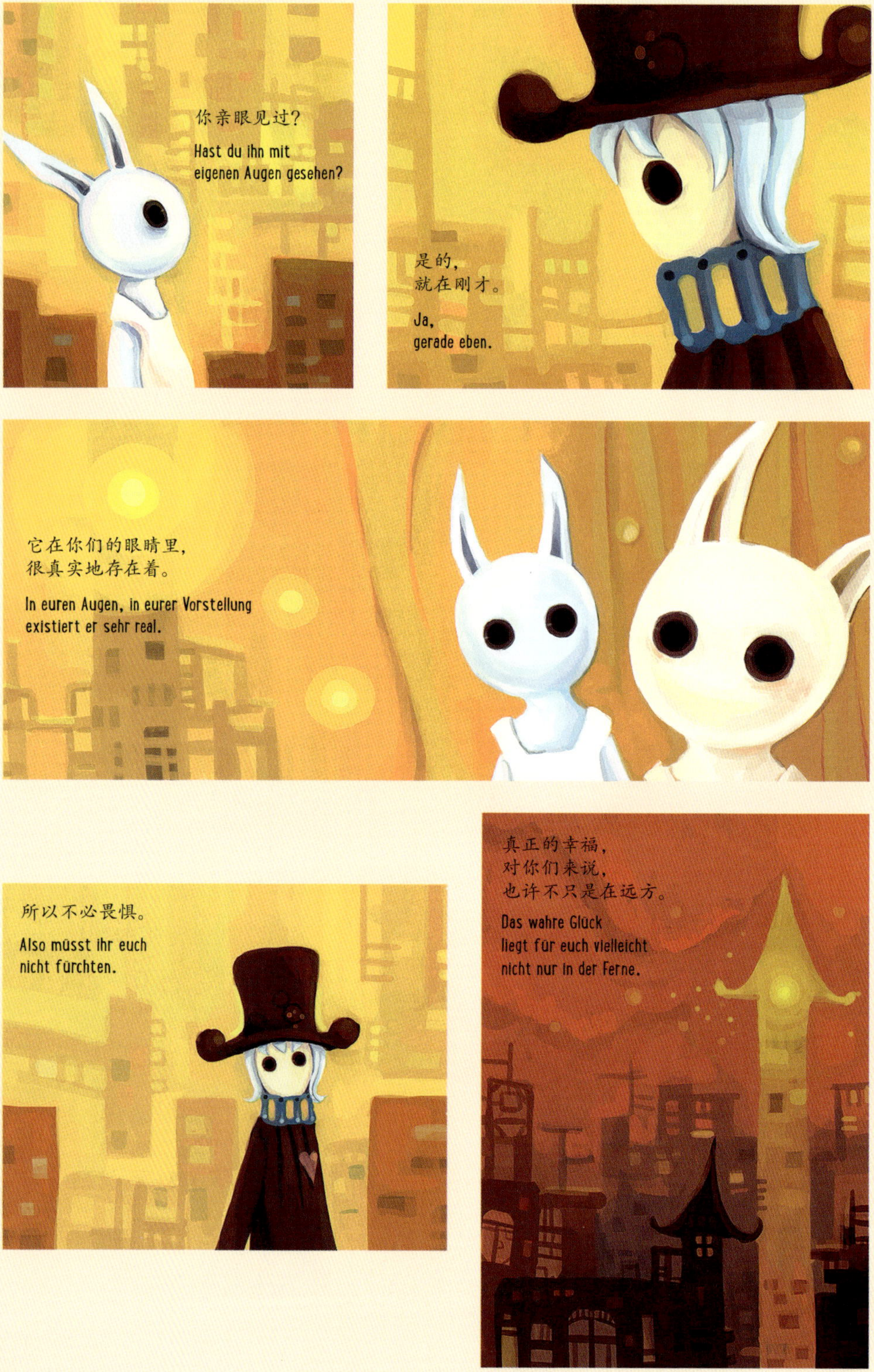
你亲眼见过?
Hast du ihn mit
eigenen Augen gesehen?
是的,
就在刚才。
Ja,
gerade eben.
它在你们的眼睛里,
很真实地存在着。
In euren Augen, in eurer Vorstellung
existiert er sehr real.
所以不必畏惧。
Also müsst ihr euch
nicht fürchten.
真正的幸福,
对你们来说,
也许不只是在远方。
Das wahre Glück
liegt für euch vielleicht
nicht nur in der Ferne.

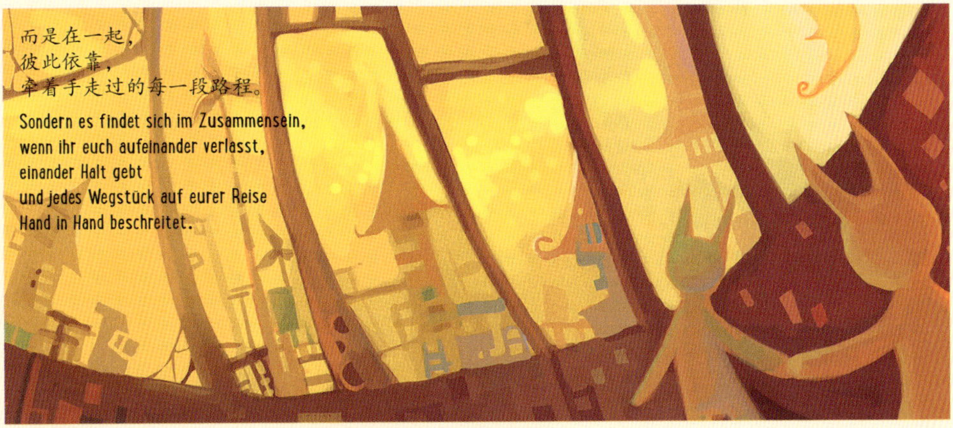
而是在一起，
彼此依靠，
牵着手走过的每一段路程。
Sondern es findet sich im Zusammensein,
wenn ihr euch aufeinander verlasst,
einander Halt gebt
und jedes Wegstück auf eurer Reise
Hand in Hand beschreitet.

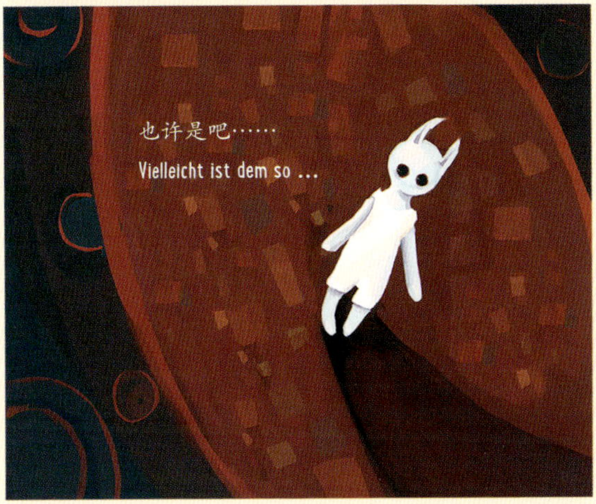
也许是吧……
Vielleicht ist dem so ...

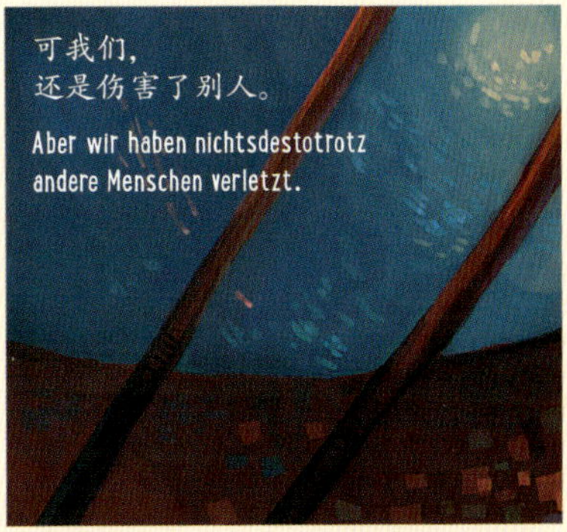
可我们，
还是伤害了别人。
Aber wir haben nichtsdestotrotz
andere Menschen verletzt.

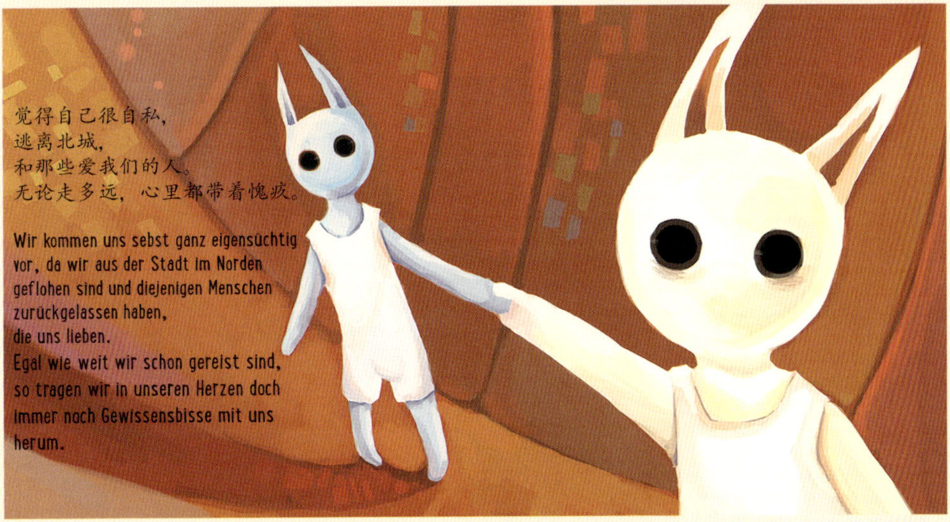
觉得自己很自私，
逃离北城，
和那些爱我们的人。
无论走多远，心里都带着愧疚。
Wir kommen uns sebst ganz eigensüchtig
vor, da wir aus der Stadt im Norden
geflohen sind und diejenigen Menschen
zurückgelassen haben,
die uns lieben.
Egal wie weit wir schon gereist sind,
so tragen wir in unseren Herzen doch
immer noch Gewissensbisse mit uns
herum.

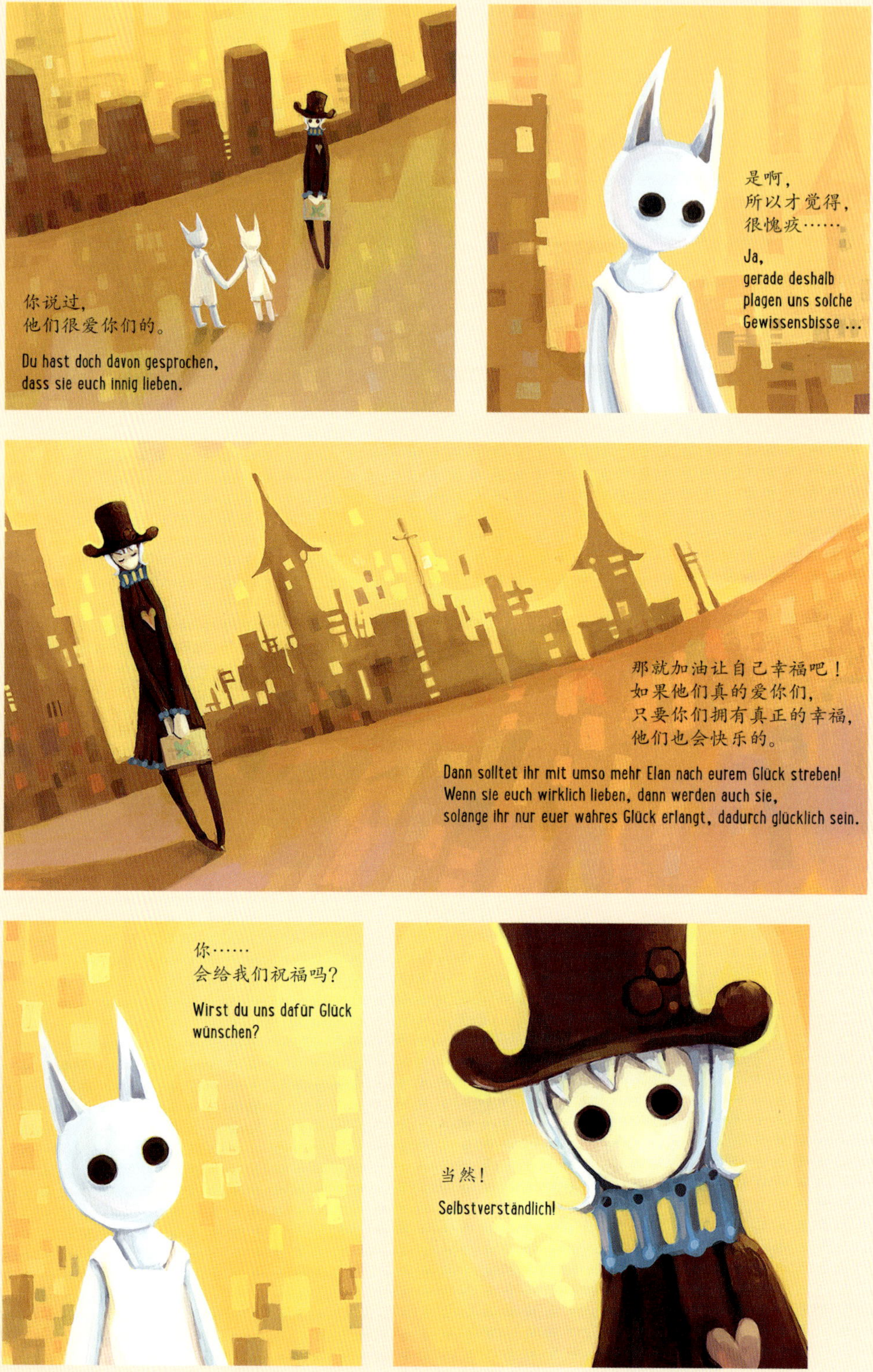
你说过，
他们很爱你们的。
Du hast doch davon gesprochen,
dass sie euch innig lieben.
是啊，
所以才觉得，
很愧疚……
Ja,
gerade deshalb
plagen uns solche
Gewissensbisse ...
那就加油让自己幸福吧！
如果他们真的爱你们，
只要你们拥有真正的幸福，
他们也会快乐的。
Dann solltet ihr mit umso mehr Elan nach eurem Glück streben!
Wenn sie euch wirklich lieben, dann werden auch sie,
solange ihr nur euer wahres Glück erlangt, dadurch glücklich sein.
你……
会给我们祝福吗？
Wirst du uns dafür Glück
wünschen?
当然！
Selbstverständlich!

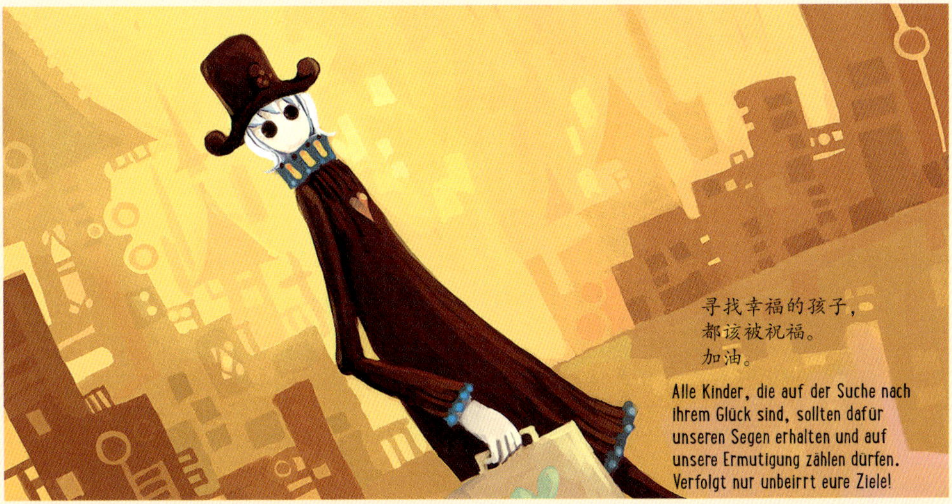
寻找幸福的孩子，
都该被祝福。
加油。
Alle Kinder, die auf der Suche nach
ihrem Glück sind, sollten dafür
unseren Segen erhalten und auf
unsere Ermutigung zählen dürfen.
Verfolgt nur unbeirrt eure Ziele!

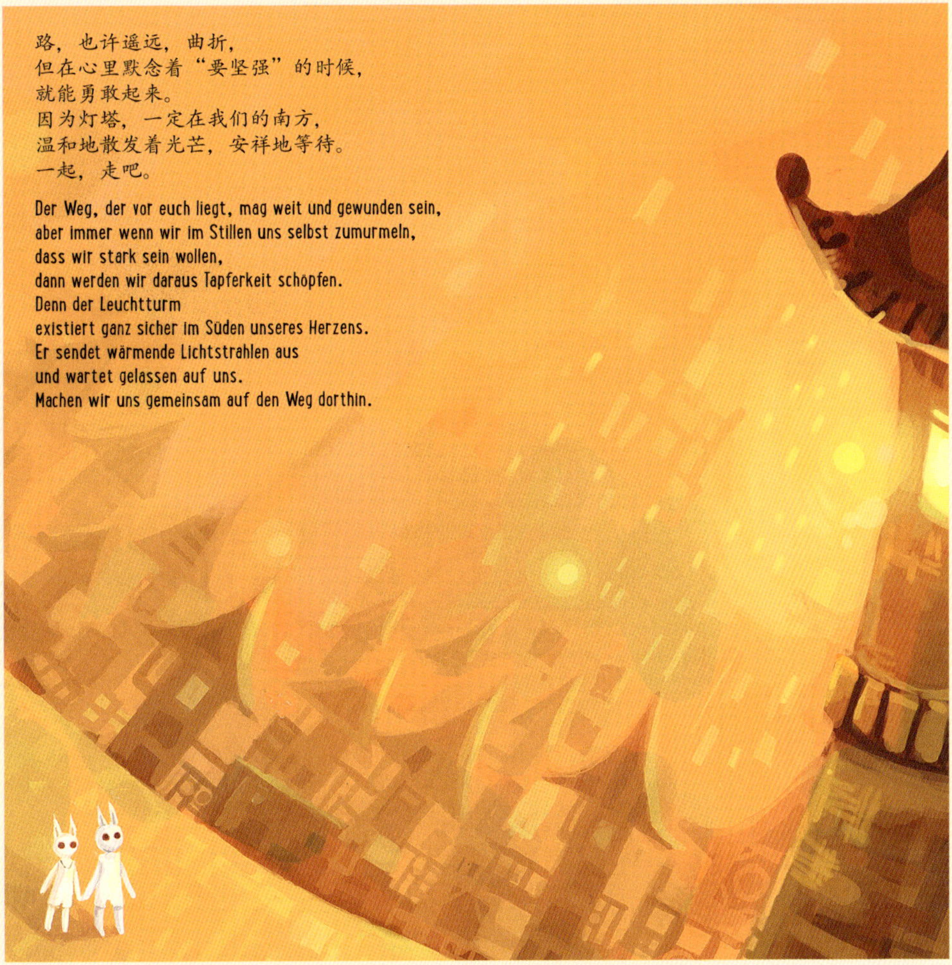
路，也许遥远，曲折，
但在心里默念着“要坚强”的时候，
就能勇敢起来。
因为灯塔，一定在我们的南方，
温和地散发着光芒，安祥地等待。
一起，走吧。
Der Weg, der vor euch liegt, mag weit und gewunden sein,
aber immer wenn wir im Stillen uns selbst zumurmeln,
dass wir stark sein wollen,
dann werden wir daraus Tapferkeit schöpfen.
Denn der Leuchtturm
existiert ganz sicher im Süden unseres Herzens.
Er sendet wärmende Lichtstrahlen aus
und wartet gelassen auf uns.
Machen wir uns gemeinsam auf den Weg dorthin.

LIGHT HOUSE

到不了灯塔的人们

有时候，放弃爱情比抓住它需要更多的勇气。

童话里的兔子也许能找到自己的灯塔，可现实，远比童话小说复杂得多。

故事里的他和她是这个世界上最好的孩子，望着彼此的影子，牵着手走过好多年。
从两小无猜到彼此爱慕。
可就好像所有悲剧小说一样，他们不能一起。他们有着不近不远却刚好可以成为障碍的血缘关系，他们的背后都有着别人羡慕却正好让他们都喘不过气的显赫家族。
因为他们是近亲，所以没有家人会注意这两个孩子在相爱。
直到，他们终于明白他们不可以在一起的时候，就开始小心翼翼地隐藏对彼此的感情。
但是，爱一个人是没有办法改变的。他们甚至觉得自己的爱不会被祝福。悲伤，后悔……一次次地想要分开，最后却还是在一起。

渐渐他们也长到该成家立业的年龄。
他们想分开，想爱上其他人，想和家长期望的一样，和一个合适的人结婚，过上正常的生活。

Menschen, denen es nicht gelingt, ihren Leuchtturm zu erreichen

Manchmal erfordert es mehr Mut, eine Liebe loszulassen, als an ihr festzuhalten.

Die beiden Häschen aus dem Märchen mögen vielleicht ihren eigenen Leuchtturm gefunden haben, aber die Wirklichkeit ist weitaus komplizierter als Märchenerzählungen.

Die beiden Figuren in der Erzählung sind die besten Kinder der Welt.
Sie sind viele Jahre lang Hand in Hand gewandert, dabei stets dem Schatten des anderen folgend.
Als sie noch kleine Kinder waren, hätte niemand aus ihrem unschuldigen gemeinsamen Spiel auf die Idee kommen können, dass zwischen ihnen eine Liebe erwachsen könnte.
Aber ganz wie in einem tragischen Roman konnte aus den beiden niemals ein Paar werden. Es war für die beiden unmöglich, zusammen zu sein. Sie verband eine Blutsverwandtschaft, die zwar nicht eng war, aber doch nah genug, dass sie zu einem Hindernis werden konnte. Hinter ihnen standen mächtige, einflussreiche Familien, um die sie andere beneideten, die ihnen aber keine Luft zum Atmen liessen.
Weil sie verwandt waren, war keinem der Familienangehörigen aufgefallen, dass sich die beiden Kinder ineinander verliebt hatten.
Als sie endlich beide begriffen hatten, dass sie niemals würden zusammen sein können, begannen sie damit, ihre Gefühle füreinander ganz sorgfältig zu verbergen.
Aber wenn man jemanden liebt, lässt sich nichts daran ändern. Sie waren sogar absolut überzeugt davon, dass ihre Liebe niemals den Segen ihres Umfelds erhalten würde.
Sie empfanden abwechselnd Trauer und Reue … Immer wieder versuchten sie sich voneinander zu trennen, aber schliesslich kamen sie doch irgendwie immer wieder zusammen.

Allmählich kamen die beiden auch in das Alter, in dem man sich niederlassen und eine Familie gründen sollte.
Sie wollten sich voneinander trennen, sich in jemand anderen verlieben und einen passenden Menschen heiraten, um ein normales Leben zu führen, so wie es ihre Eltern von ihnen erwarteten.

但他们，更渴望抛弃那些目光，牵着手去自己的幸福那里。
她说，我不知道我们的幸福是不是存在，也许在很远的地方，但是我不想放弃。
他说，愿时间赋予我们智慧和勇气，让我们在这条道路上一直走下去。
也许，他们可以成功，可以离开家，去到很远的地方，一起生活。
但之前说过，他们是世界上最好的孩子。他们从不伤害自己的至亲。
她带着她的一个好朋友回家，骗家长说，这是她的男朋友。
妈妈很开心，那幸福的笑容好像一直甜到心里。
她望着妈妈的开心的表情，忽然觉得自己是犯了错误的孩子。
父母对她的期望一直让她喘不过气，但那些期望，全部都是发自内心的深爱。

Aber noch mehr sehnten sie sich danach, jenen Blicken zu entrinnen und sich Hand in Hand zu ihrem Glück aufzumachen.

Sie sagte: „Ich weiss nicht, ob unser Glück existiert, vielleicht liegt es an einem sehr fernen Ort, aber ich möchte nicht aufgeben.“

Er sagte: „Möge die Zeit uns Weisheit und Mut schenken, damit wir immer auf unserem Weg bleiben.“

Vielleicht hätte es ihnen wirklich gelingen können, ihr Zuhause zu verlassen, sich an einen weit entfernen Ort zu begeben und dort gemeinsam zu leben.

Aber wie vorher bereits gesagt, handelte es sich bei den beiden um die besten Kinder in der Welt. Es wäre ihnen niemals auch nur in den Sinn gekommen, die ihnen nahestehenden Menschen zu verletzen.

Sie brachte einen guten Kumpel mit nach Hause und schwindelte ihre Eltern an, dabei handele es sich um ihren festen Freund.

Die Mutter war überglücklich darüber, ihr glückseliges Lächeln schien ihr bis ins Herz hinein zu strahlen.

Sie betrachtete die glückliche Miene ihrer Mutter und fühlte sich plötzlich wie ein Kind, das Unheil angerichtet hatte.

Die Erwartungen ihrer Eltern erdrückten sie stets so sehr, dass sie nicht mehr atmen zu können schien. Aber diese Erwartungen und Hoffnungen entsprangen alle zur Gänze der tiefen Liebe, die ihre Eltern in ihrem Herzen für sie empfanden.

她欺骗了生养自己的父母，她觉得自己没有资格那么做。
然而在属于她的这场命运里，无论如何都会有人受伤。
去伤害一个后来才认识的人，应该要比伤害生养自己的父母好得多吧。
所以她决定让自己的父母幸福。虽然离开他自己不会幸福，但是伤害了父母，她同样，永远不会幸福。

命运的安排有时候莫名其妙得我们根本不明白。
然后，这个故事还要继续下去。很多很多年以后的一天，她会穿着新娘的礼服，站在父母慈爱的目光中，她也一定会对着她的父母微笑。
她默默地放弃了自己的爱情，来成就父母的幸福。而她微笑着的父母，则永远不会知道，曾经有两个世界上最好最好的孩子，为了他们这一天的笑容，做过多大的牺牲。
他们没有到达自己的灯塔，但没有人可以责备他们。
有时候，放弃爱情比抓住它需要更多的勇气。
希望他们，慢慢地，可以幸福起来。真正幸福起来。

Sie hatte ihre Eltern, die sie grossgezogen hatten, hinters Licht geführt, und sie fand, dass sie kein Recht dazu gehabt hatte.
Aber ihr Schicksal hatte es ihr so vorbestimmt, dass sie auf jeden Fall jemanden würde verletzen müssen, so oder so.
Wenn man schon jemanden verletzen musste, dann war es besser, einen Menschen zu verletzen, den man erst später im Leben kennengelernt hatte, als die Eltern, die einen von klein auf grossgezogen hatten.
Deshalb traf sie den Entschluss, ihre Eltern glücklich zu machen. Sie wäre selbst zwar unglücklich darüber, ihn verlassen zu müssen, aber wenn sie ihren Eltern wehtun müsste, könnte sie ebenfalls niemals glücklich werden.

Was das Schicksal für uns bereit hält, ist manchmal so rätselhaft, dass es für uns unbegreiflich bleibt.

Später würde diese Geschichte noch weitergehen. Eines Tages, viele, viele Jahre später, trug sie ein Brautkleid, während der liebevolle Blick ihrer Eltern auf ihr ruhte, wobei sie ganz bestimmt gleichzeitig ebenfalls ihre Eltern anlächelte.
Sie gab still und heimlich ihre Liebe auf, um ihre Eltern glücklich zu machen. Ihre lächelnden Eltern hingegen würden niemals davon erfahren, dass einst in dieser Welt die beiden hervorragendsten Kinder gewesen waren, die so ein grosses Opfer erbracht hatten, um ihren Eltern für diesen Tag ein Lächeln zu ermöglichen.
Die beiden haben ihren eigenen Leuchtturm nicht erreichen können. Aber niemand kann ihnen daraus einen Vorwurf machen.
Manchmal erfordert es mehr Mut, eine Liebe loszulassen, als an ihr festzuhalten.
Hoffen wir, dass sie allmählich glücklich werden. Wirklich glücklich werden.

MEIN WEG

Fische

鱼

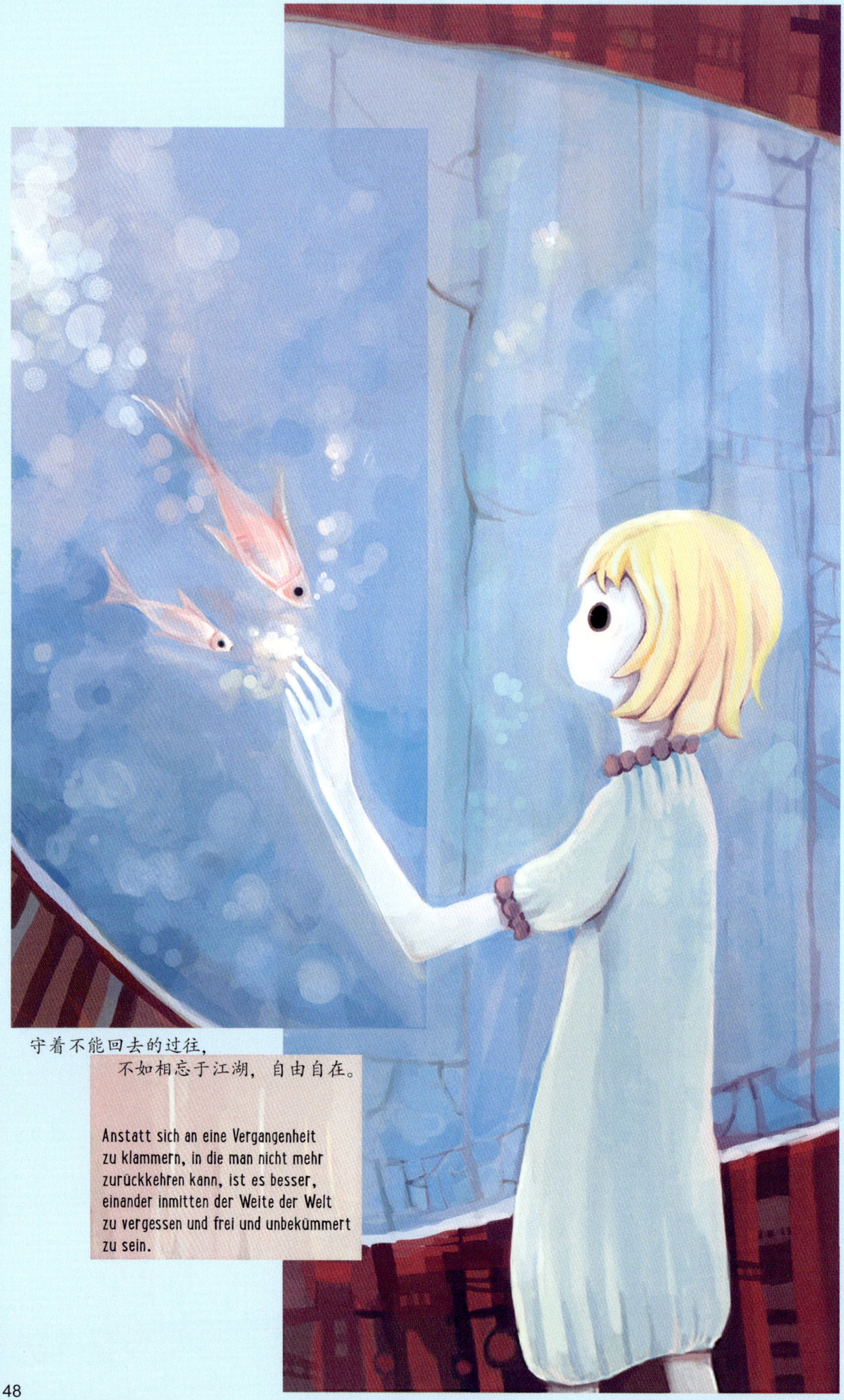

守着不能回去的过往，
不如相忘于江湖，自由自在。

Anstatt sich an eine Vergangenheit zu klammern, in die man nicht mehr zurückkehren kann, ist es besser, einander inmitten der Weite der Welt zu vergessen und frei und unbekümmert zu sein.

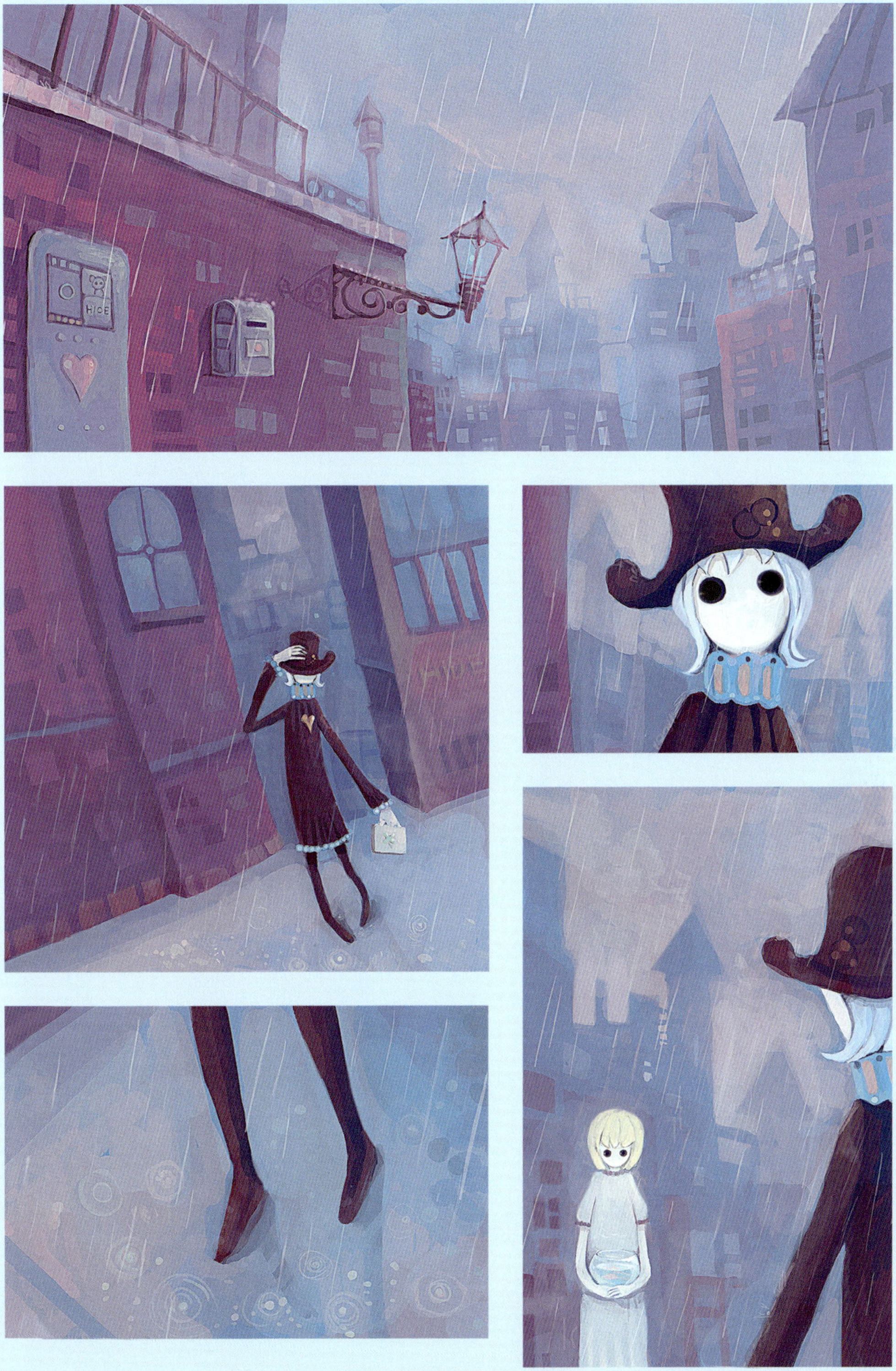
HICE

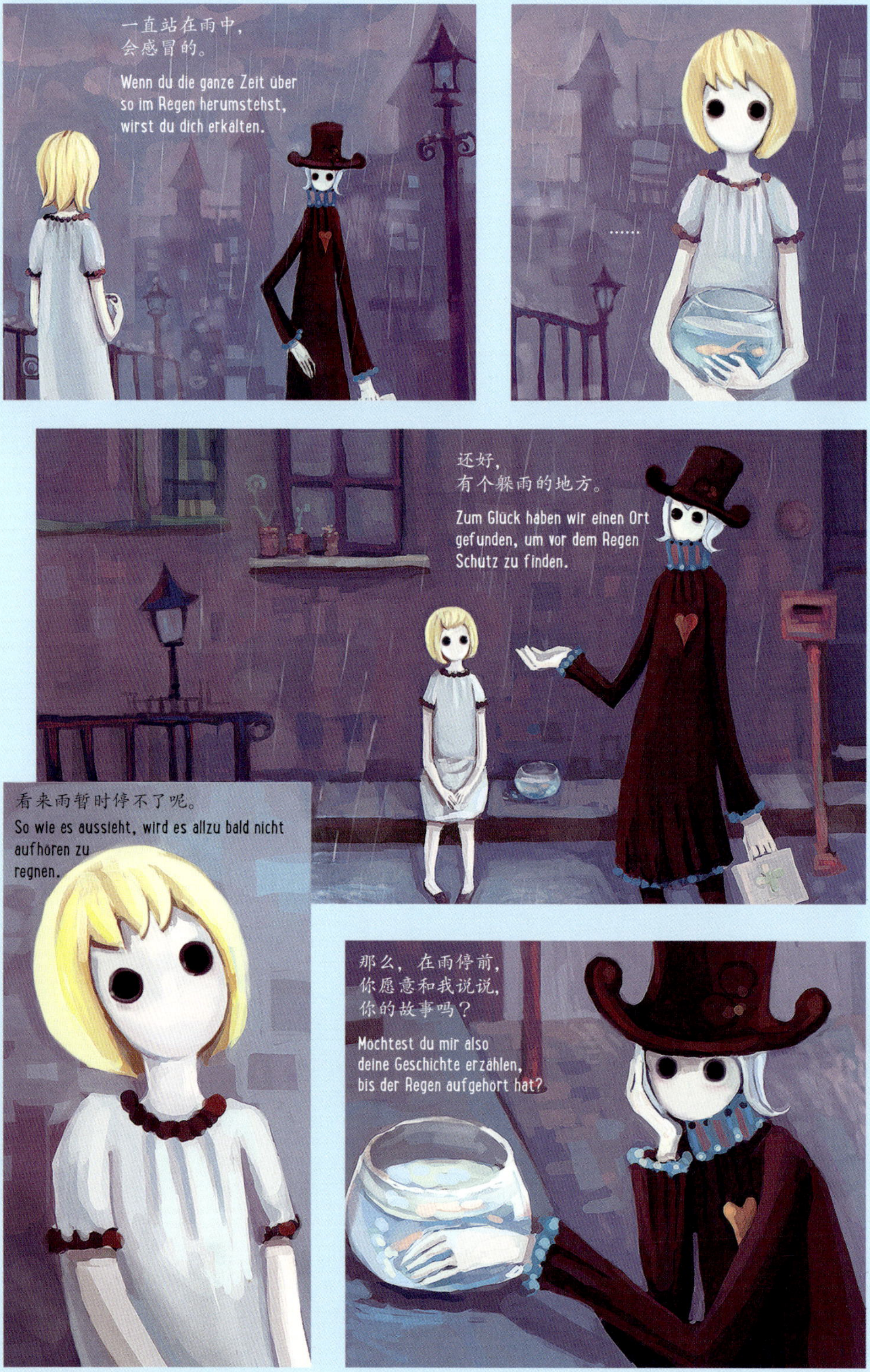
一直站在雨中，
会感冒的。
Wenn du die ganze Zeit über
so im Regen herumstehst,
wirst du dich erkälten.
……
还好，
有个躲雨的地方。
Zum Glück haben wir einen Ort
gefunden, um vor dem Regen
Schutz zu finden.
看来雨暂时停不了呢。
So wie es aussieht, wird es allzu bald nicht
aufhören zu
regnen.
那么，在雨停前，
你愿意和我说说，
你的故事吗？
Möchtest du mir also
deine Geschichte erzählen,
bis der Regen aufgehört hat?

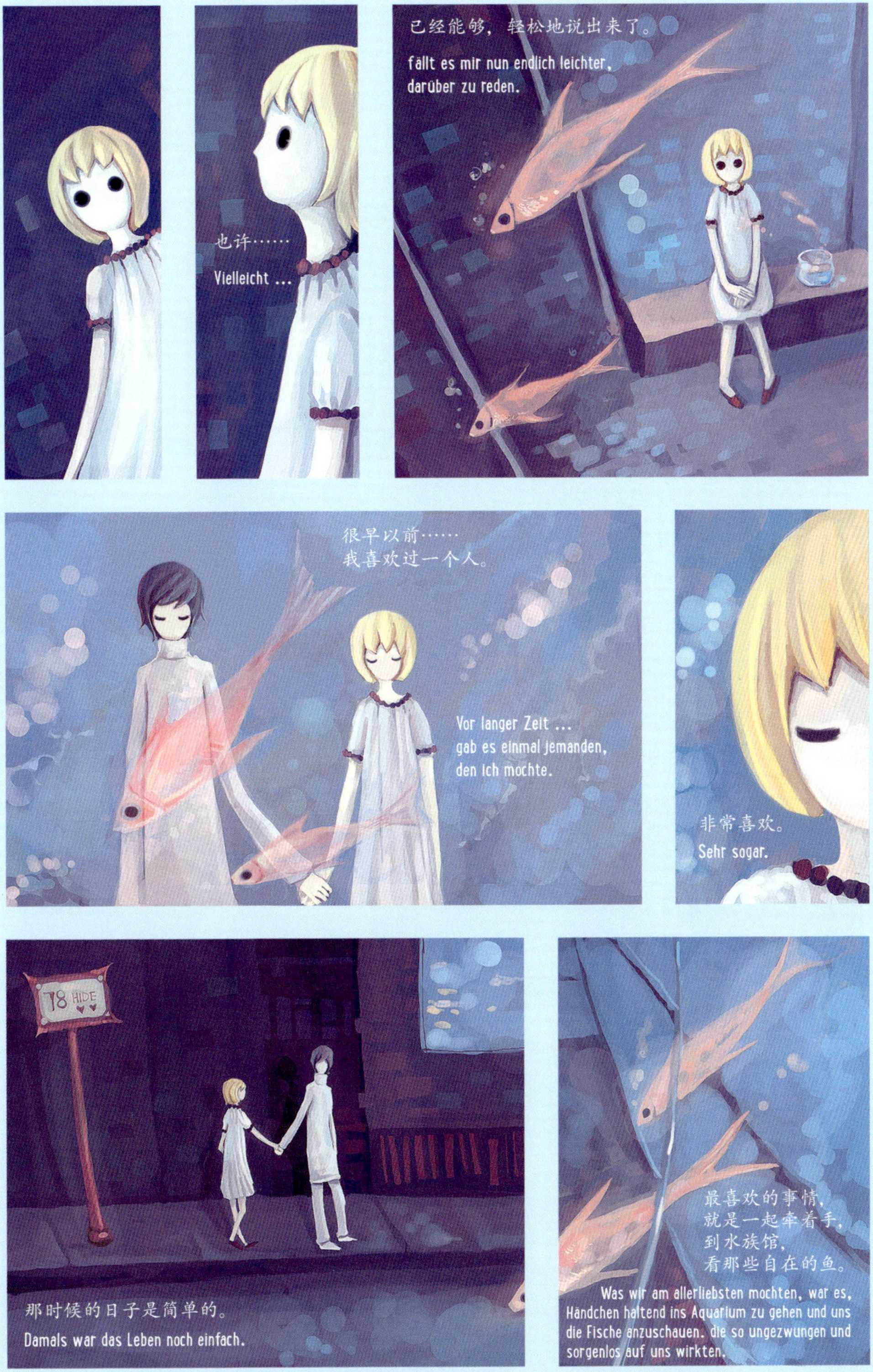
也许……
Vielleicht ...
已经能够，轻松地说出来了。
fällt es mir nun endlich leichter, darüber zu reden.
很早以前……
我喜欢过一个人。
Vor langer Zeit ... gab es einmal jemanden, den ich mochte.
非常喜欢。
Sehr sogar.
那时候的日子是简单的。
Damals war das Leben noch einfach.
最喜欢的事情，
就是一起牵着手，
到水族馆，
看那些自在的鱼。
Was wir am allerliebsten mochten, war es, Händchen haltend ins Aquarium zu gehen und uns die Fische anzuschauen, die so ungezwungen und sorgenlos auf uns wirkten.

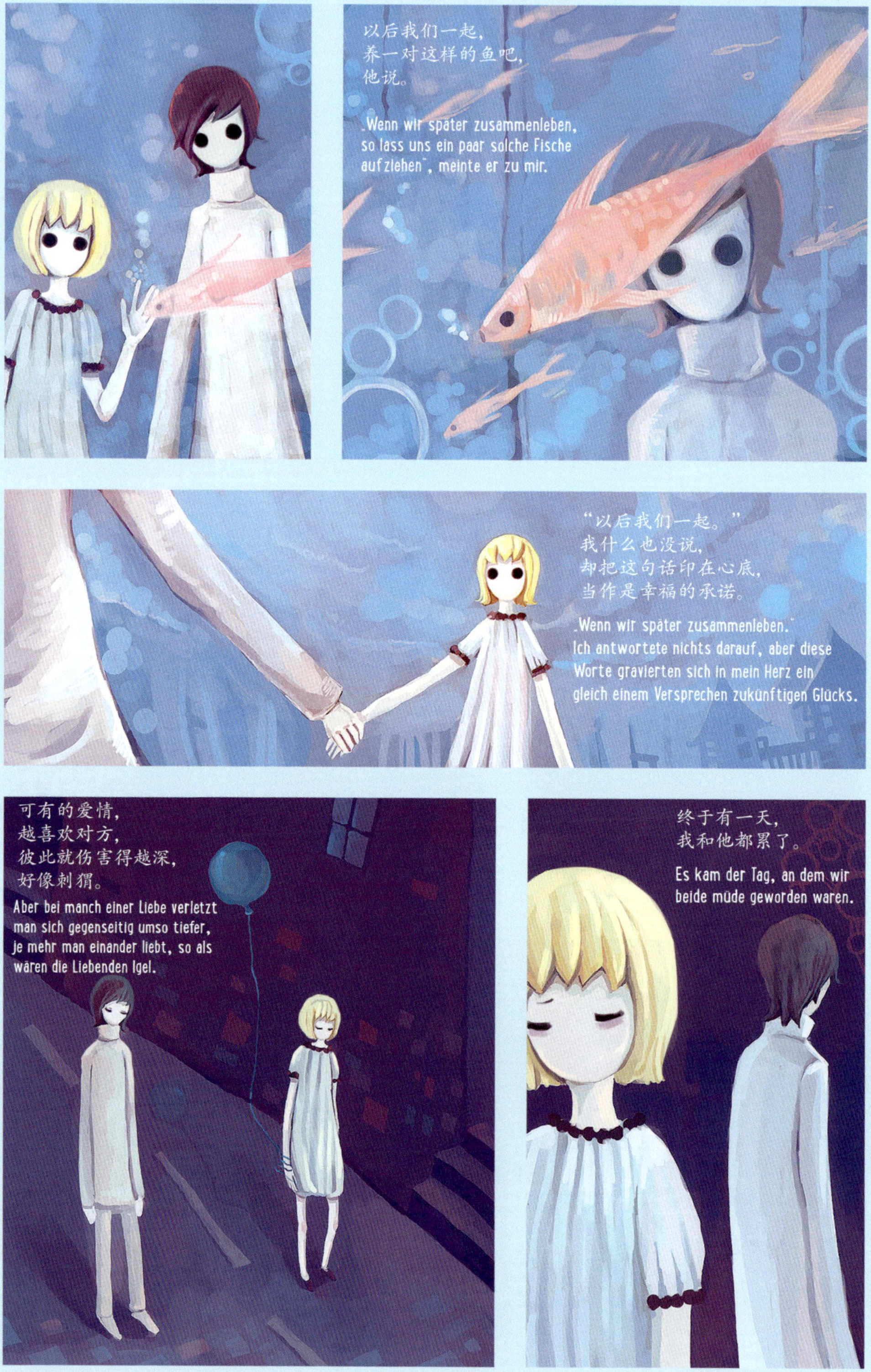
以后我们一起，
养一对这样的鱼吧，
他说。
„Wenn wir später zusammenleben,
so lass uns ein paar solche Fische
aufziehen", meinte er zu mir.
“以后我们一起。”
我什么也没说，
却把这句话印在心底，
当作是幸福的承诺。
„Wenn wir später zusammenleben."
Ich antwortete nichts darauf, aber diese
Worte gravierten sich in mein Herz ein
gleich einem Versprechen zukünftigen Glücks.
可有的爱情，
越喜欢对方，
彼此就伤害得越深，
好像刺猬。
Aber bei manch einer Liebe verletzt
man sich gegenseitig umso tiefer,
je mehr man einander liebt, so als
wären die Liebenden Igel.
终于有一天，
我和他都累了。
Es kam der Tag, an dem wir
beide müde geworden waren.

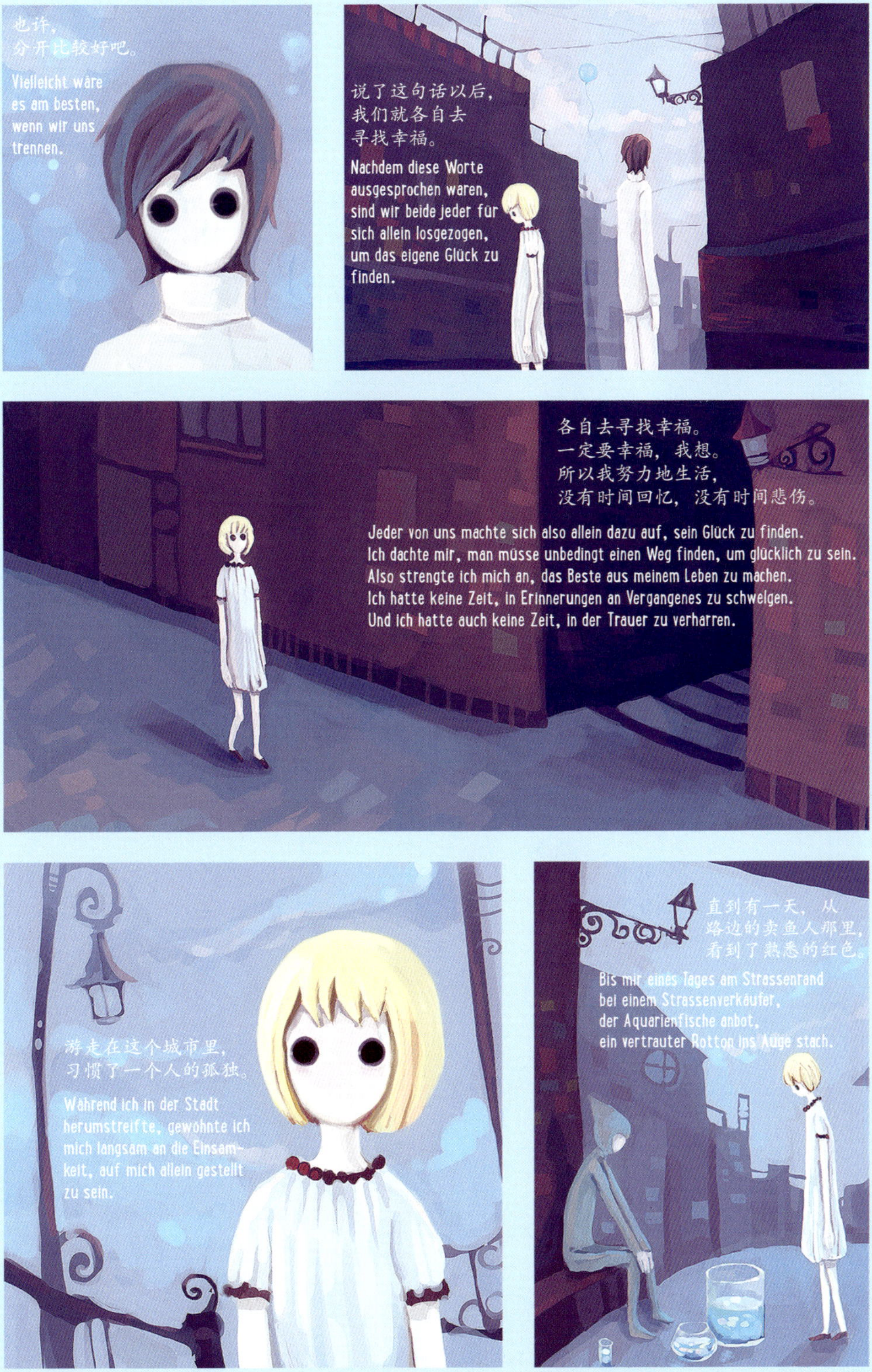

也许，
分开比较好吧。
Vielleicht wäre es am besten, wenn wir uns trennen.
说了这句话以后，
我们就各自去
寻找幸福。
Nachdem diese Worte ausgesprochen waren, sind wir beide jeder für sich allein losgezogen, um das eigene Glück zu finden.
各自去寻找幸福。
一定要幸福，我想。
所以我努力地生活，
没有时间回忆，没有时间悲伤。
Jeder von uns machte sich also allein dazu auf, sein Glück zu finden.
Ich dachte mir, man müsse unbedingt einen Weg finden, um glücklich zu sein.
Also strengte ich mich an, das Beste aus meinem Leben zu machen.
Ich hatte keine Zeit, in Erinnerungen an Vergangenes zu schwelgen.
Und ich hatte auch keine Zeit, in der Trauer zu verharren.
游走在这个城市里，
习惯了一个人的孤独。
Während ich in der Stadt herumstreifte, gewöhnte ich mich langsam an die Einsamkeit, auf mich allein gestellt zu sein.
直到有一天，从
路边的卖鱼人那里，
看到了熟悉的红色。
Bis mir eines Tages am Strassenrand bei einem Strassenverkäufer, der Aquarienfische anbot, ein vertrauter Rotton ins Auge stach.

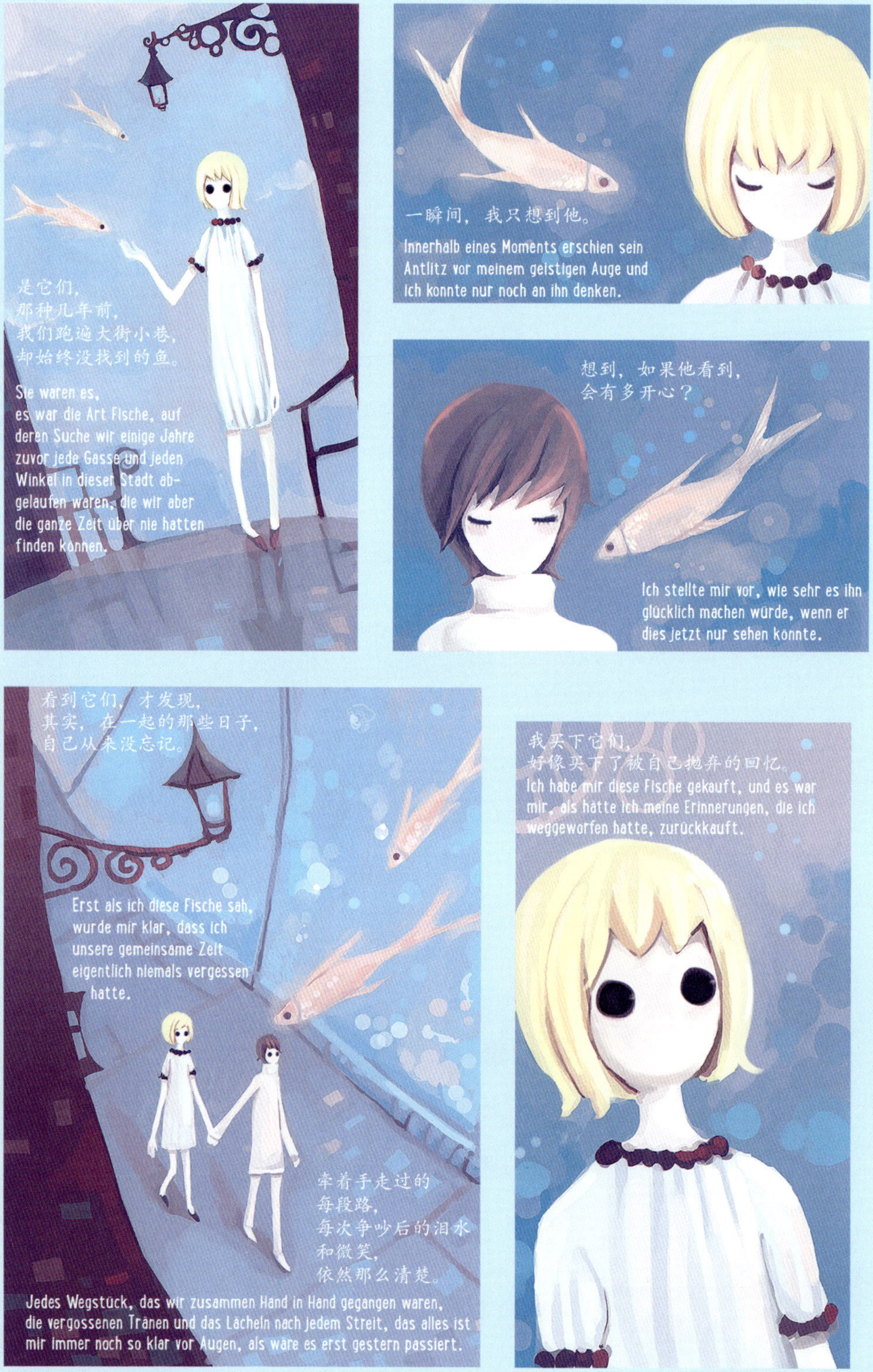
是它们，
那种几年前，
我们跑遍大街小巷，
却始终没找到的鱼。
Sie waren es, es war die Art Fische, auf deren Suche wir einige Jahre zuvor jede Gasse und jeden Winkel in dieser Stadt abgelaufen waren, die wir aber die ganze Zeit über nie hatten finden können.
一瞬间，我只想到他。
Innerhalb eines Moments erschien sein Antlitz vor meinem geistigen Auge und ich konnte nur noch an ihn denken.
想到，如果他看到，
会有多开心？
Ich stellte mir vor, wie sehr es ihn glücklich machen würde, wenn er dies jetzt nur sehen konnte.
看到它们，才发现，
其实，在一起的那些日子，
自己从来没忘记。
Erst als ich diese Fische sah, wurde mir klar, dass ich unsere gemeinsame Zeit eigentlich niemals vergessen hatte.
牵着手走过的
每段路，
每次争吵后的泪水
和微笑，
依然那么清楚。
Jedes Wegstück, das wir zusammen Hand in Hand gegangen waren, die vergossenen Tränen und das Lächeln nach jedem Streit, das alles ist mir immer noch so klar vor Augen, als wäre es erst gestern passiert.
我买下它们，
好像买下了被自己抛弃的回忆。
Ich habe mir diese Fische gekauft, und es war mir, als hätte ich meine Erinnerungen, die ich weggeworfen hatte, zurückkauft.

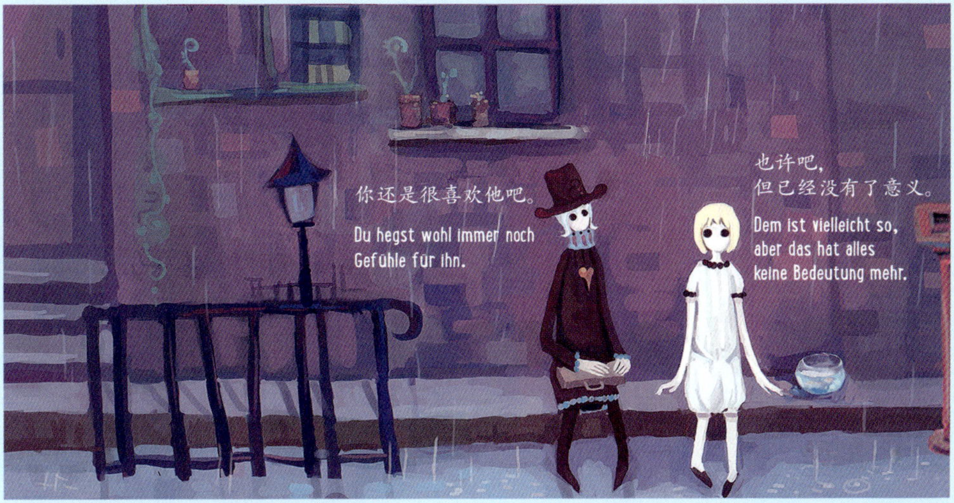
你还是很喜欢他吧。
Du hegst wohl immer noch Gefühle für ihn.
也许吧，
但已经没有了意义。
Dem ist vielleicht so, aber das hat alles keine Bedeutung mehr.

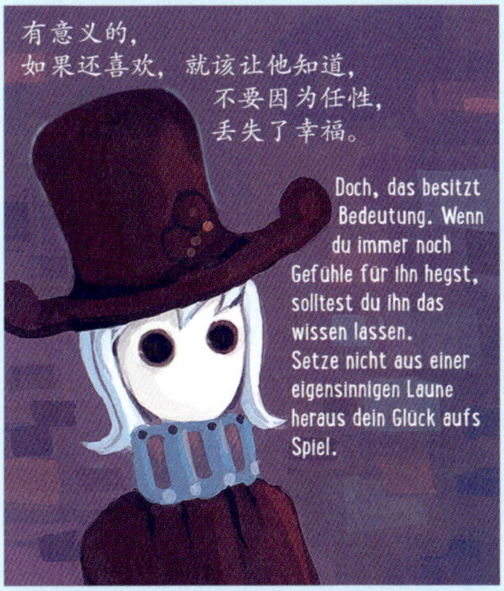
有意义的，
如果还喜欢，就该让他知道，
不要因为任性，
丢失了幸福。
Doch, das besitzt Bedeutung. Wenn du immer noch Gefühle für ihn hegst, solltest du ihn das wissen lassen.
Setze nicht aus einer eigensinnigen Laune heraus dein Glück aufs Spiel.

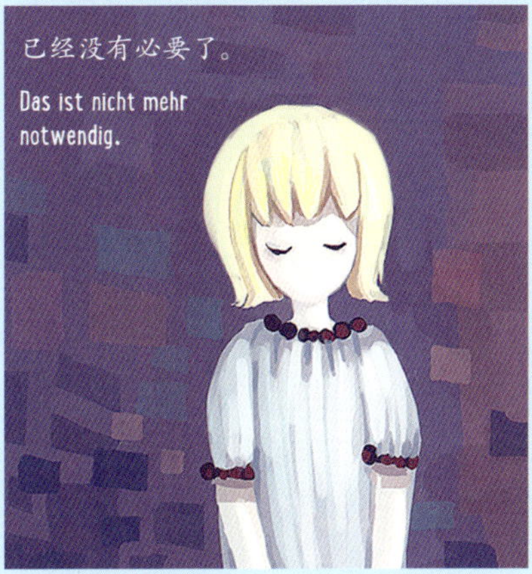
已经没有必要了。
Das ist nicht mehr notwendig.

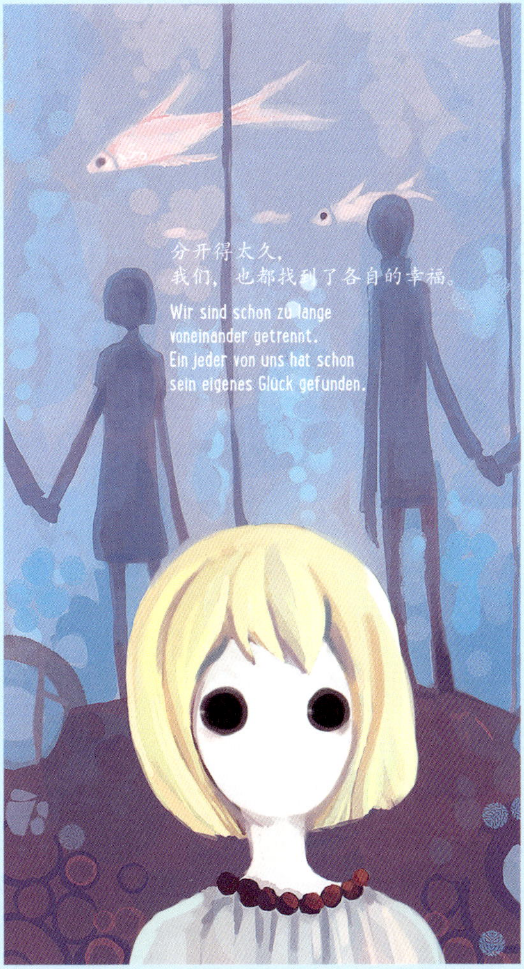
分开得太久，
我们，也都找到了各自的幸福。
Wir sind schon zu lange voneinander getrennt.
Ein jeder von uns hat schon sein eigenes Glück gefunden.

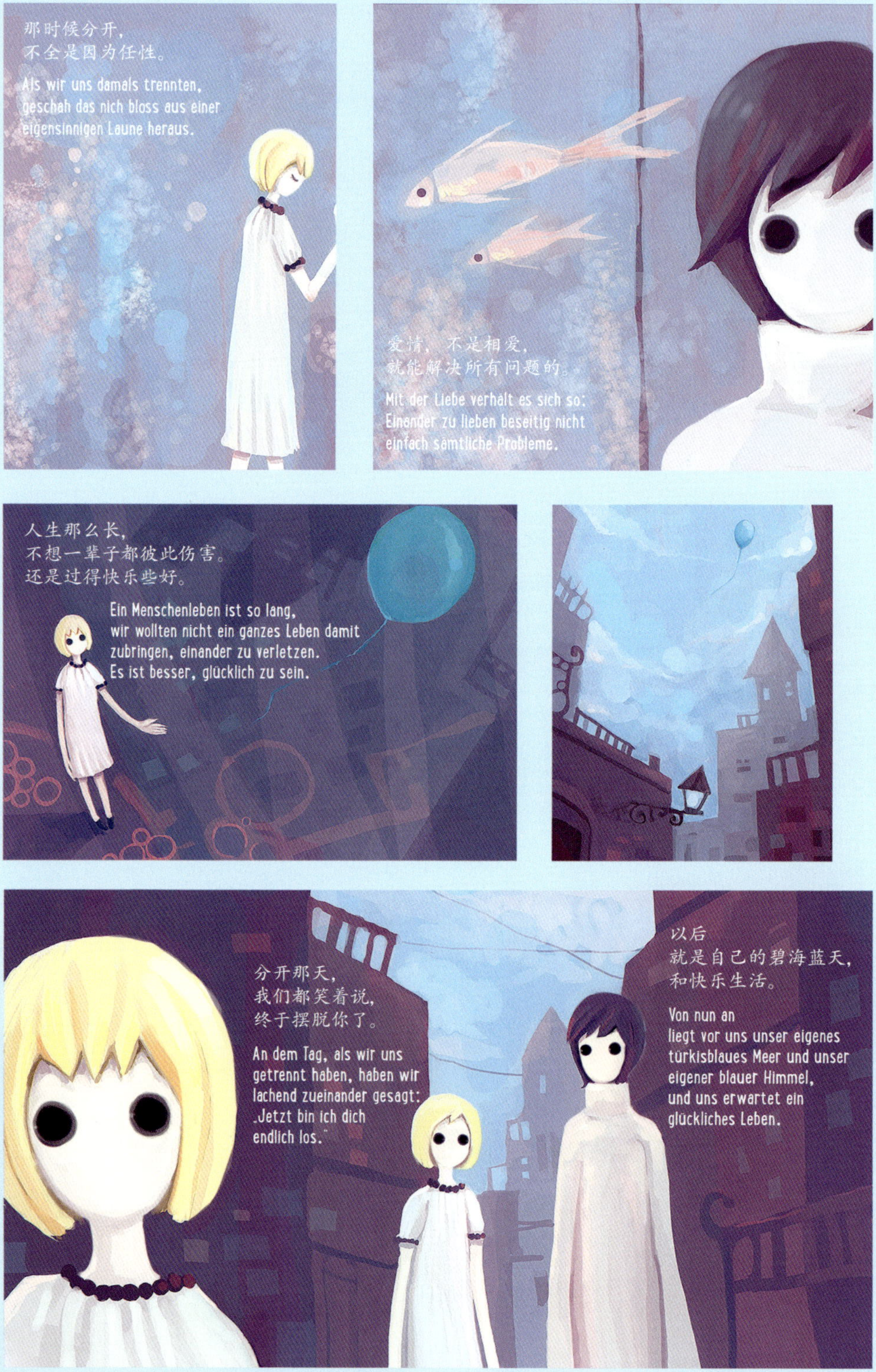
那时候分开，
不全是因为任性。
Als wir uns damals trennten,
geschah das nich bloss aus einer
eigensinnigen Laune heraus.
爱情，不是相爱，
就能解决所有问题的。
Mit der Liebe verhält es sich so:
Einander zu lieben beseitig nicht
einfach sämtliche Probleme.
人生那么长，
不想一辈子都彼此伤害。
还是过得快乐些好。
Ein Menschenleben ist so lang,
wir wollten nicht ein ganzes Leben damit
zubringen, einander zu verletzen.
Es ist besser, glücklich zu sein.
分开那天，
我们都笑着说，
终于摆脱你了。
An dem Tag, als wir uns
getrennt haben, haben wir
lachend zueinander gesagt:
„Jetzt bin ich dich
endlich los."
以后
就是自己的碧海蓝天，
和快乐生活。
Von nun an
liegt vor uns unser eigenes
türkisblaues Meer und unser
eigener blauer Himmel,
und uns erwartet ein
glückliches Leben.

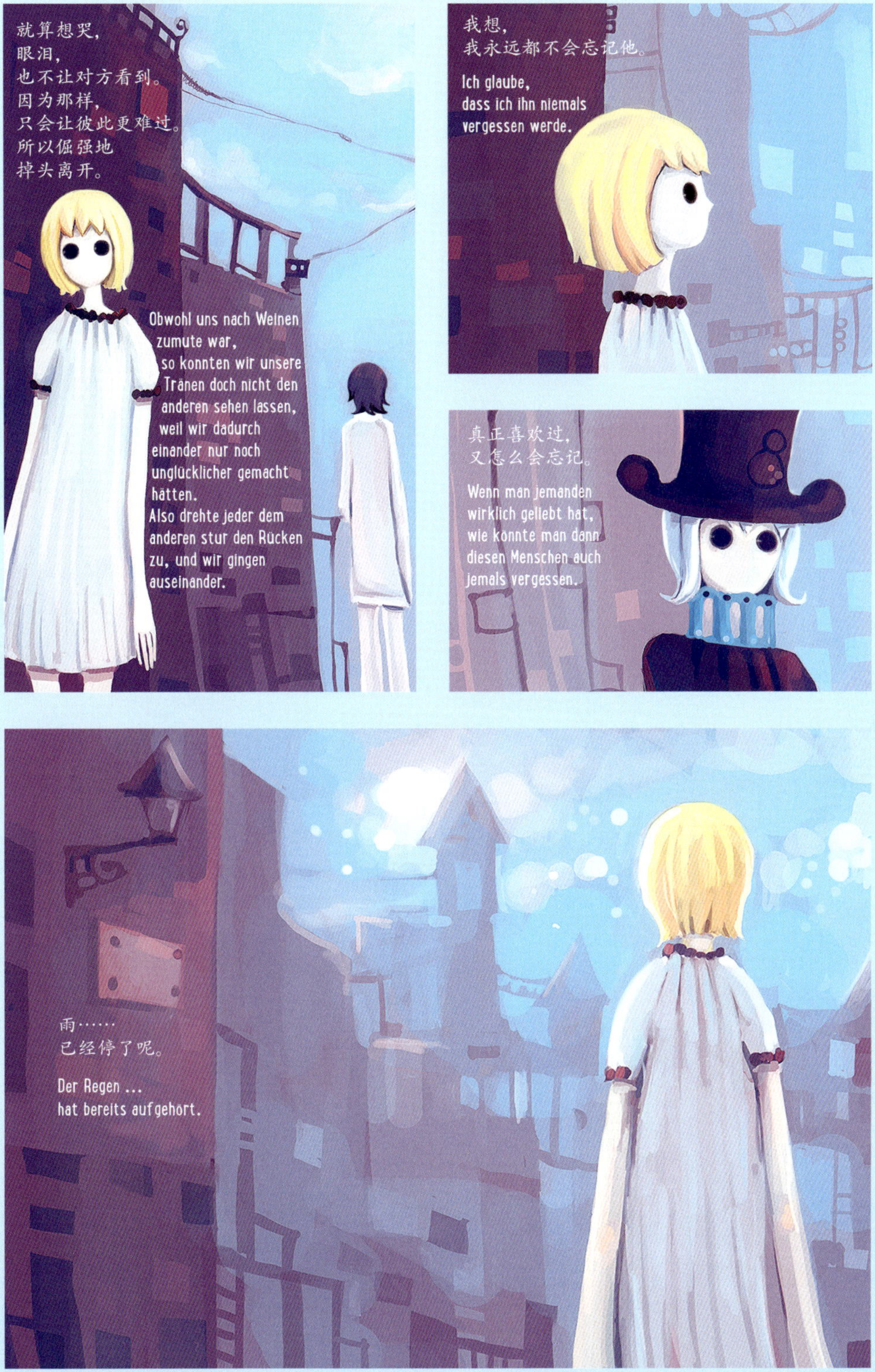
就算想哭，
眼泪，
也不让对方看到。
因为那样，
只会让彼此更难过。
所以倔强地
掉头离开。
Obwohl uns nach Weinen zumute war, so konnten wir unsere Tränen doch nicht den anderen sehen lassen, weil wir dadurch einander nur noch unglücklicher gemacht hätten.
Also drehte jeder dem anderen stur den Rücken zu, und wir gingen auseinander.
我想，
我永远都不会忘记他。
Ich glaube, dass ich ihn niemals vergessen werde.
真正喜欢过，
又怎么会忘记。
Wenn man jemanden wirklich geliebt hat, wie konnte man dann diesen Menschen auch jemals vergessen.
雨……
已经停了呢。
Der Regen ...
hat bereits aufgehört.

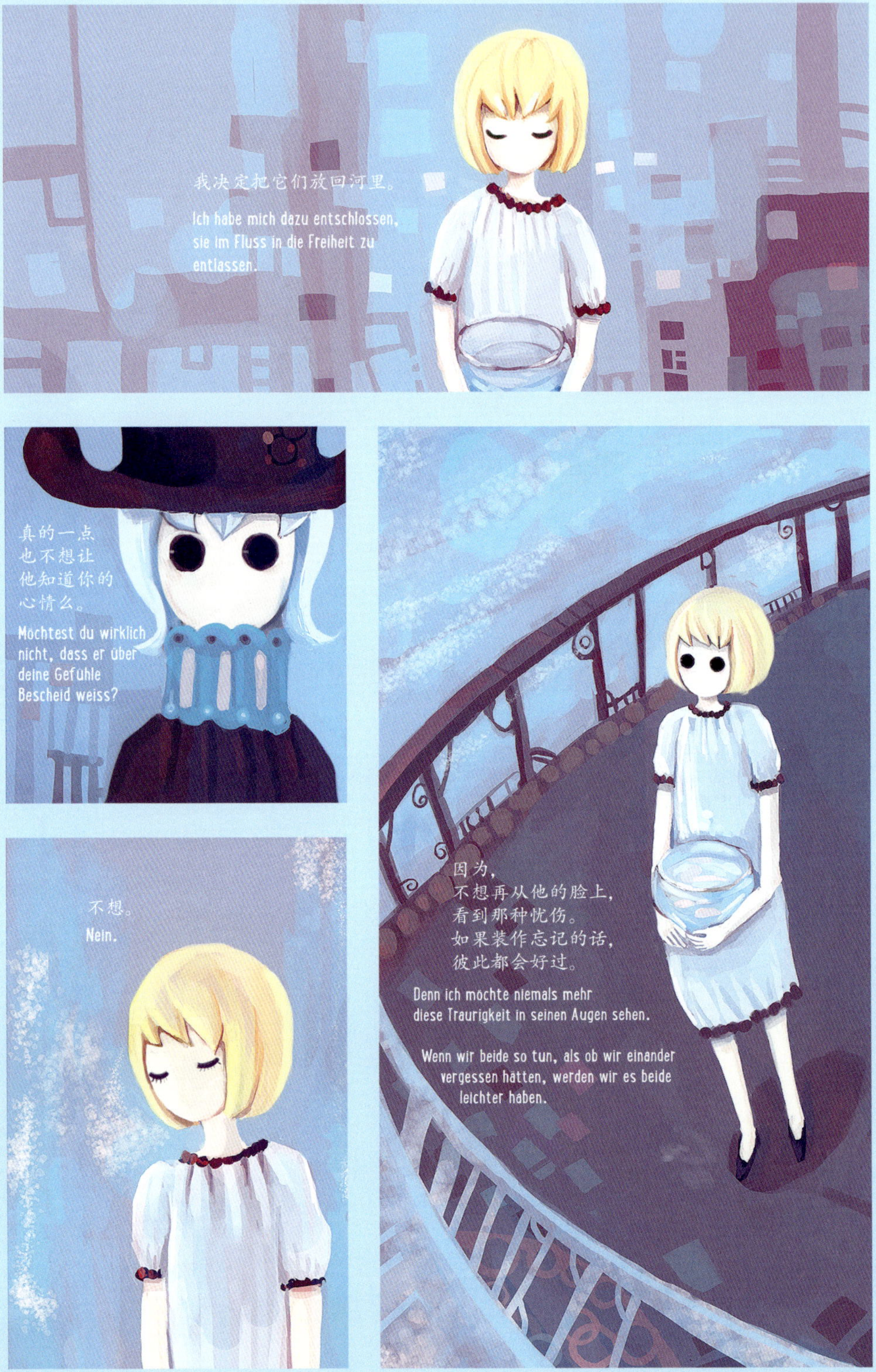
我决定把它们放回河里。
Ich habe mich dazu entschlossen, sie im Fluss in die Freiheit zu entlassen.
真的一点也不想让他知道你的心情么。
Möchtest du wirklich nicht, dass er über deine Gefühle Bescheid weiss?
不想。
Nein.
因为，不想再从他的脸上，看到那种忧伤。如果装作忘记的话，彼此都会好过。
Denn ich möchte niemals mehr diese Traurigkeit in seinen Augen sehen.
Wenn wir beide so tun, als ob wir einander vergessen hätten, werden wir es beide leichter haben.

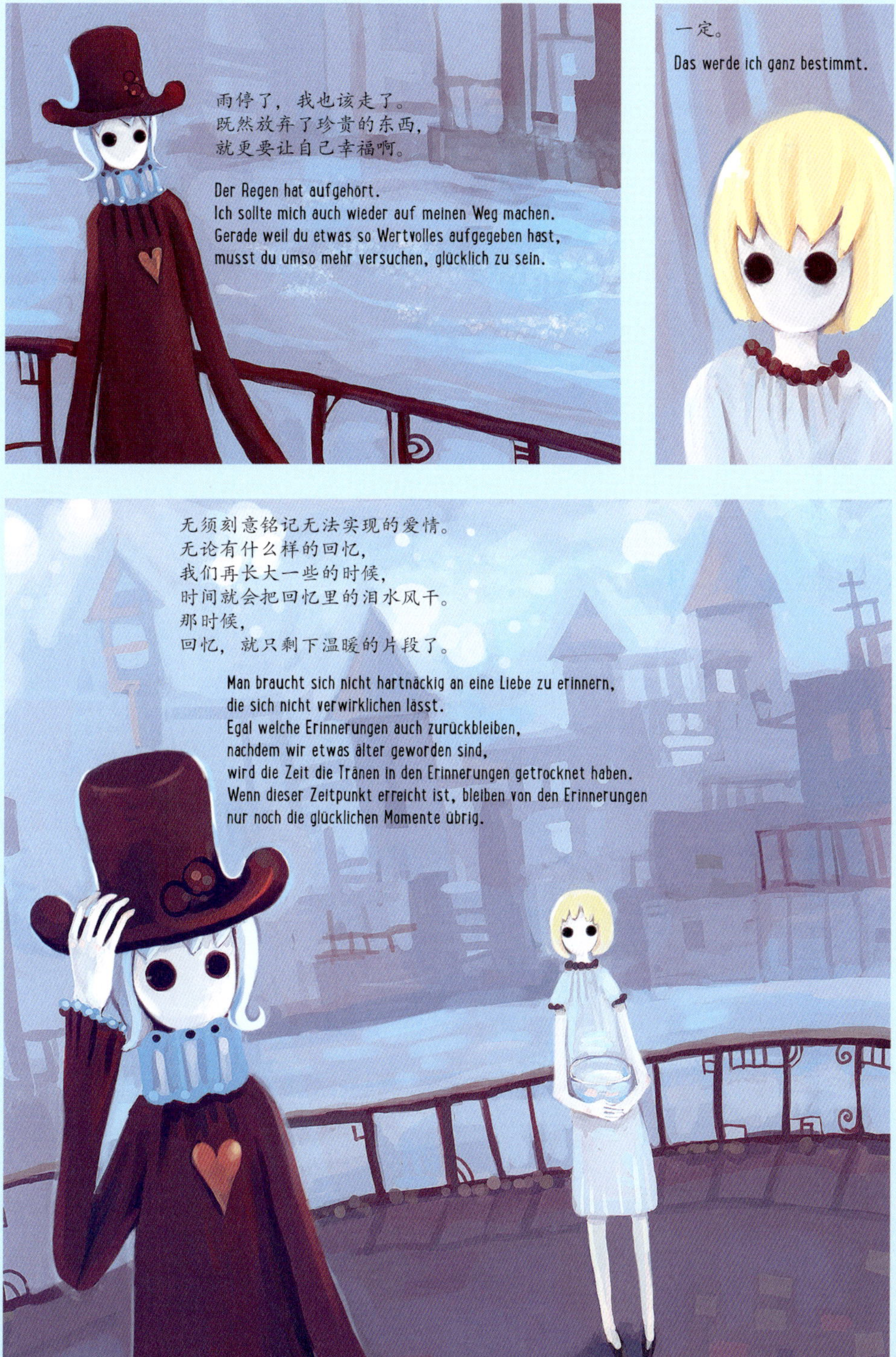
雨停了，我也该走了。
既然放弃了珍贵的东西，
就更要让自己幸福啊。
Der Regen hat aufgehört.
Ich sollte mich auch wieder auf meinen Weg machen.
Gerade weil du etwas so Wertvolles aufgegeben hast,
musst du umso mehr versuchen, glücklich zu sein.
一定。
Das werde ich ganz bestimmt.
无须刻意铭记无法实现的爱情。
无论有什么样的回忆，
我们再长大一些的时候，
时间就会把回忆里的泪水风干。
那时候，
回忆，就只剩下温暖的片段了。
Man braucht sich nicht hartnäckig an eine Liebe zu erinnern,
die sich nicht verwirklichen lässt.
Egal welche Erinnerungen auch zurückbleiben,
nachdem wir etwas älter geworden sind,
wird die Zeit die Tränen in den Erinnerungen getrocknet haben.
Wenn dieser Zeitpunkt erreicht ist, bleiben von den Erinnerungen
nur noch die glücklichen Momente übrig.

记忆

忽然间他觉得曾经做过的所有，都是值得的。

他和她分手一年以后，他终于在一家很小的首饰店里，找到了当年他们跑遍大街小巷都没找到的鱼的挂坠链子。

一年前的夏天她在和他逛街的时候喜欢上一串链子，当天却刚好没有带够钱，第二天再去的时候，链子已经被别人买走。看着她失落的样子，他说，我们再去找吧。

从那以后，无论他到哪个城市，都要去看首饰店。

然后他们分手了，她冰冷地留下一句："你真让我讨厌。"

那时候他把她看成生命里的一切，以为如果失去了她，他会死。

但死不是那么容易的事情。他消极了很长一段时间，惟一能做的，就是在每个城市里寻找着那条链子。

他手里拿着那条链子的时候，已经不再对他们能复合抱有任何希望，他知道现在的她过得很好。而他的心，也感觉不那么痛了。

"你真让我讨厌。"他想起她说的话，也不再觉得爱或者恨，只是记得那句话罢了。

他只是想把那条特别的链子交给她而已。而他失去了一切和她联系的方式，所以他一直把链子带在身上，如果有机会碰到她，就给她吧。

然后时间漫不经心地过着，温软地磨掉心中的记忆。他一直把那条链子带在身上，慢慢地，这也从纪念他们的爱情变成一件习惯的事。

Erinnerungen

Auf einmal war er der Meinung, dass alles, was er einst getan hatte, es wert gewesen war.

Ein Jahr nachdem er und sie sich getrennt hatten, hatte er endlich in einem kleinen Schmuckgeschäft genau die Halskette mit einem Schmuckstück in Form eines Fisches entdeckt, nach der sie damals vergeblich gesucht hatten und auf deren erfolgloser Suche sie damals sämtliche Strassen und Gassen in der Stadt abgelaufen waren.

Im letzten Sommer hatte sie bei einem gemeinsamen Strassenbummel Gefallen an einer Kette gefunden, jedoch hatten sie ausgerechnet an diesem Tag beide kein Geld dabeigehabt. Am nächsten Tag, als sie dort nochmals vorbei kamen, war die Kette bereits an jemand anderen verkauft worden. Als er sah, wie enttäuscht sie war, meinte er zu ihr, sie würden einfach anderswo weiter danach suchen.

Von da an suchte er, egal in welche Stadt er auch kam, die dortigen Schmuckläden auf.

Später, als sie sich trennten, hinerliess sie ihm eiskalt die folgenden Worte: „Ich verabscheue dich."

Damals hatte sie ihm alles bedeutet in seinem Leben, und er glaubte, sterben zu müssen, sollte er sie verlieren.

Aber zu sterben ist nicht so einfach. Er war eine lange Zeit sehr deprimiert. Alles, was ihn tröstete, war es, in jeder Stadt nach jener Kette zu suchen.

Als er endlich jene Kette in der Hand hielt, hegte er bereits keine Hoffnungen mehr darauf, dass sie wieder zusammenkommen könnten. Er wusste, dass es ihr jetzt sehr gut ging. Und er selbst fühlte auch nicht mehr so starken Kummer im Herzen.

„Ich verabscheue dich." Wenn er sich nun an ihre Worte erinnerte, fühlte er bereits weder Hass noch Liebe, er erinnerte sich nur noch an die blossen Worte.

Er wollte einfach nur jene Kette an sie übergeben, nichts weiter. Jedoch hatte er sämtlichen Kontakt zu ihr verloren, weshalb er die Kette immer bei sich trug, und wenn er ihr einmal aus Zufall über den Weg laufen sollte, so würde er sie ihr geben.

Dann verstrich unmerklich viel Zeit und schliff auf sanfte Weise die Erinnerungen in seinem Herzen ab. Er trug nach wie vor stets jene Kette bei sich. Allmählich wandelte sich dies, was einmal ein Gedenken an ihre vergangene Liebe gewesen war, zu einer blossen Gewohnheit.

两年，三年，四年，五年，时间的流逝渐渐变成一种符号，他的生活丰富起来，他也找到了自己的幸福。但他从没忘记过她。

然后有一天，他在街上碰到了她，她并没有多大的改变，惊讶了一下以后，她就对他微笑了。

他们像多年未见的老朋友一样，决定去喝杯咖啡。

她说了很多事情，这些年的生活，还有吃过的苦，一切一切……他忽然想起，自己一直带着的链子，应该交给她了呢。

还没开口，她突然笑得很甜蜜，说："我快要结婚了。"

他愣愣地望着她，心里涌起的，居然不是嫉妒，而是一种美好的感觉。

她继续说，以前和你在一起的时候，不明白你的用心，后来当我遇到自己喜欢的人，才明白去爱一个人，原来是那么辛苦的事情。觉得很委屈时，想起你曾为我所做的一切，便觉得很悲伤。你真的是这个世界上对我最好的人。真的，谢谢你。

他的眼睛也湿润起来，他一直以为她很讨厌他。忽然间他觉得曾经做过的所有，都是值得的。

她又说，正是因为，从你那里学到了爱一个人的方式，所以，现在我和他在一起，很幸福。

Nachdem zwei, drei, vier, fünf Jahre vergangen waren, erlangte die verflossene Zeit allmählich eine Art Symbolcharakter. Sein Leben gewann an Bereicherungen und er hatte auch sein Glück gefunden. Aber er hatte sie niemals vergessen.

Dann kam der Tag, an dem er ihr zufällig auf der Strasse begegnete. Sie hatte sich kaum verändert. Nachdem sie einen Moment lang vor Verblüffung gelähmt gewesen war, lächelte sie ihn an.

Wie zwei alte Freunde, die sich viele Jahre nicht mehr gesehen hatten, entschlossen sie sich dazu, gemeinsam einen Kaffee trinken zu gehen.

Sie sprach über viele Dinge, wie ihr Leben in all diesen Jahren verlaufen war, welche unglücklichen Erfahrungen sie durchgemacht hatte, einfach über alles ... Plötzlich erinnerte er sich daran, dass er ja immer noch ihre Kette bei sich trug und jetzt wohl der Moment gekommen war, sie ihr zu übergeben.

Doch noch bevor er den Mund öffnen konnte, lächelte sie plötzlich sehr glückselig und sagte: „Ich werde bald heiraten."

Da starrte er sie verdutzt an, und was in seinem Herzen aufstieg, war doch tatsächlich keine Eifersucht, sondern ein schönes Gefühl.

Sie sprach weiter: „Früher, als wir zusammen waren, verstand ich deine Absichten nicht. Erst später, als ich den Menschen, den ich liebe, getroffen habe, habe ich begriffen, wie schwierig es eigentlich ist, einen anderen Menschen zu lieben. Immer wenn ich mich sehr ungerecht behandelt gefühlt habe, habe ich mich daran erinnert, was du einmal alles für mich getan hast, und dann habe ich mich ganz miserabel gefühlt. Du bist in dieser Welt wirklich derjenige Mensch, der am besten zu mir war. Wirklich, ich bin dir dankbar."

Da wurden auch seine Augen feucht. Er hatte immer geglaubt, dass sie ihn sehr verabscheue. Plötzlich fand er, dass alles, was er einst getan hatte, es wert gewesen war.

Dann sagte sie noch: „Genau weil ich von dir gelernt habe, wie man einen Menschen liebt, sind er und ich, wie wir jetzt zusammen sind, sehr glücklich."

他微微地笑着说，恭喜你。五年前，他真的想象不到，他会用一种温和美好的心情来祝福她。
他望着她，很想告诉她后来他还为了她一直寻找那条链子，一直带在身上想交给她。
但他只是微笑着，静静地听她说着她的幸福。
临走前，她忽然说："后来，我也没找到那次看到的链子呢。"
他抬起头，说了平生最大的一个谎："什么链子？"
她说没什么。他继续说，谢谢你那么长时间记得我，其实我，很早就把你忘记了呢。
她笑了，说，真好。这样，我会觉得很轻松。
他说，希望你永远幸福。如果他说出他一直在想着她，什么都不会改变，只会让她觉得心痛而已。既然已经不再爱她，那么就没有资格让那些回忆和想念变成她心中的负担。他喜欢她幸福而明媚的笑容，不在乎那种笑容是不是因为他。
说了再见以后他转身离开，没有回头。路灯的光芒缓慢地吞噬了他在她目光中的影子。
他并没直接回家，而是来到湖边。
轻轻地抛出一道弧线，链子旋转着急速下沉。离开她这么多年后，他第一次因为想着她，心里觉得有些温暖。
在时间的湖底，留着他藏起来的记忆，发出银白色的微光，苍白却美好。

Er sagte lächelnd zu ihr, dass er ihr gratuliere. Vor fünf Jahren hätte er sich wirklich niemals vorstellen können, dass er ihr einmal in einer wohlwollenden und glücklichen Gemütslage Glück wünschen würde.
Er blickte sie an und wollte ihr so gerne erzählen, dass er weiter für sie auf der Suche nach der Kette geblieben war, und die Kette, nachdem er sie endlich gefunden hatte, dann immer mit sich herumgetragen hatte, in der Absicht, sie ihr zu übergeben.
Aber er lächelte nur und hörte ihr ruhig zu, wie sie von ihrem Glück erzählte.
Kurz bevor sie auseinandergingen, sagte sie plötzlich: „Und dann habe ich die Kette, die wir das eine Mal gesehen haben, auch nirgendwo mehr gefunden."
Er schaute auf und sprach die grösste Lüge seines Lebens aus: „Welche Kette?"
Sie sagte: „Ach, das ist nicht mehr wichtig." Er fuhr fort: „Ich danke dir, dass du mich so lange im Gedächtnis behalten hast. Tatsächlich habe ich dich schon längst vergessen."
Sie lachte und meinte: „Das ist gut so. Wenn dem so ist, wird es mir gleich viel leichter ums Herz."
Er sagte: „Ich hoffe, dass du für immer glücklich sein wirst." Wenn er hingegen zu ihr gesagt hätte, dass er immerzu an sie habe denken müssen, hätte das an allem nichts geändert und ihr nur seelischen Schmerz verursacht. Da er sie bereits nicht mehr liebte, hatte er nicht das Recht dazu, diese Erinnerungen und Sehnsüchte für sie zu einer Bürde werden zu lassen.
Ihm gefiel das glückliche und hell strahlende Lächeln auf ihrem Gesicht und es machte ihm nichts aus, dass es nicht ihm galt.
Nachdem sie sich voneinander verabschiedet hatten, wandte er sich um und blickte nicht mehr zurück.
Das Licht der Strassenlaternen verschlang allmählich die Silhouette seiner Gestalt, als sie ihm nachblickte.
Er ging keineswegs direkt nach Hause, sondern zum Ufer eines Sees.
Sachte warf er die Kette in einem grossen Bogen von sich, worauf sie unter kreisförmigen Drehungen rasch in die Tiefe sank. So viele Jahre, nachdem sie sich getrennt hatten, spürte er zum ersten Mal etwas Wärme im Herzen, wenn er an sie dachte.
Auf dem Seegrund der Zeit würden fortan die von ihm verborgenen Erinnerungen verwahrt werden und einen silberweissen Schimmer verströmen, bleich, aber schön.

MEIN WEG

Der Pilot

飞行员

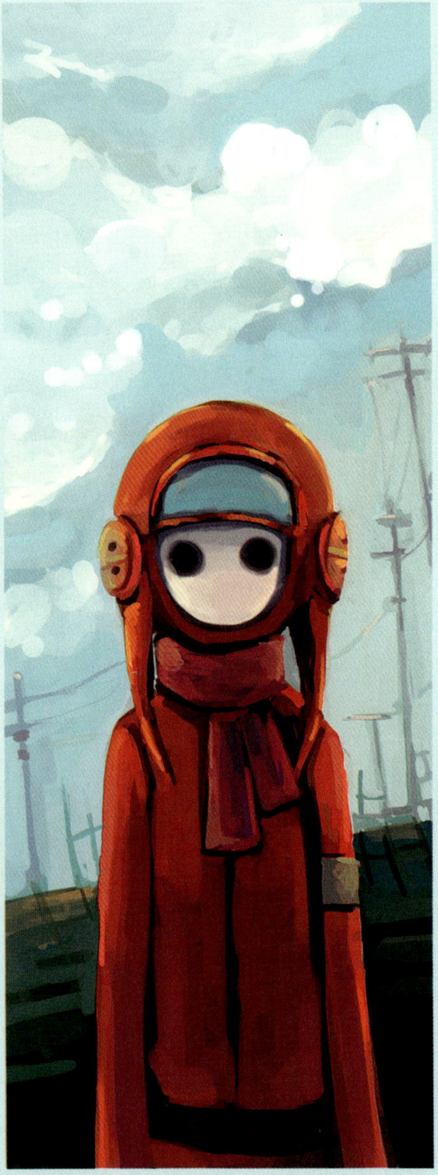

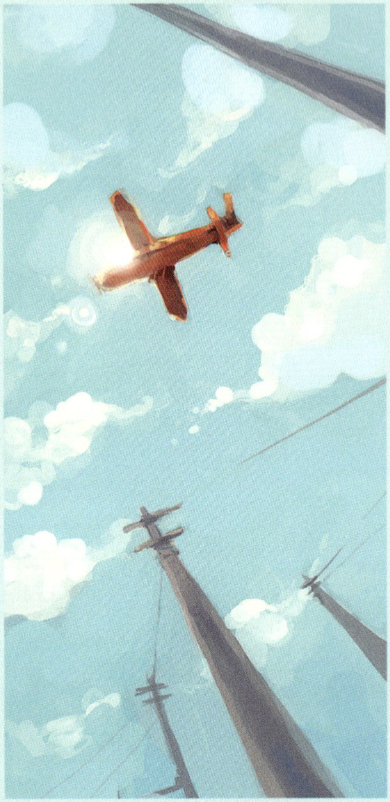

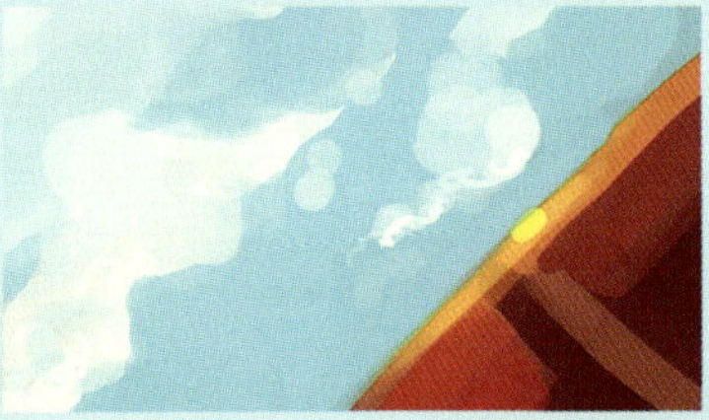

飞翔，
在三万尺的高空，
在云端自由。

Fliegen. In zehntausend Meter Höhe.
Frei inmitten der Wolken.

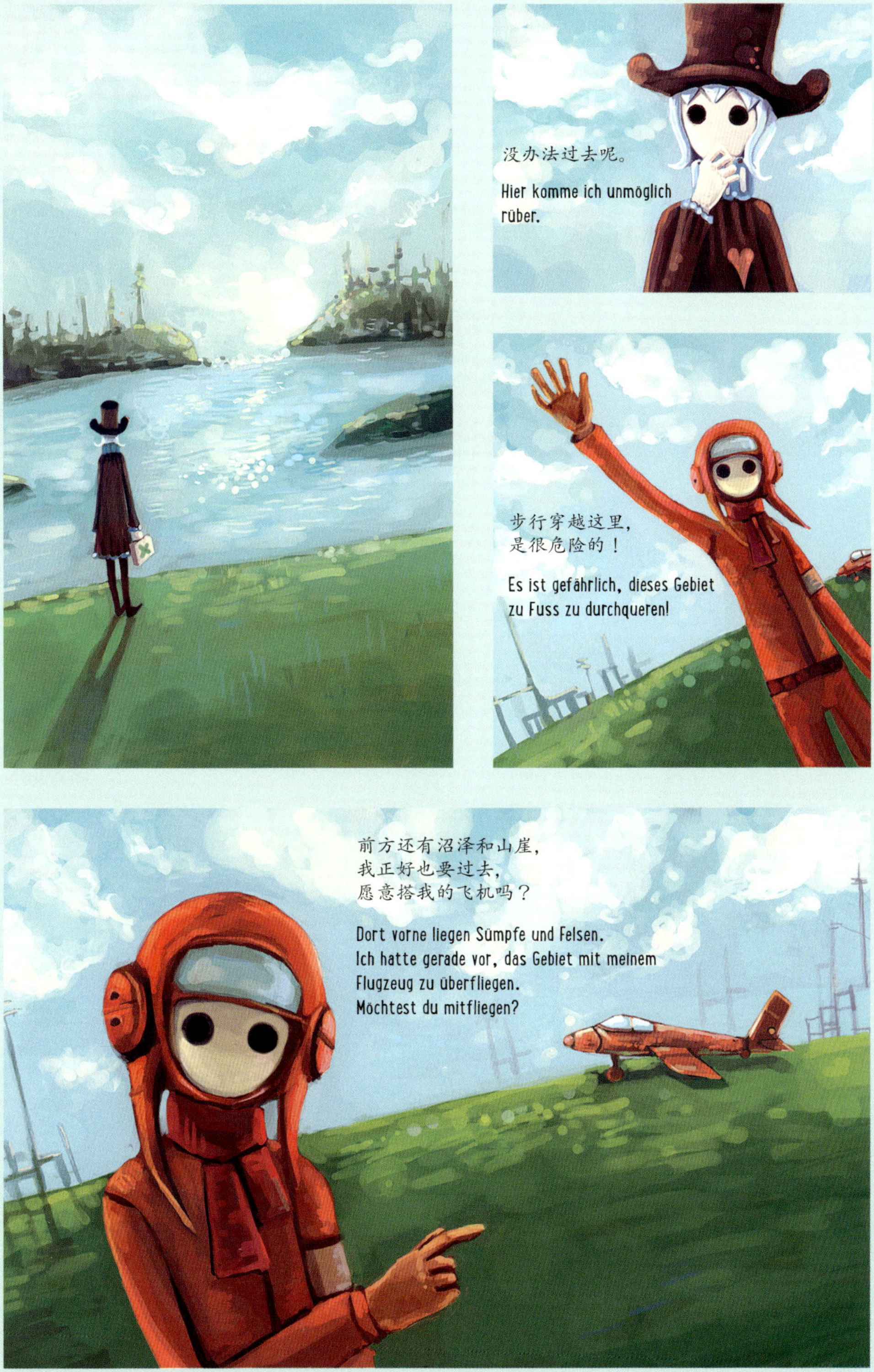
没办法过去呢。
Hier komme ich unmöglich rüber.
步行穿越这里，
是很危险的！
Es ist gefährlich, dieses Gebiet zu Fuss zu durchqueren!
前方还有沼泽和山崖，
我正好也要过去，
愿意搭我的飞机吗？
Dort vorne liegen Sümpfe und Felsen.
Ich hatte gerade vor, das Gebiet mit meinem Flugzeug zu überfliegen.
Möchtest du mitfliegen?

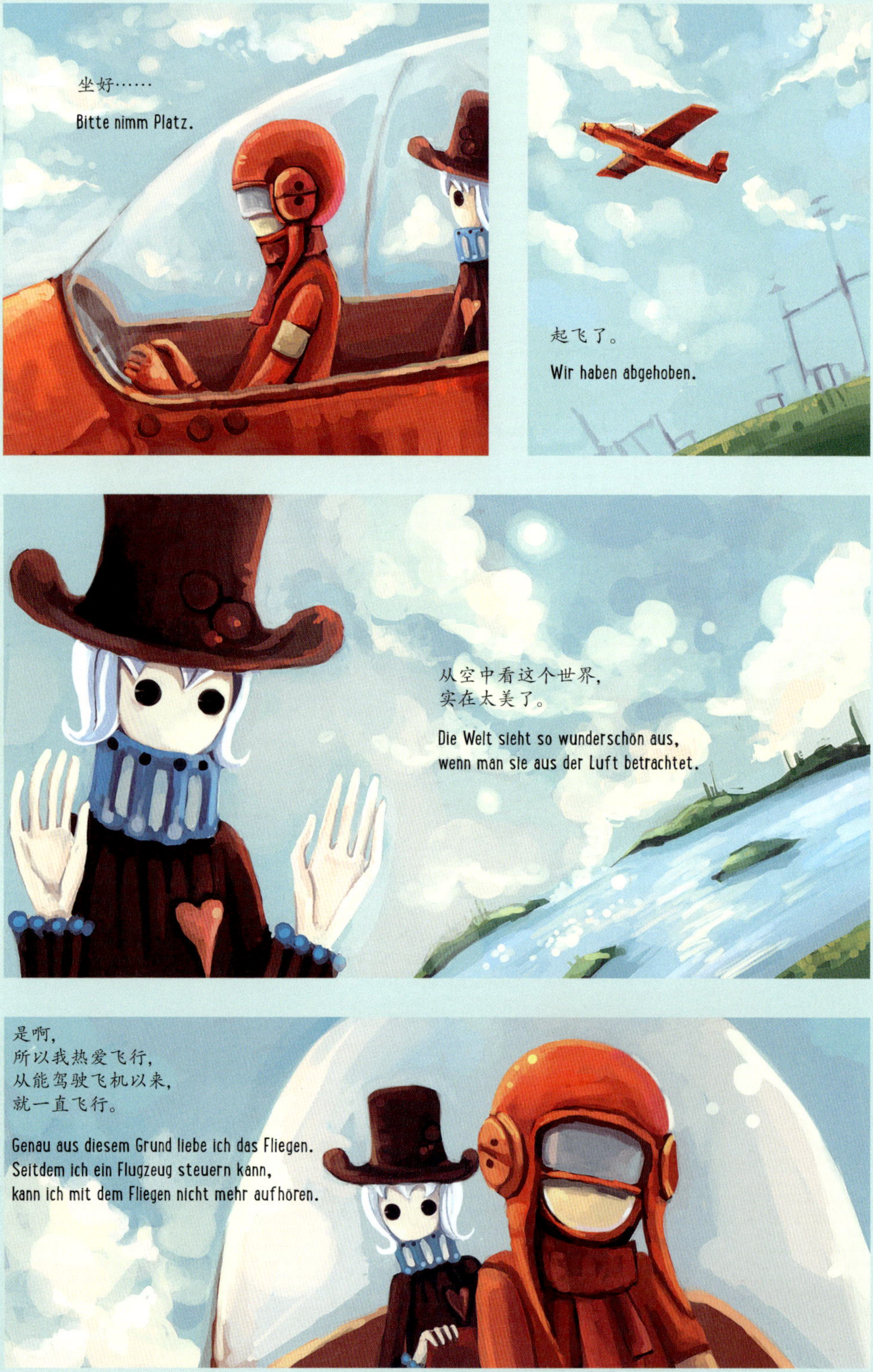
坐好……
Bitte nimm Platz.
起飞了。
Wir haben abgehoben.
从空中看这个世界，
实在太美了。
Die Welt sieht so wunderschön aus,
wenn man sie aus der Luft betrachtet.
是啊，
所以我热爱飞行，
从能驾驶飞机以来，
就一直飞行。
Genau aus diesem Grund liebe ich das Fliegen.
Seitdem ich ein Flugzeug steuern kann,
kann ich mit dem Fliegen nicht mehr aufhören.

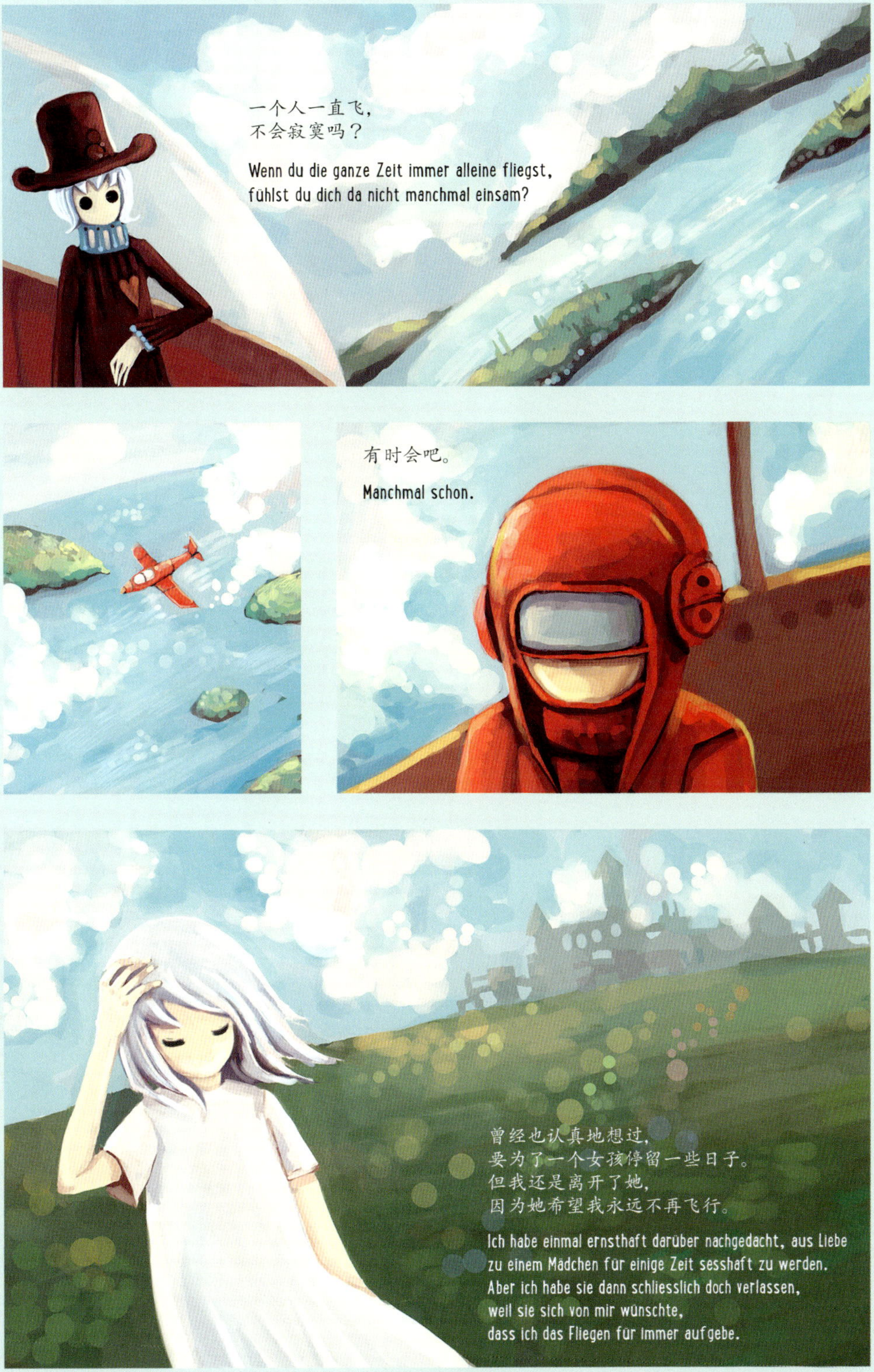
一个人一直飞，
不会寂寞吗？
Wenn du die ganze Zeit immer alleine fliegst,
fühlst du dich da nicht manchmal einsam?
有时会吧。
Manchmal schon.
曾经也认真地想过，
要为了一个女孩停留一些日子。
但我还是离开了她，
因为她希望我永远不再飞行。
Ich habe einmal ernsthaft darüber nachgedacht, aus Liebe
zu einem Mädchen für einige Zeit sesshaft zu werden.
Aber ich habe sie dann schliesslich doch verlassen,
weil sie sich von mir wünschte,
dass ich das Fliegen für immer aufgebe.

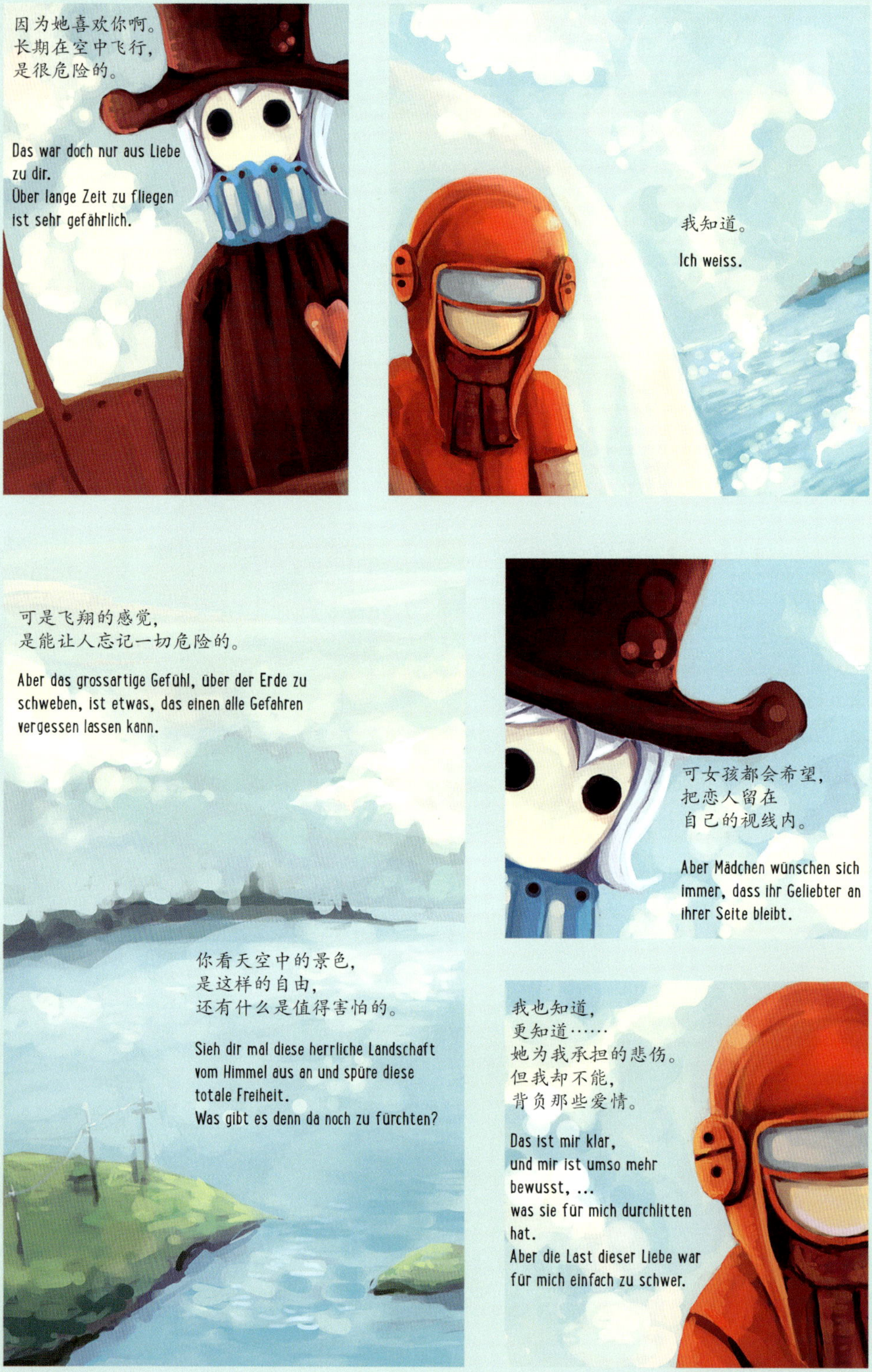
因为她喜欢你啊。
长期在空中飞行，
是很危险的。
Das war doch nur aus Liebe zu dir.
Über lange Zeit zu fliegen ist sehr gefährlich.
我知道。
Ich weiss.
可是飞翔的感觉，
是能让人忘记一切危险的。
Aber das grossartige Gefühl, über der Erde zu schweben, ist etwas, das einen alle Gefahren vergessen lassen kann.
你看天空中的景色，
是这样的自由，
还有什么是值得害怕的。
Sieh dir mal diese herrliche Landschaft vom Himmel aus an und spüre diese totale Freiheit.
Was gibt es denn da noch zu fürchten?
可女孩都会希望，
把恋人留在
自己的视线内。
Aber Mädchen wünschen sich immer, dass ihr Geliebter an ihrer Seite bleibt.
我也知道，
更知道……
她为我承担的悲伤。
但我却不能，
背负那些爱情。
Das ist mir klar,
und mir ist umso mehr bewusst, ...
was sie für mich durchlitten hat.
Aber die Last dieser Liebe war für mich einfach zu schwer.

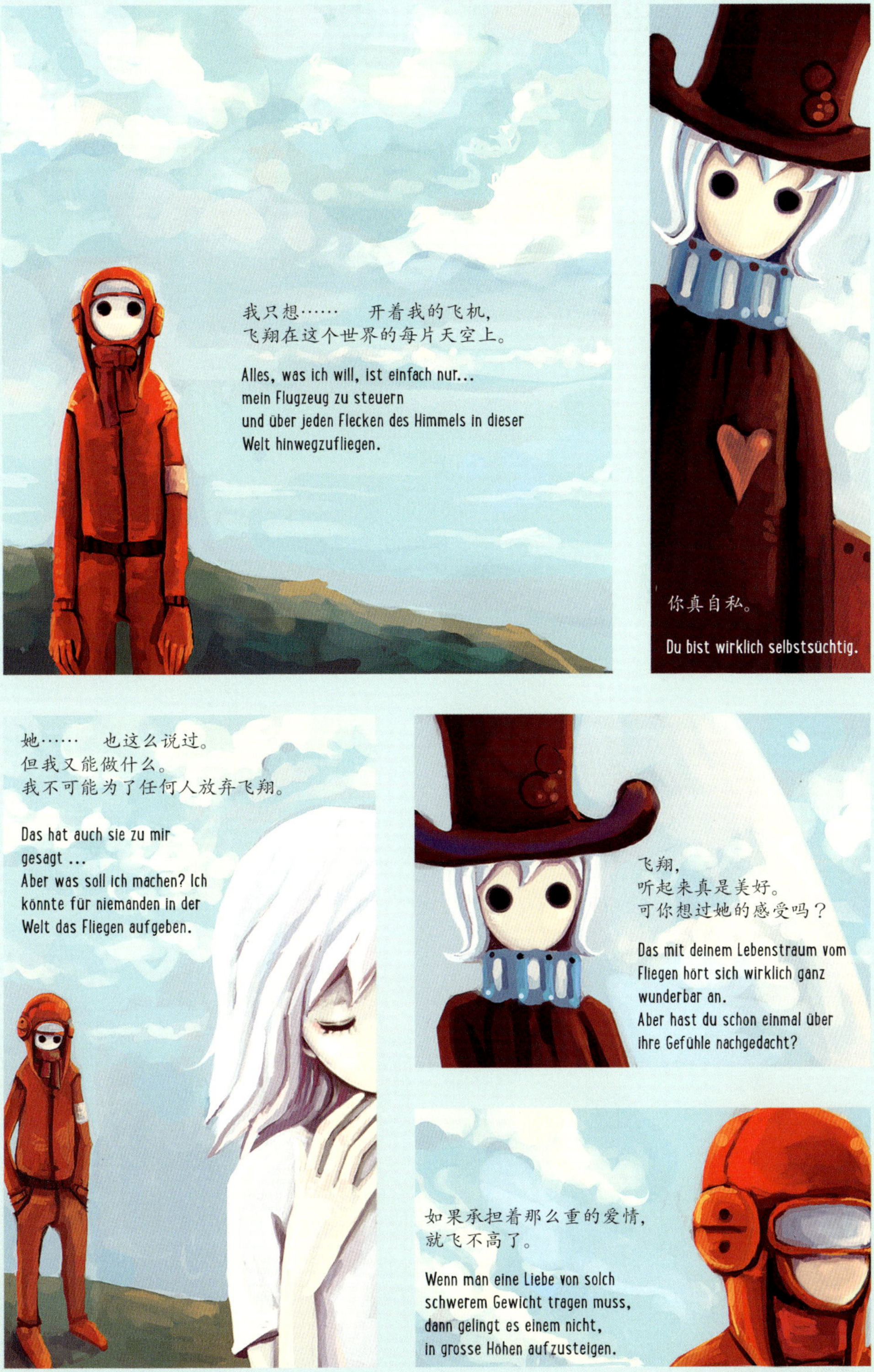
我只想……　开着我的飞机，
飞翔在这个世界的每片天空上。
Alles, was ich will, ist einfach nur...
mein Flugzeug zu steuern
und über jeden Flecken des Himmels in dieser
Welt hinwegzufliegen.
你真自私。
Du bist wirklich selbstsüchtig.
她……　也这么说过。
但我又能做什么。
我不可能为了任何人放弃飞翔。
Das hat auch sie zu mir
gesagt ...
Aber was soll ich machen? Ich
könnte für niemanden in der
Welt das Fliegen aufgeben.
飞翔，
听起来真是美好。
可你想过她的感受吗？
Das mit deinem Lebenstraum vom
Fliegen hört sich wirklich ganz
wunderbar an.
Aber hast du schon einmal über
ihre Gefühle nachgedacht?
如果承担着那么重的爱情，
就飞不高了。
Wenn man eine Liebe von solch
schwerem Gewicht tragen muss,
dann gelingt es einem nicht,
in grosse Höhen aufzusteigen.

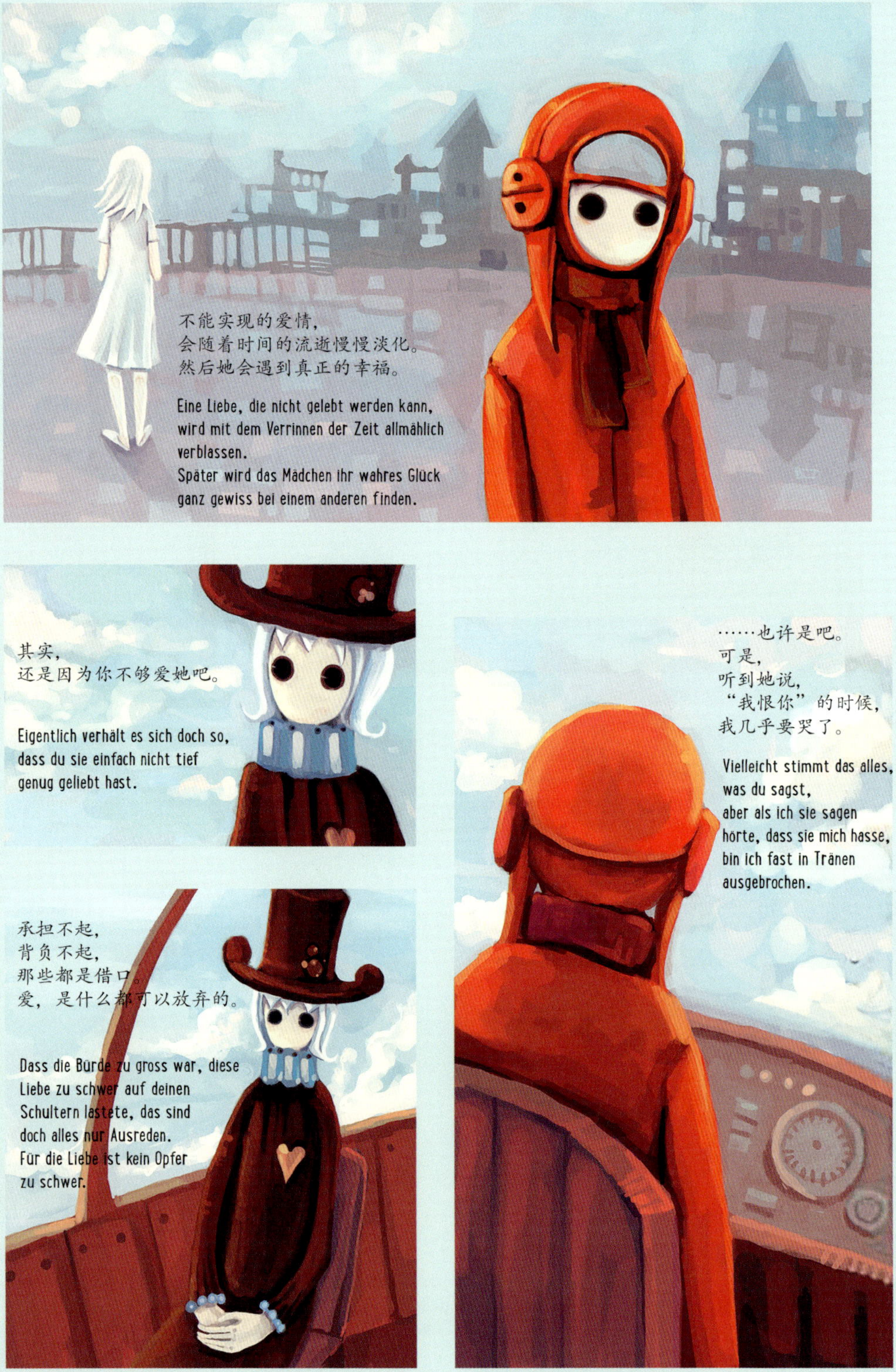
不能实现的爱情，
会随着时间的流逝慢慢淡化。
然后她会遇到真正的幸福。
Eine Liebe, die nicht gelebt werden kann, wird mit dem Verrinnen der Zeit allmählich verblassen.
Später wird das Mädchen ihr wahres Glück ganz gewiss bei einem anderen finden.
其实，
还是因为你不够爱她吧。
Eigentlich verhält es sich doch so, dass du sie einfach nicht tief genug geliebt hast.
承担不起，
背负不起，
那些都是借口。
爱，是什么都可以放弃的。
Dass die Bürde zu gross war, diese Liebe zu schwer auf deinen Schultern lastete, das sind doch alles nur Ausreden.
Für die Liebe ist kein Opfer zu schwer.
……也许是吧。
可是，
听到她说，
"我恨你"的时候，
我几乎要哭了。
Vielleicht stimmt das alles, was du sagst,
aber als ich sie sagen hörte, dass sie mich hasse, bin ich fast in Tränen ausgebrochen.

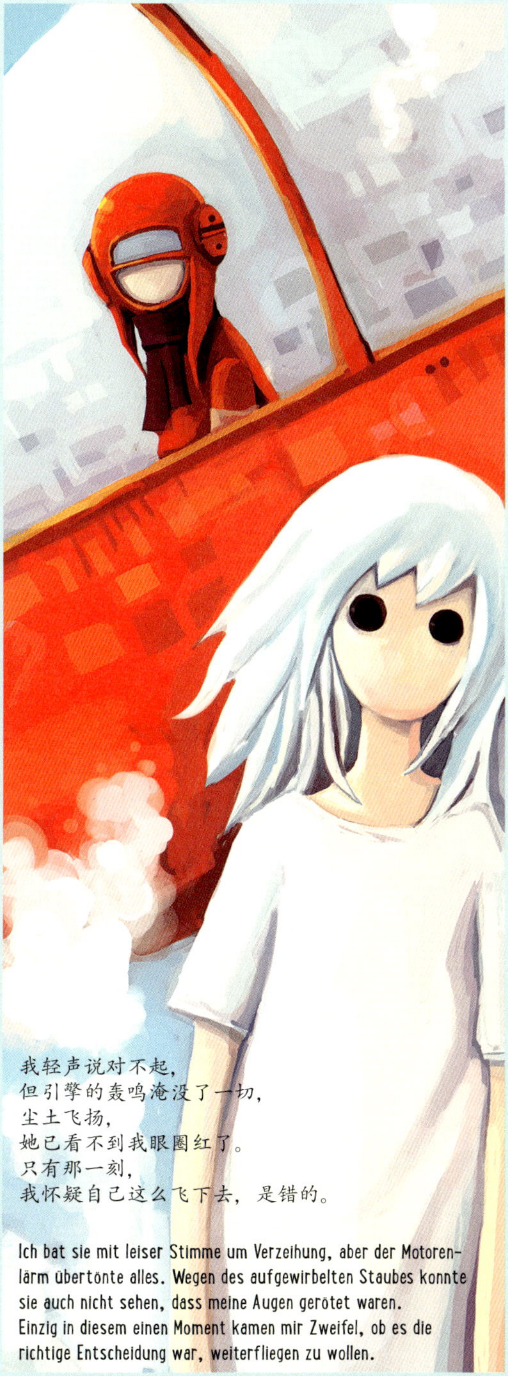
我轻声说对不起，
但引擎的轰鸣淹没了一切，
尘土飞扬，
她已看不到我眼圈红了。
只有那一刻，
我怀疑自己这么飞下去，是错的。
Ich bat sie mit leiser Stimme um Verzeihung, aber der Motorenlärm übertönte alles. Wegen des aufgewirbelten Staubes konnte sie auch nicht sehen, dass meine Augen gerötet waren.
Einzig in diesem einen Moment kamen mir Zweifel, ob es die richtige Entscheidung war, weiterfliegen zu wollen.

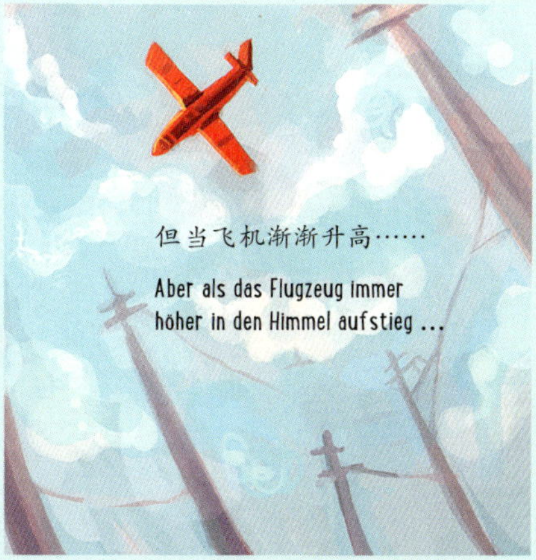
但当飞机渐渐升高……
Aber als das Flugzeug immer höher in den Himmel aufstieg ...

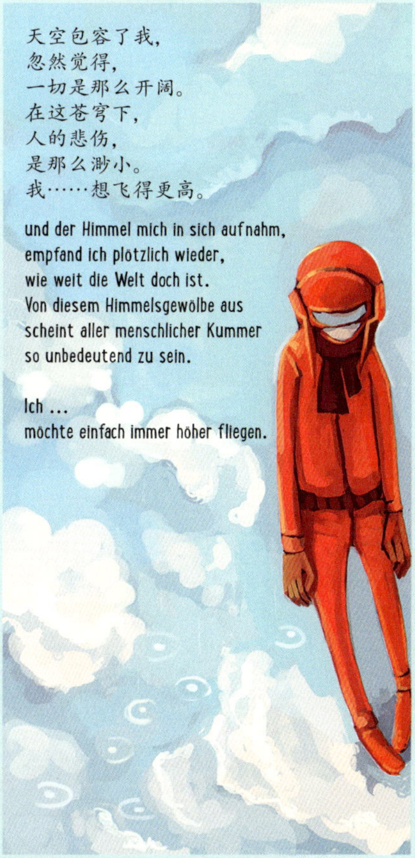
天空包容了我，
忽然觉得，
一切是那么开阔。
在这苍穹下，
人的悲伤，
是那么渺小。
我……想飞得更高。
und der Himmel mich in sich aufnahm,
empfand ich plötzlich wieder,
wie weit die Welt doch ist.
Von diesem Himmelsgewölbe aus
scheint aller menschlicher Kummer
so unbedeutend zu sein.
Ich ...
möchte einfach immer höher fliegen.

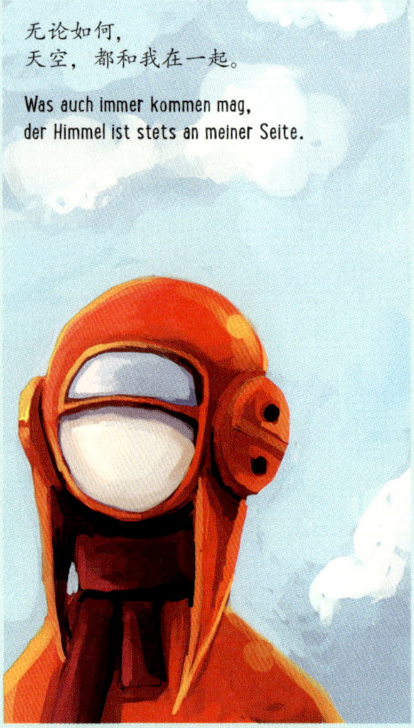
无论如何，
天空，都和我在一起。
Was auch immer kommen mag,
der Himmel ist stets an meiner Seite.

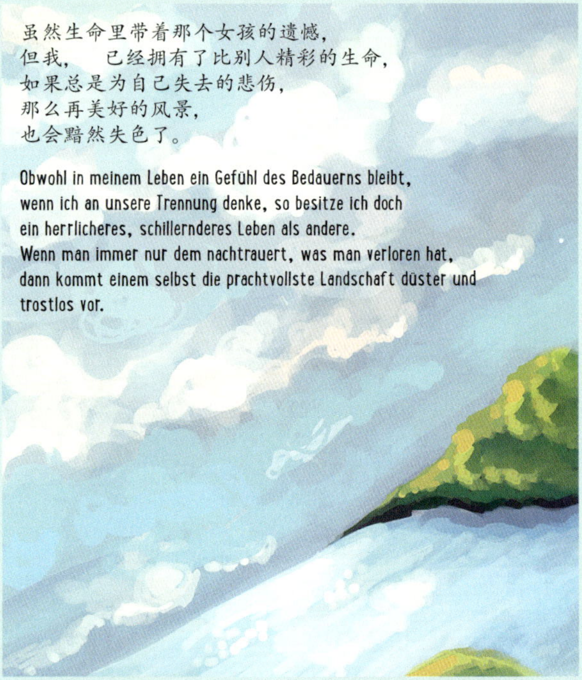
虽然生命里带着那个女孩的遗憾，
但我， 已经拥有了比别人精彩的生命，
如果总是为自己失去的悲伤，
那么再美好的风景，
也会黯然失色了。
Obwohl in meinem Leben ein Gefühl des Bedauerns bleibt,
wenn ich an unsere Trennung denke, so besitze ich doch
ein herrlicheres, schillernderes Leben als andere.
Wenn man immer nur dem nachtrauert, was man verloren hat,
dann kommt einem selbst die prachtvollste Landschaft düster und
trostlos vor.

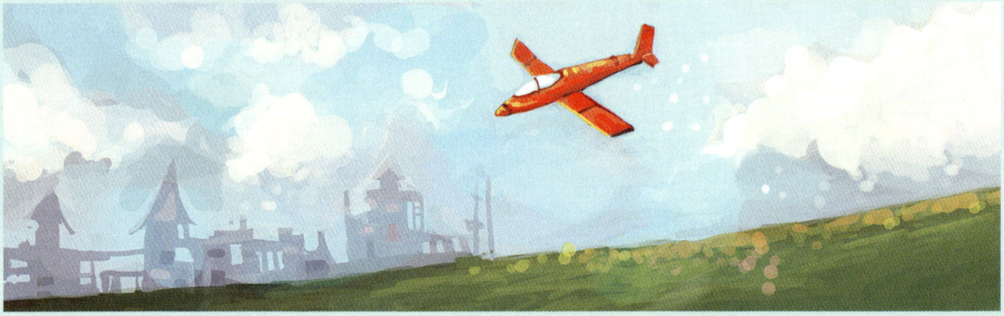

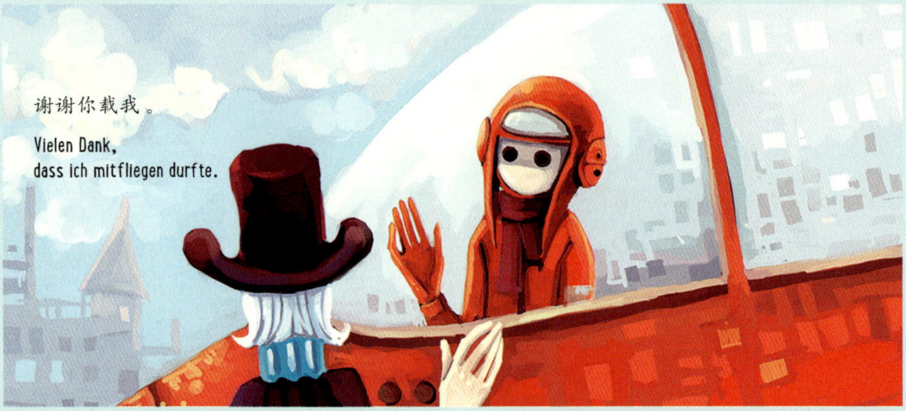
谢谢你载我。
Vielen Dank,
dass ich mitfliegen durfte.

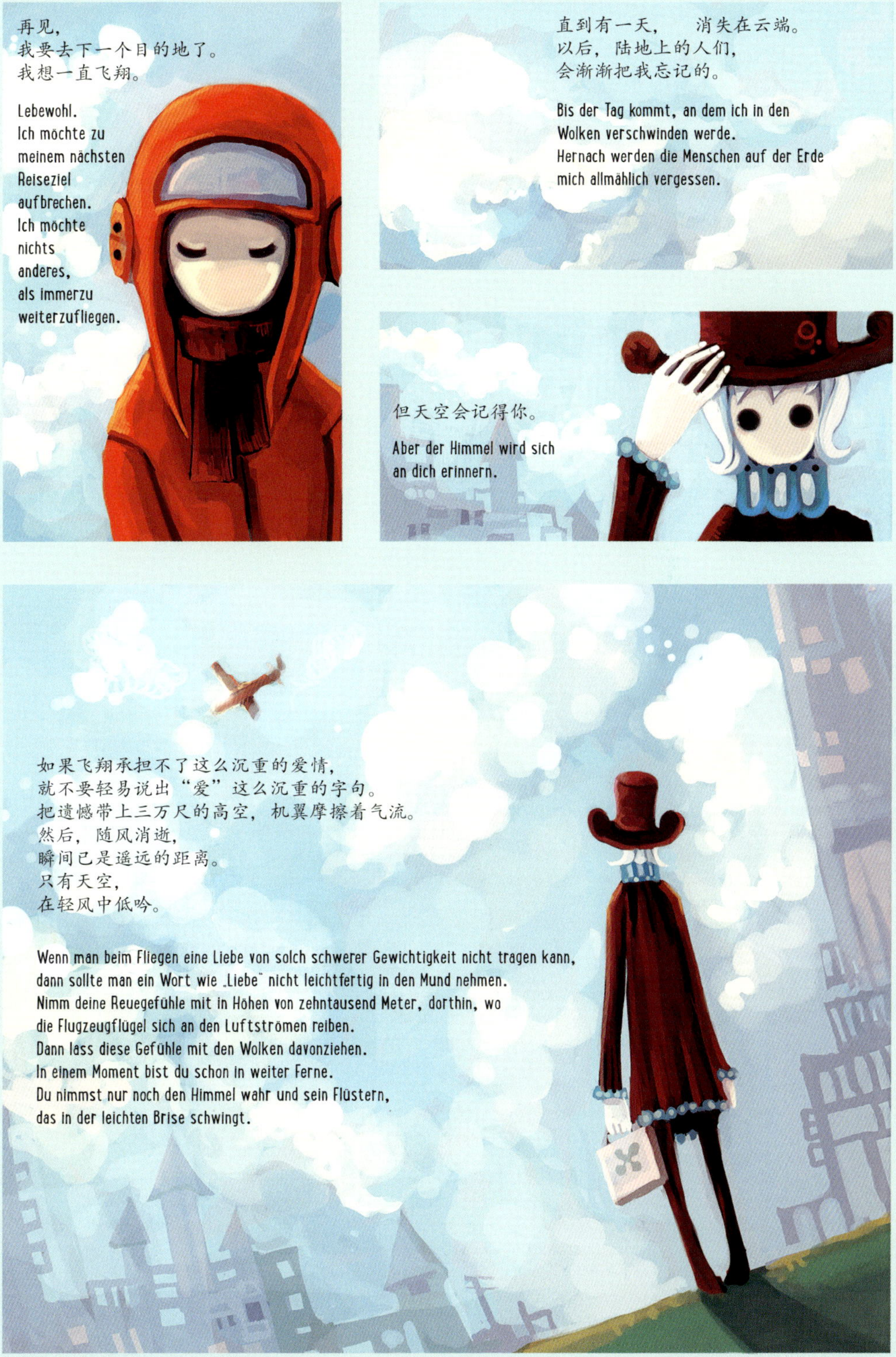

再见，
我要去下一个目的地了。
我想一直飞翔。
Lebewohl.
Ich möchte zu meinem nächsten Reiseziel aufbrechen.
Ich möchte nichts anderes, als immerzu weiterzufliegen.
直到有一天，　消失在云端。
以后，陆地上的人们，
会渐渐把我忘记的。
Bis der Tag kommt, an dem ich in den Wolken verschwinden werde.
Hernach werden die Menschen auf der Erde mich allmählich vergessen.
但天空会记得你。
Aber der Himmel wird sich an dich erinnern.
如果飞翔承担不了这么沉重的爱情，
就不要轻易说出“爱”这么沉重的字句。
把遗憾带上三万尺的高空，机翼摩擦着气流。
然后，随风消逝，
瞬间已是遥远的距离。
只有天空，
在轻风中低吟。
Wenn man beim Fliegen eine Liebe von solch schwerer Gewichtigkeit nicht tragen kann,
dann sollte man ein Wort wie „Liebe“ nicht leichtfertig in den Mund nehmen.
Nimm deine Reuegefühle mit in Höhen von zehntausend Meter, dorthin, wo
die Flugzeugflügel sich an den Luftströmen reiben.
Dann lass diese Gefühle mit den Wolken davonziehen.
In einem Moment bist du schon in weiter Ferne.
Du nimmst nur noch den Himmel wahr und sein Flüstern,
das in der leichten Brise schwingt.

FLYING

飞翔

他要用自己的方式生活下去，哪怕孤独一辈子。

他说他要飞翔，飞得很高。
她说如果那样的话，没有人看得到你，飞得那么高又有什么意义。

他是一个钢琴师，几乎没有乐迷知道他的名字。他从来不在乎自己的音乐是否有人欣赏。
她是一个创作歌手，曾经是默默无闻的那种，一点点地组织着她的音乐世界。他说，我弹钢琴是为了自己，我知道不会有太多的人喜欢我的音乐，但我不在乎。
她说，我想唱出让人们听了会觉得幸福的歌。然后他就嘲笑她，在这个漠然的世界，谁会在乎歌曲会带来幸福。
他们都很优秀，她欣赏着他那种近乎唯美但又不可理喻的音乐，他虽然永远只是给她意见和批评，但也暗暗地赏识她认真的态度。
她是在一个很贫困的家庭里艰难地长大的。他出生显赫却为了弹自己那不被别人理解的钢琴而抛弃了很多东西，他摆出骄傲的脸说他不在乎。
她很自卑。而他在她眼中是最优秀的人，她想用自己的方式成为一个配得上他的人。她很努力，更重要的是她用心在唱歌，哪怕他一直嘲笑。她也一直相信，音乐是会让人幸福的东西。
她理所当然地红了。城市的大街小巷都贴着她的海报。唱片几度脱销。

Fliegen

Er wollte sein Leben auf seine eigene Art und Weise führen, auch wenn dies bedeuten sollte, dass er ein Leben lang einsam bliebe.

Er sagte, er wolle fliegen, in grosser Höhe.
Sie erwiderte, wenn er denn so hoch flöge, könne ihn doch niemand sehen, wozu solle das denn also gut sein.

Er war ein Pianist, dessen Namen so gut wie kein Musikenthusiast kannte. Er hatte sich nie darum geschert, ob seine Musik bei anderen auf Gefallen stiess.
Sie war eine Liedermacherin. Früher einmal war sie einem grösseren Publikum vollkommen unbekannt gewesen, sie hatte sich jedoch Stück für Stück ihre eigene musikalische Welt aufgebaut. Er sagte, er spiele für sich selbst Klavier. Er sei sich bewusst, dass es nicht allzu viele Menschen gäbe, denen seine Art von Musik gefiele, aber das mache ihm nichts aus.
Sie sagte, sie wolle Lieder singen, die die Menschen beim Anhören glücklich machten. Er machte sich dann immer über sie lustig und fragte sie, wem in dieser kalten und gleichgültigen Welt es überhaupt wichtig sei, dass Lieder glücklich machen könnten.
Beide waren sie herausragende Talente.
Sie bewunderte seine Musik, die von einer nahezu makellosen Schönheit war, die mit dem Verstand jedoch nicht zu begreifen war. Obwohl er für sie immer nur Einwände und Kritikpunkte parat hatte, schätzte er sie doch insgeheim für die ernsthafte Einstellung, die sie an den Tag legte.
Sie war in einer armen Familie unter den schwierigsten Umständen aufgewachsen. Er dagegen war in eine angesehene und einflussreiche Familie hineingeboren worden und hatte, um seine Klaviermusik spielen zu können, die von anderen unverstanden blieb, sehr viele Dinge aufgegeben. Darauf angesprochen, stellte er dazu immer eine stolze Miene zur Schau und meinte, dass es ihm nichts ausmache.
Sie hatte nur ein geringes Selbstwertgefühl. In ihren Augen war er der talentierteste, hervorragendste Mensch. Sie wollte mit ihren eigenen Mitteln zu einer Frau werden, die seiner würdig wäre. Sie arbeitete sehr hart, aber was noch wichtiger war: wenn sie sang, kam das von Herzen. Auch wenn er sie immer dafür verspottete, so glaubte sie dennoch stets daran, dass Musik dazu imstande ist, Menschen glücklich zu machen.
Als handelte es sich um eine Selbstverständlichkeit, wurde sie sehr populär. In allen grossen Strassen wie kleinen Gassen der Stadt prangten ihre Poster. Ihre Musikalben waren viele Male ausverkauft.

他依然弹着自己的钢琴，演奏着不被世人了解的乐曲。

琴瑟和鸣，本来是这个世界上人人都会羡慕的组合。

大家都以为他们会在一起。

但他也是自卑的。尽管他从来都不承认。

他清楚自己所坚持的方式，虽然他有别人难以达到的技术和想法，却拒绝任何找他的唱片公司。他情愿在一个小小的酒馆里弹背景音乐，拿少得可怜的工资，也不愿意改变自己的坚持。他知道自己永远都不会和她一样成为一个收入丰厚，被人瞩目的明星。

他觉得他配不上她。

她为了他做的努力，最后变成他的压力。

他是个胆小鬼。小心地躲在自己建筑的小小世界里，不想做任何改变。他总是找各种理由打击她的信心。他说他背负不起感情这种东西。他要用自己的方式生活下去，哪怕孤独一辈子。

她也有自己的骄傲，忽然间明白眼前这个一直嚷着自己要飞翔的家伙，只是想逃避大地上一切繁杂的事情。那些傲气的语言和目光，也只是想掩饰自己的自卑。

Er spielte nach wie vor Klavier und führte darauf Musik auf, die von der breiten Masse der Menschen nicht verstanden wurde.

Wenn zwei Menschen wie füreinander gemacht zu sein scheinen, wie zwei Streichinstrumente im Orchester, die in perfekter Harmonie zusammenspielen, so bilden sie eine Kombination, um die sie an für sich von allen Menschen in der Welt beneidet werden.

Alle glaubten fest, die beiden würden ein Paar werden.

Aber er hatte ebenso wie sie Minderwertigkeitsgefühle, obwohl er diese sich selbst und anderen gegenüber niemals eingestanden hätte.

Er war sich dessen bewusst, dass er stur auf seiner eigenen Art und Weise beharrte. Obwohl er technisches Können und Einfälle besass, die für andere unerreichbar waren, lehnte er trotzdem jedes Musiklabel ab, das ihn aufsuchte. Er zog es vor, für ein kärgliches Gehalt in winzigen Bars Hintergrundmusik zu spielen, keinesfalls würde er jemals das Beharren auf seinen eigenen Standpunkten und Überzeugungen aufgeben. Er wusste, dass er niemals so wie sie ein im Zentrum der Aufmerksamkeit stehender Star mit einem üppigen Einkommen werden würde.

Er glaubte, dass er sie nicht verdiente.

All die Mühen, die sie für ihn auf sich nahm, wurden für ihn letztlich zu einer Last.

Er war ein Feigling. Er versteckte sich furchtsam in der kleinen, von ihm selbst errichteten Welt und wollte keinerlei Änderungen daran zulassen. Immer wieder versetzte er unter allerlei Begründungen ihrer Zuversicht Schläge.

Er sagte, er könne die Last von emotionalen Bindungen nicht auf sich tragen. Er wolle sein Leben auf seine eigene Art und Weise führen, auch wenn dies bedeuten sollte, dass er ein Leben lang einsam sein würde.

Auch sie hatte ihren Stolz.

Plötzlich erkannte sie, dass der Kerl vor ihren Augen, der immer grossspurig davon gesprochen hatte, fliegen zu wollen, eigentlich damit nur all den komplizierten und mühsamen Angelegenheiten und Verantwortungen auf der Erde entfliehen wollte.

Mit all seinen stolzen Phrasen und Blicken und seinem Gehabe wollte er im Grunde nur seine eigenen Minderwertigkeitsgefühle kaschieren.

她望着他，终于笑了。背负不起，承担不起，都是借口，真正的理由就是你不喜欢我。
他说是的。
于是她决定离开。那么你就去一个人飞翔吧。
从此以后他驾驶着他那音乐的飞机，孤独地在他自己的天空中旅行。
从此以后她微笑着唱着别人听了会感到幸福的歌，她已经不能飞翔，但她本来就属于大地。
她离开以前对他说："我还是觉得你那么固执，是错的。"
他说："我不认为你坚持的道路是错的。"
她楞了一下，笑了。这个否认她任何事情的男人居然在最后一刻认可了她的努力。

他和她的故事到这里结束，这个故事里没有人是错的。要飞翔的人毕竟不适合脚踏实地的。那么就各自去生活吧。
最后他说："无论如何，只要你觉得快乐就好。"
她笑着点点头，转身的时候，想起他曾冷漠地问她，在这个漠然的世界里，谁会相信音乐会带来幸福。
谁会相信？这个问题其实不重要，以后，我们各自努力让自己幸福就好。

Sie blickte ihn an und ihr gelang es endlich, zu lächeln. „Dass dir die Last der Liebe zu schwer, die Bürde einer Beziehung zu gross ist, das sind doch alles nur Ausreden. Der wahre Grund ist doch, dass du mich nicht liebst."
„Ja, dem ist so", gab er ihr darauf zur Antwort.
Also entschloss sie sich dazu, fortzugehen. „Dann sollst du eben ganz allein und auf dich gestellt fliegen."
Von da an navigierte er ganz allein das Flugzeug seiner Musik und reiste einsam und allein an seinem eigenen Himmel.
Von da an sang sie lächelnd ihre Lieder, die andere beim Zuhören glücklich machten. Ihr selbst war die Fähigkeit zum Fliegen bereits abhanden gekommen, aber sie hatte sowieso immer schon auf die Erde gehört.
Bevor sie fortgegangen war, hatte sie noch zu ihm gesagt: „Ich glaube weiterhin, dass es ein Fehler ist, dass du so halsstarrig bist."
Er erwiderte darauf: „Ich meine aber nicht, dass der Weg, an dem du festhältst, falsch ist."
Da verschlug es ihr die Sprache und sie musste loslachen.
Dieser Mann, der ansonsten alles an ihr abgelehnt hatte, hatte endlich im letzten Moment ihre Anstrengungen gutgeheissen.

Seine und ihre gemeinsame Geschichte endet hier. In dieser Geschichte liegt niemand falsch oder richtig.
Menschen, die fliegen wollen, sind eben nicht dafür geeignet, mit beiden Beinen fest auf dem Boden zu stehen.
Daher war es gut so, dass sie fortan getrennte Wege gingen und jeder von ihnen sich zu einem eigenen Leben aufmachte.
Ganz am Schluss sagte er noch zu ihr: „Wie immer dein Leben auch fortan verlaufen mag, es kommt nur darauf an, dass du glücklich bist."
Sie nickte lächelnd mit dem Kopf. Als sie sich zum Fortgehen von ihm abwandte, kam ihr die Erinnerung daran zurück, wie er sie einst kaltschnäuzig gefragt hatte, wer in dieser kalten und gleichgültigen Welt überhaupt noch daran glaubte, dass Musik glücklich machen könne.
Wer würde an so etwas glauben? Diese Frage war eigentlich nicht mehr wichtig. Von nun an wollten sie alle beide einfach nur noch hart daran arbeiten, selbst glücklich zu werden. Und das genügte schon.

MEIN WEG

Feuerwerk

烟火

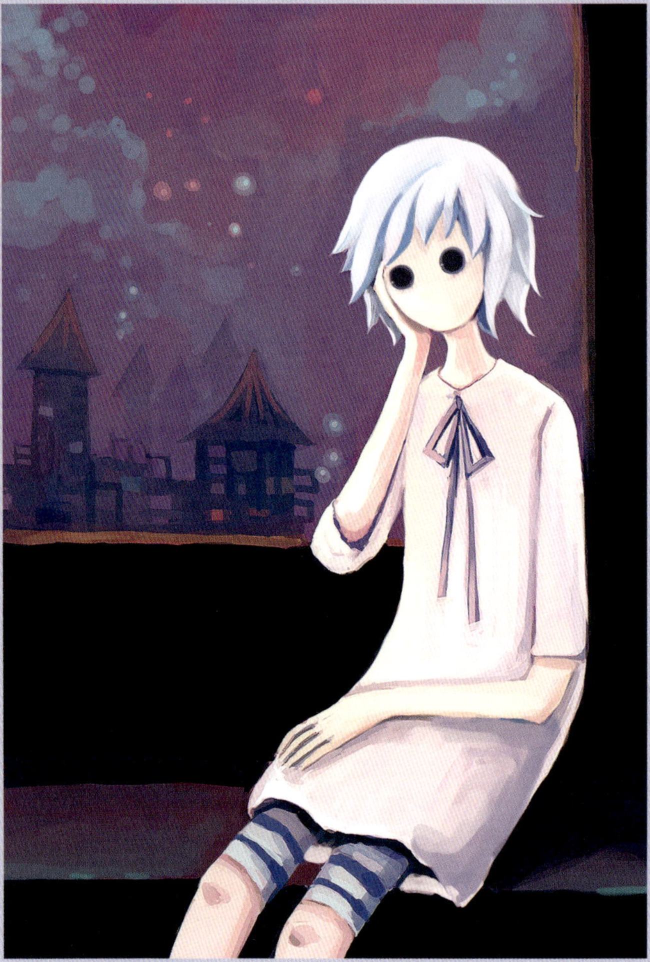

幸福，
远不如烟火般绚丽，
有时候平淡得来不及察觉，
就已经悄然离开。

Das Glück,
weit davon entfernt, so farbenprächtig
wie ein Feuerwerk zu sein,
kommt manchmal so farblos daher,
dass man es erst dann wahrnimmt,
wenn es sich bereits still und leise
wieder davongeschlichen hat.

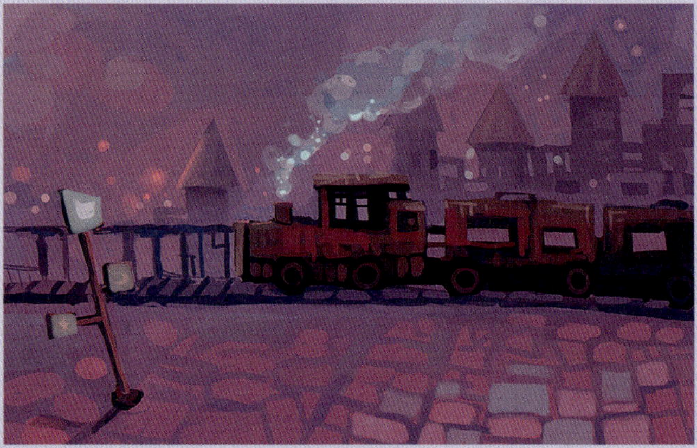

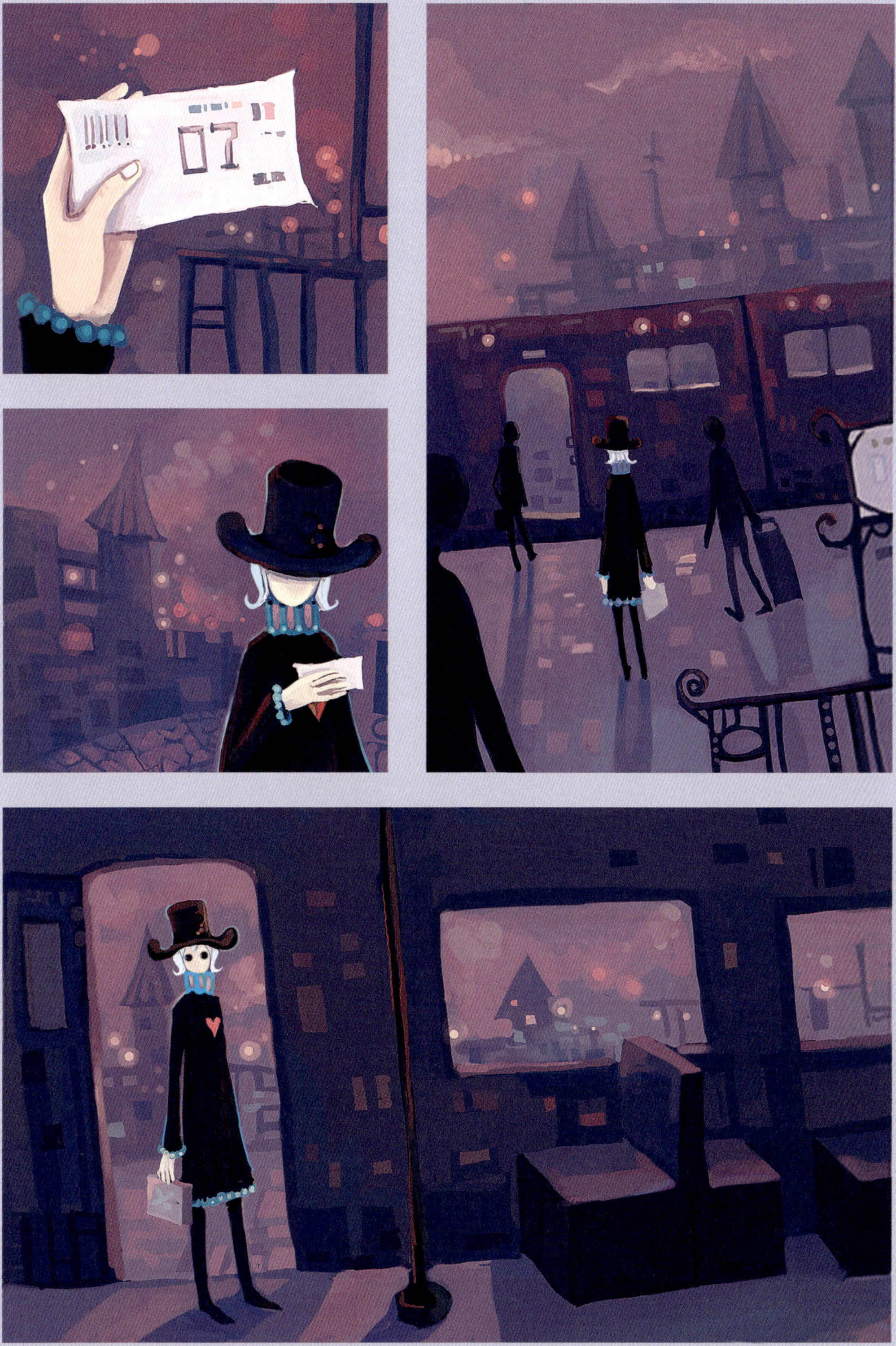
07

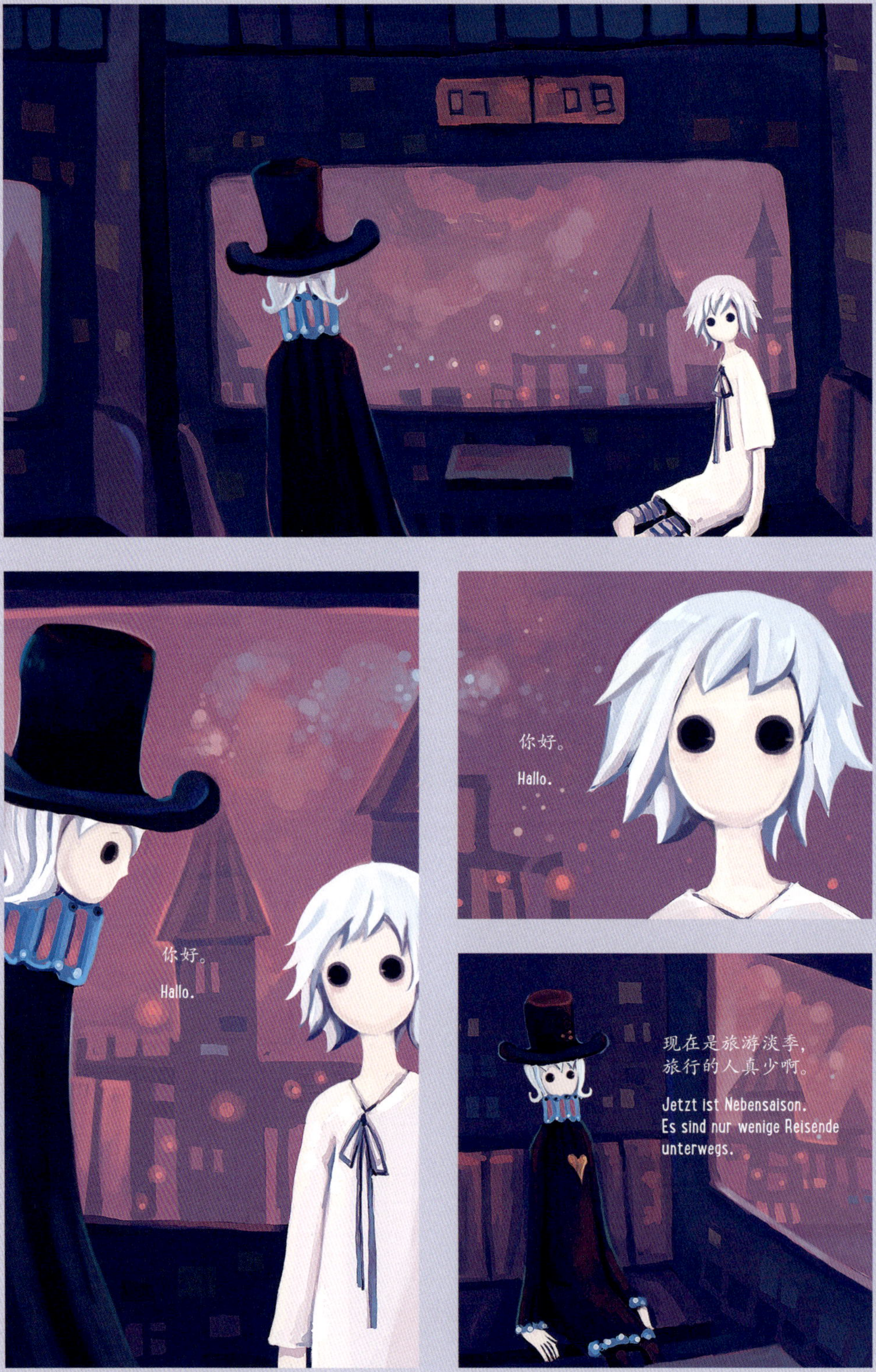
你好。
Hallo.
你好。
Hallo.
现在是旅游淡季，
旅行的人真少啊。
Jetzt ist Nebensaison.
Es sind nur wenige Reisende
unterwegs.

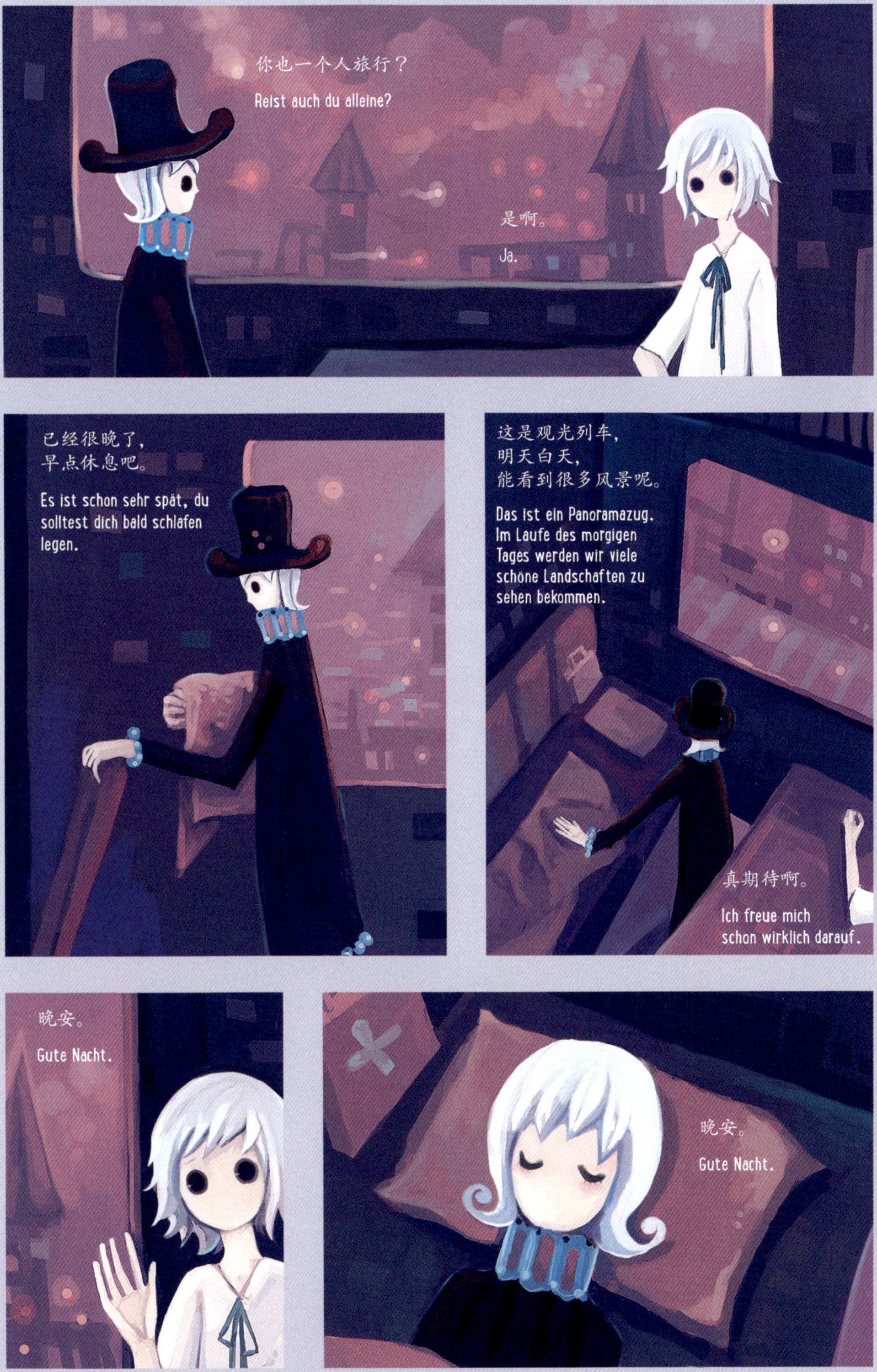
你也一个人旅行？
Reist auch du alleine?
是啊。
Ja.
已经很晚了，
早点休息吧。
Es ist schon sehr spät, du solltest dich bald schlafen legen.
这是观光列车，
明天白天，
能看到很多风景呢。
Das ist ein Panoramazug. Im Laufe des morgigen Tages werden wir viele schöne Landschaften zu sehen bekommen.
真期待啊。
Ich freue mich schon wirklich darauf.
晚安。
Gute Nacht.
晚安。
Gute Nacht.

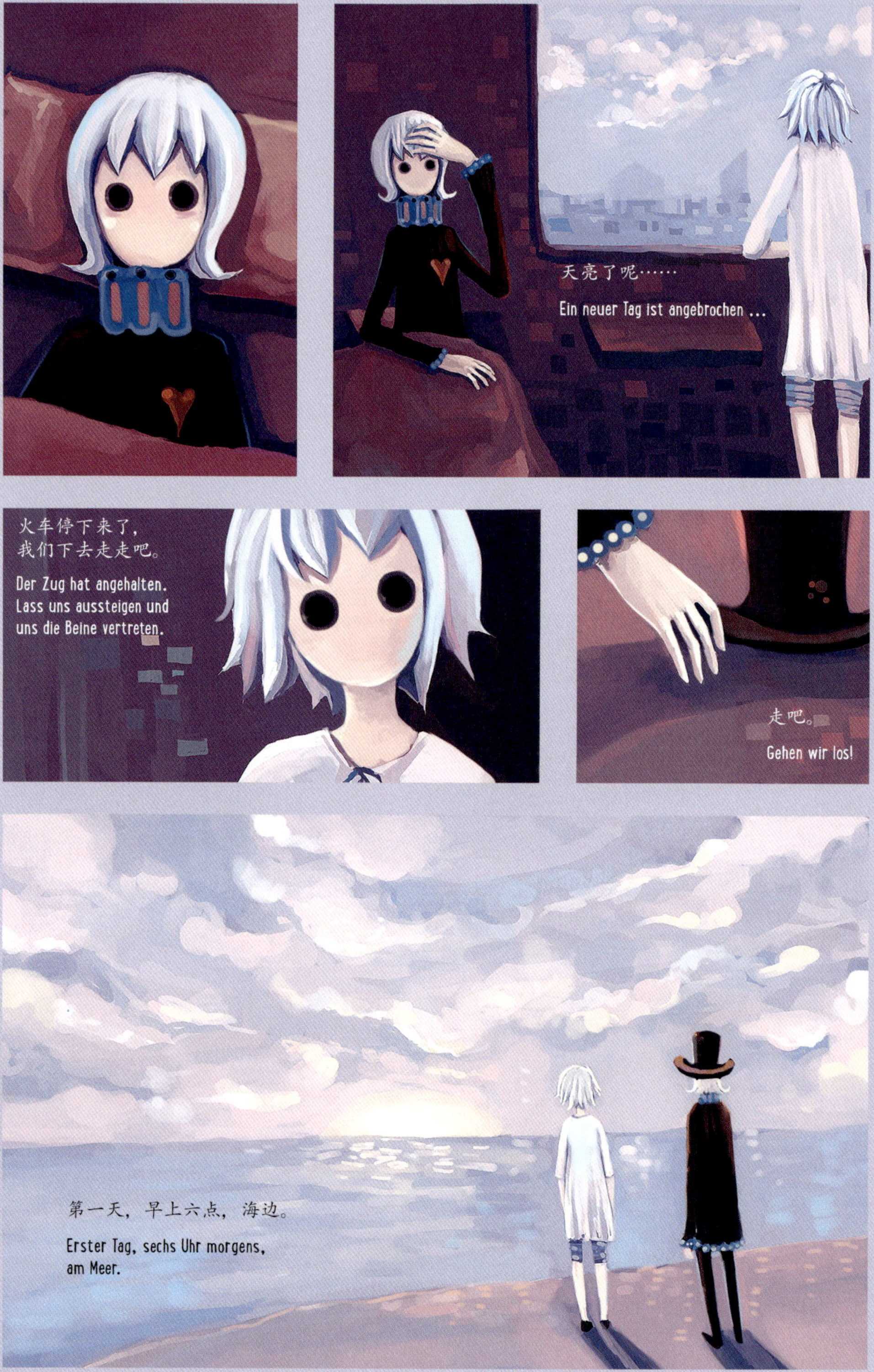
天亮了呢……
Ein neuer Tag ist angebrochen …
火车停下来了，
我们下去走走吧。
Der Zug hat angehalten.
Lass uns aussteigen und
uns die Beine vertreten.
走吧。
Gehen wir los!
第一天，早上六点，海边。
Erster Tag, sechs Uhr morgens,
am Meer.

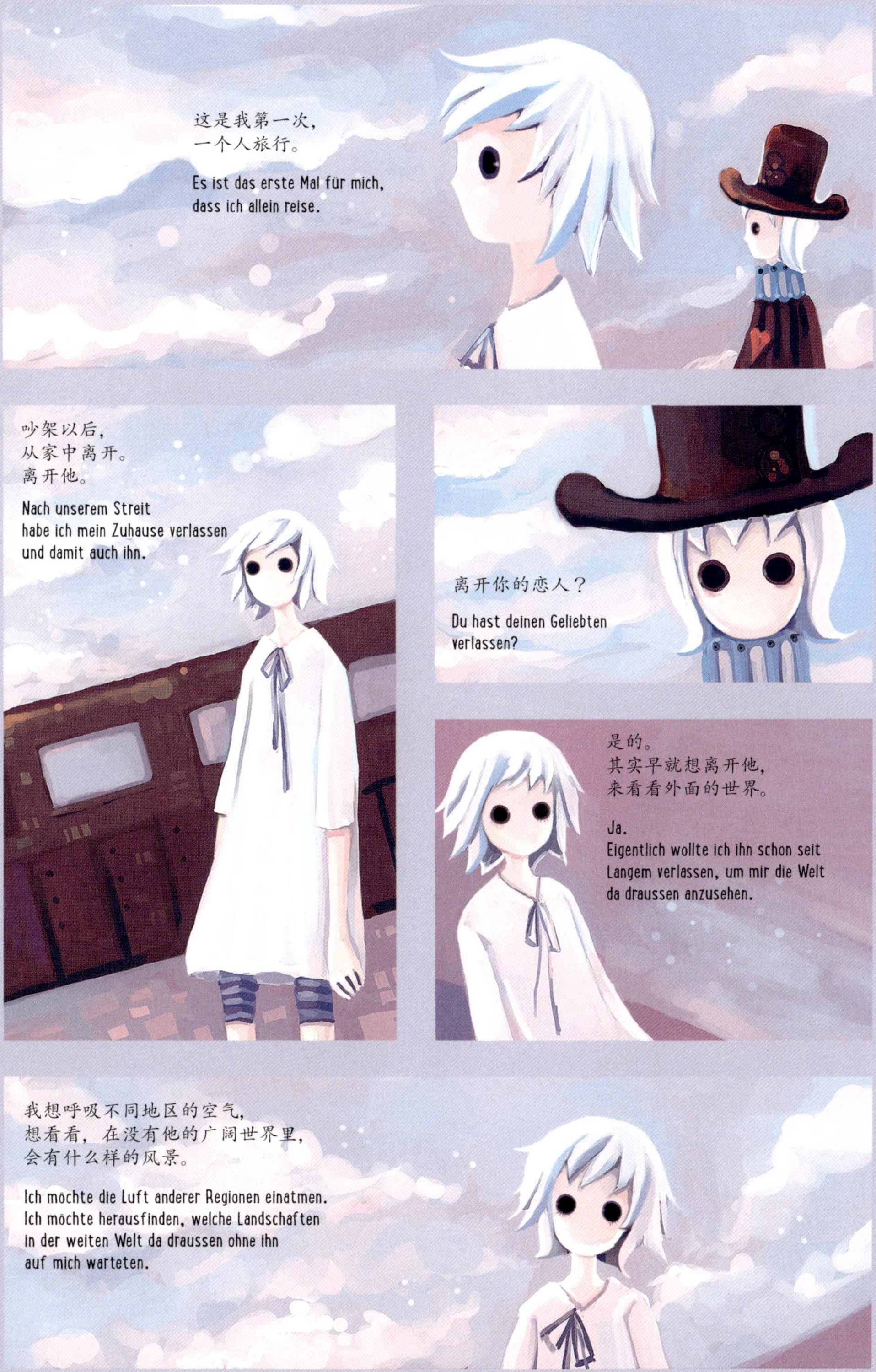
这是我第一次，
一个人旅行。
Es ist das erste Mal für mich,
dass ich allein reise.
吵架以后，
从家中离开。
离开他。
Nach unserem Streit
habe ich mein Zuhause verlassen
und damit auch ihn.
离开你的恋人？
Du hast deinen Geliebten
verlassen?
是的。
其实早就想离开他，
来看看外面的世界。
Ja.
Eigentlich wollte ich ihn schon seit
Langem verlassen, um mir die Welt
da draussen anzusehen.
我想呼吸不同地区的空气，
想看看，在没有他的广阔世界里，
会有什么样的风景。
Ich möchte die Luft anderer Regionen einatmen.
Ich möchte herausfinden, welche Landschaften
in der weiten Welt da draussen ohne ihn
auf mich warteten.

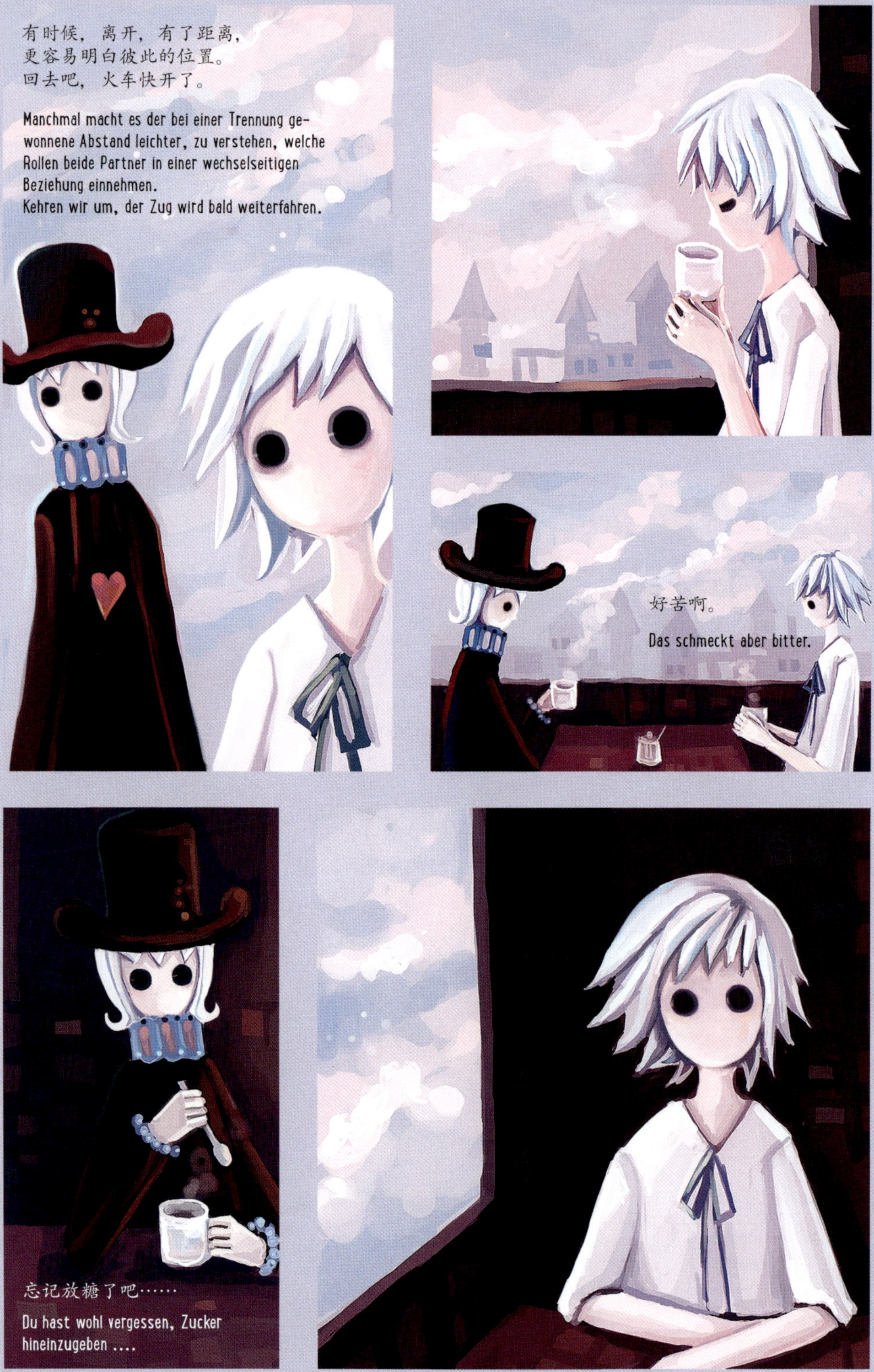
有时候，离开，有了距离，
更容易明白彼此的位置。
回去吧，火车快开了。
Manchmal macht es der bei einer Trennung gewonnene Abstand leichter, zu verstehen, welche Rollen beide Partner in einer wechselseitigen Beziehung einnehmen.
Kehren wir um, der Zug wird bald weiterfahren.
好苦啊。
Das schmeckt aber bitter.
忘记放糖了吧……
Du hast wohl vergessen, Zucker hineinzugeben ....

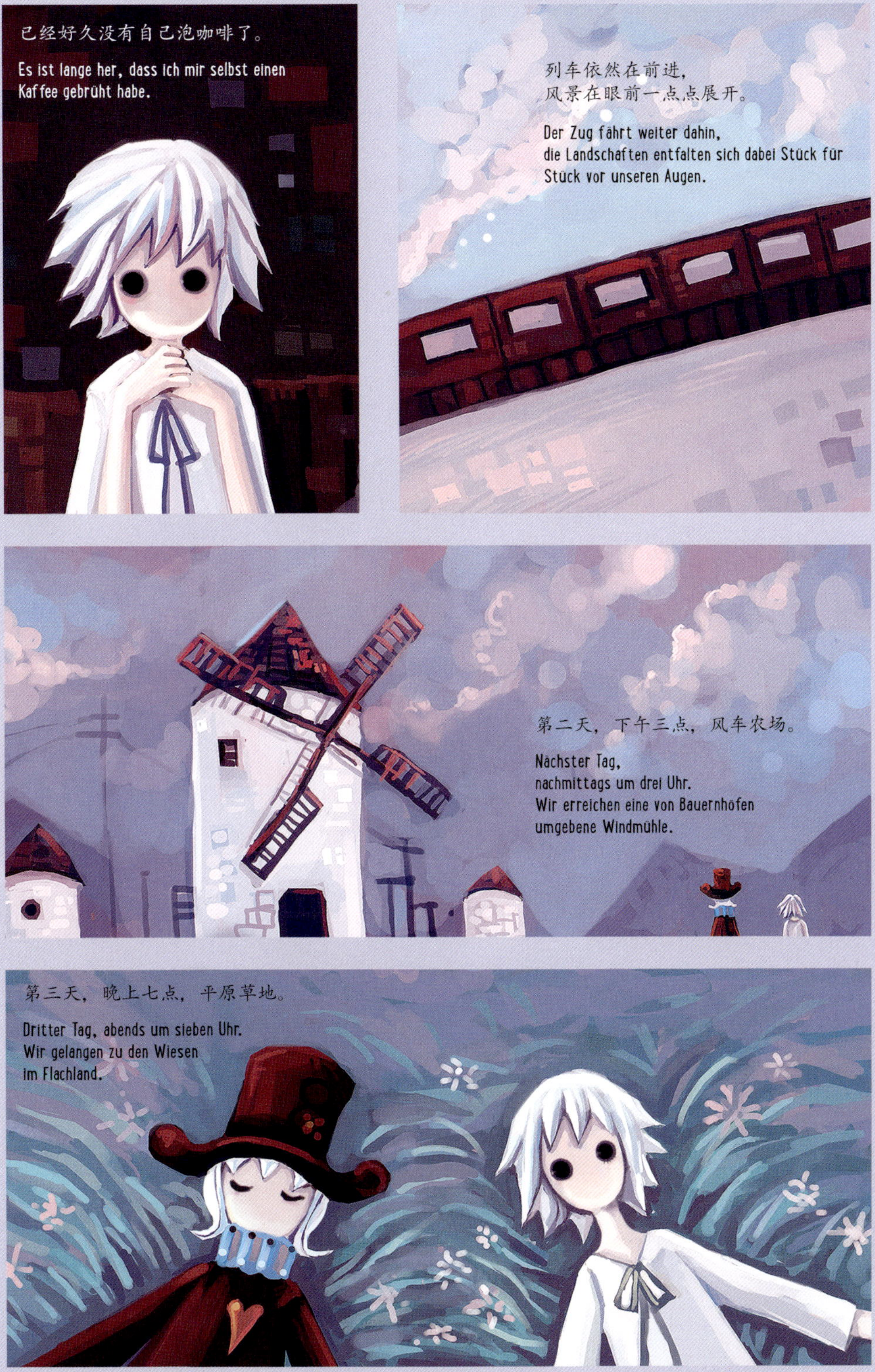
已经好久没有自己泡咖啡了。
Es ist lange her, dass ich mir selbst einen Kaffee gebrüht habe.
列车依然在前进，
风景在眼前一点点展开。
Der Zug fährt weiter dahin,
die Landschaften entfalten sich dabei Stück für Stück vor unseren Augen.
第二天，下午三点，风车农场。
Nächster Tag,
nachmittags um drei Uhr.
Wir erreichen eine von Bauernhöfen umgebene Windmühle.
第三天，晚上七点，平原草地。
Dritter Tag, abends um sieben Uhr.
Wir gelangen zu den Wiesen im Flachland.

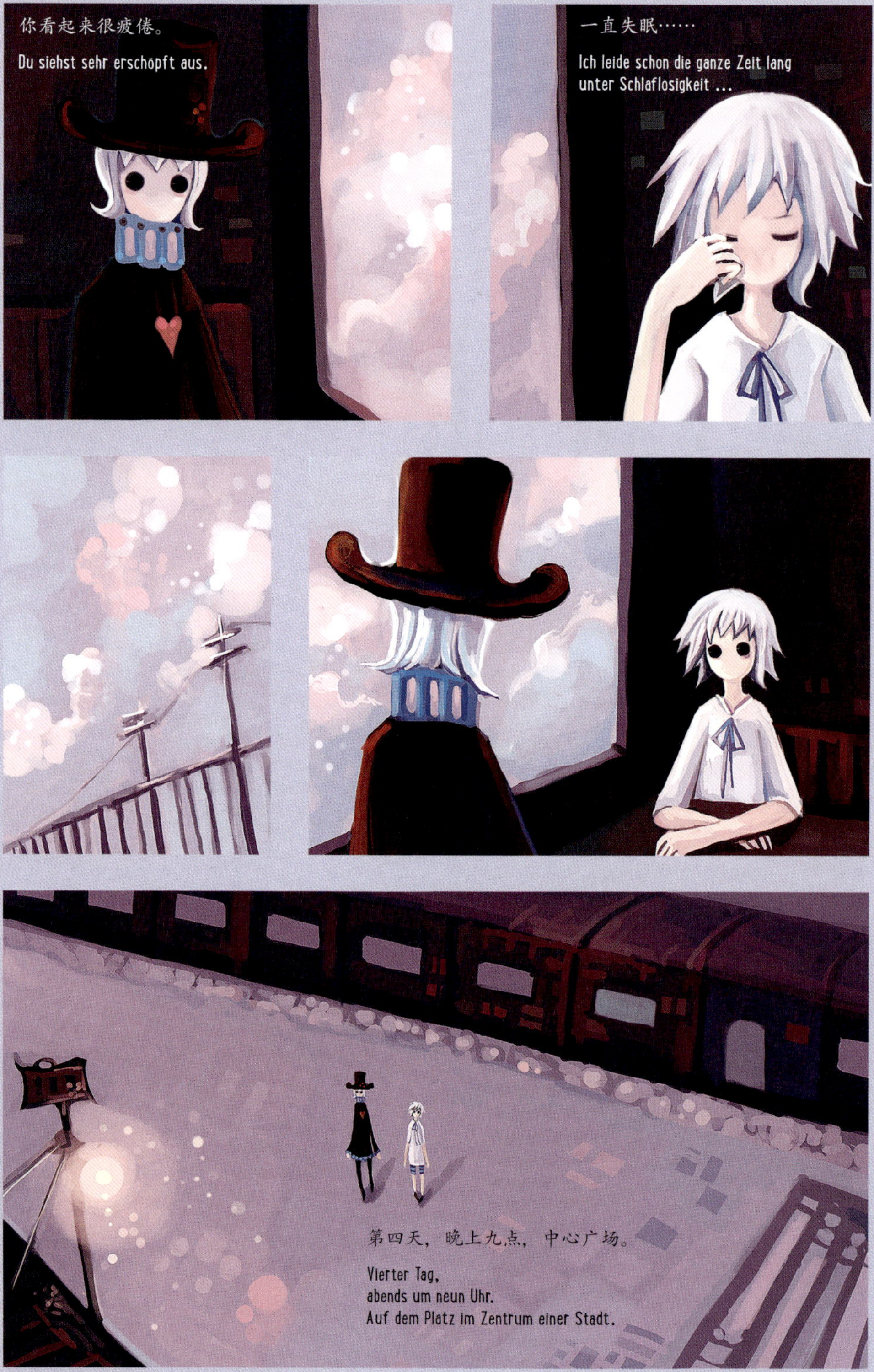

你看起来很疲倦。
Du siehst sehr erschöpft aus.
一直失眠……
Ich leide schon die ganze Zeit lang unter Schlaflosigkeit ...
第四天，晚上九点，中心广场。
Vierter Tag,
abends um neun Uhr.
Auf dem Platz im Zentrum einer Stadt.

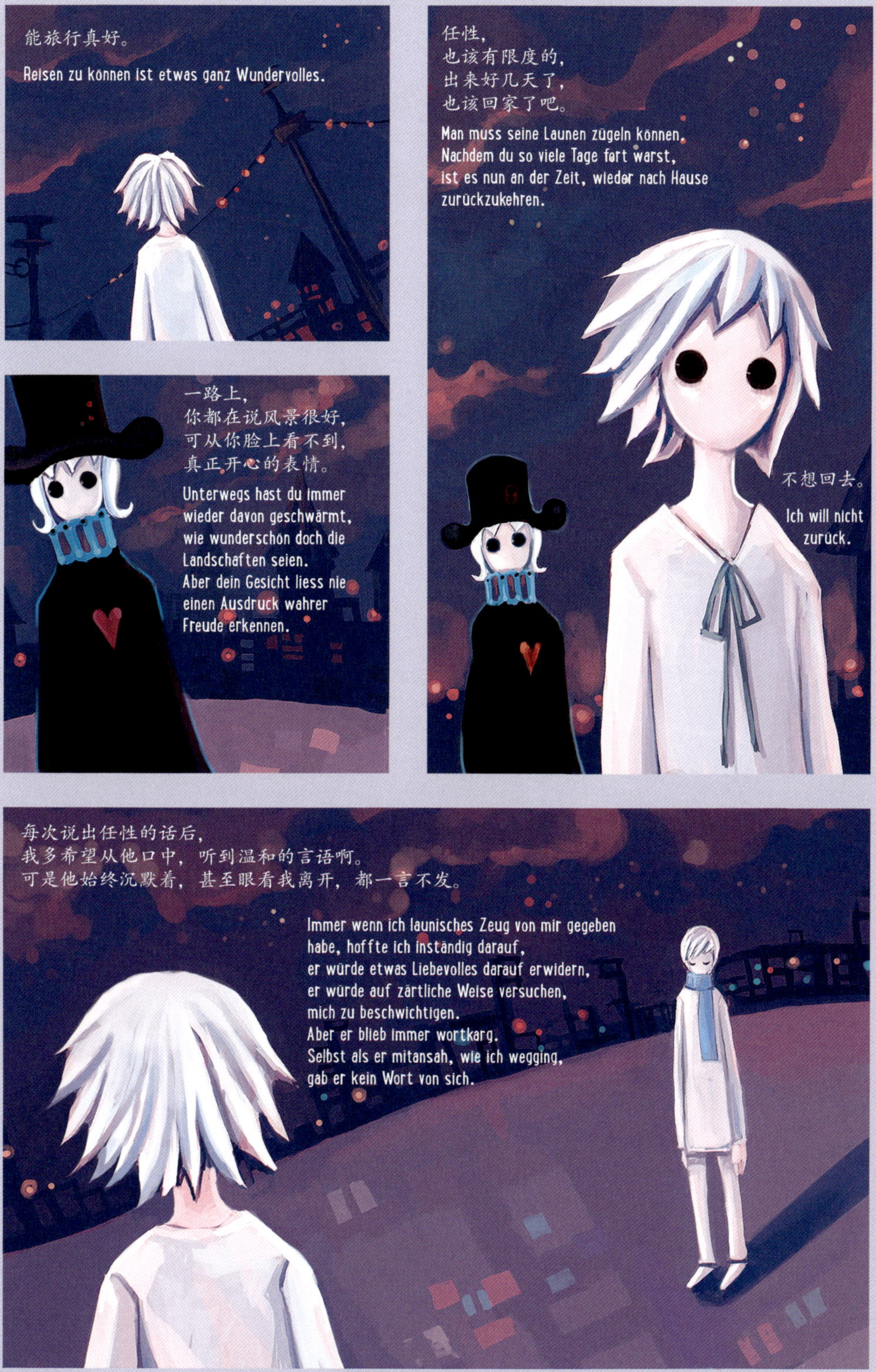

能旅行真好。
Reisen zu können ist etwas ganz Wundervolles.
一路上，你都在说风景很好，可从你脸上看不到，真正开心的表情。
Unterwegs hast du immer wieder davon geschwärmt, wie wunderschön doch die Landschaften seien. Aber dein Gesicht liess nie einen Ausdruck wahrer Freude erkennen.
任性，也该有限度的，出来好几天了，也该回家了吧。
Man muss seine Launen zügeln können. Nachdem du so viele Tage fort warst, ist es nun an der Zeit, wieder nach Hause zurückzukehren.
不想回去。
Ich will nicht zurück.
每次说出任性的话后，我多希望从他口中，听到温和的言语啊。可是他始终沉默着，甚至眼看我离开，都一言不发。
Immer wenn ich launisches Zeug von mir gegeben habe, hoffte ich inständig darauf, er würde etwas Liebevolles darauf erwidern, er würde auf zärtliche Weise versuchen, mich zu beschwichtigen. Aber er blieb immer wortkarg. Selbst als er mitansah, wie ich wegging, gab er kein Wort von sich.

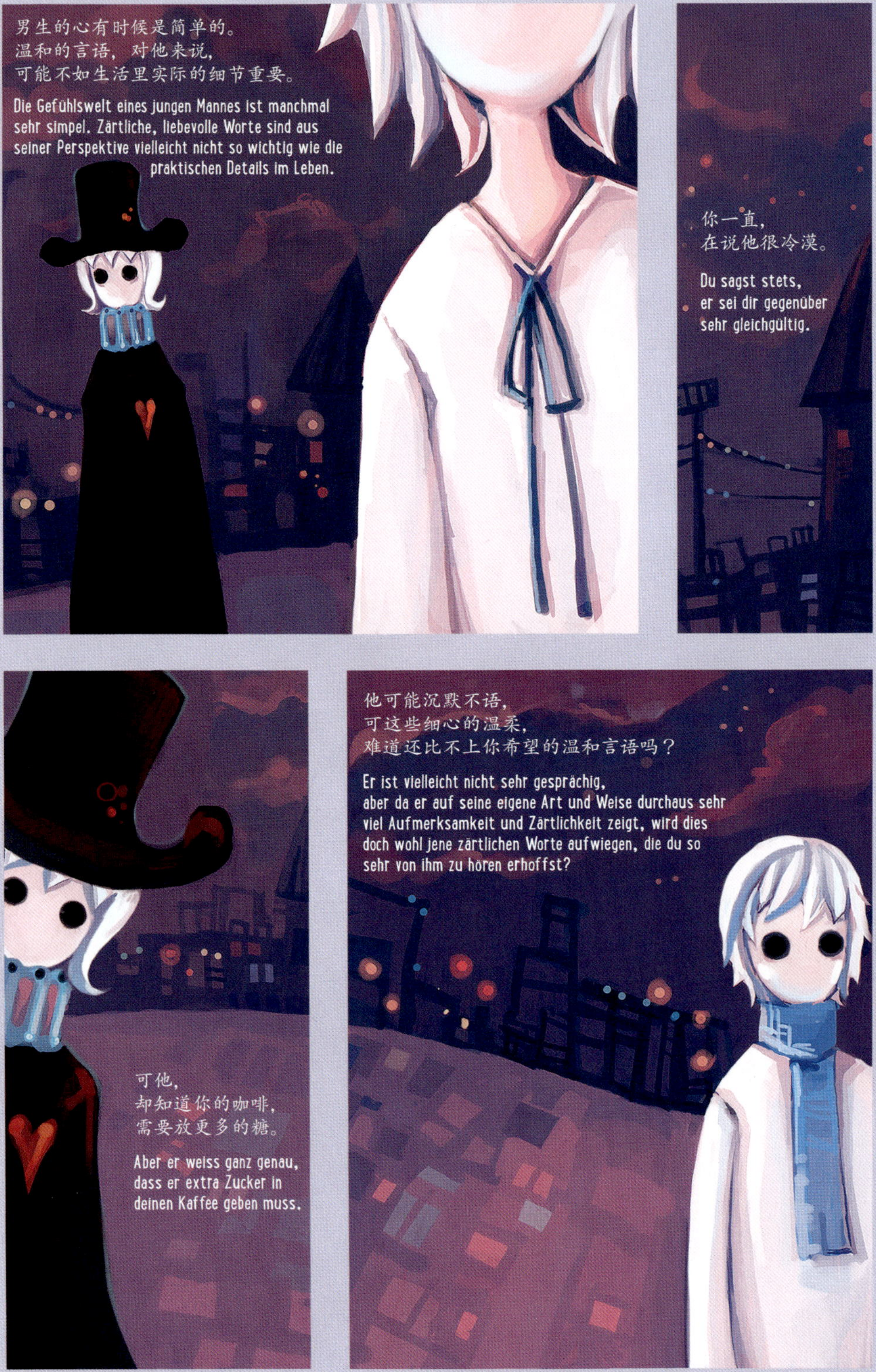
男生的心有时候是简单的。
温和的言语，对他来说，
可能不如生活里实际的细节重要。
Die Gefühlswelt eines jungen Mannes ist manchmal sehr simpel. Zärtliche, liebevolle Worte sind aus seiner Perspektive vielleicht nicht so wichtig wie die praktischen Details im Leben.
你一直，
在说他很冷漠。
Du sagst stets, er sei dir gegenüber sehr gleichgültig.
可他，
却知道你的咖啡，
需要放更多的糖。
Aber er weiss ganz genau, dass er extra Zucker in deinen Kaffee geben muss.
他可能沉默不语，
可这些细心的温柔，
难道还比不上你希望的温和言语吗？
Er ist vielleicht nicht sehr gesprächig, aber da er auf seine eigene Art und Weise durchaus sehr viel Aufmerksamkeit und Zärtlichkeit zeigt, wird dies doch wohl jene zärtlichen Worte aufwiegen, die du so sehr von ihm zu hören erhoffst?

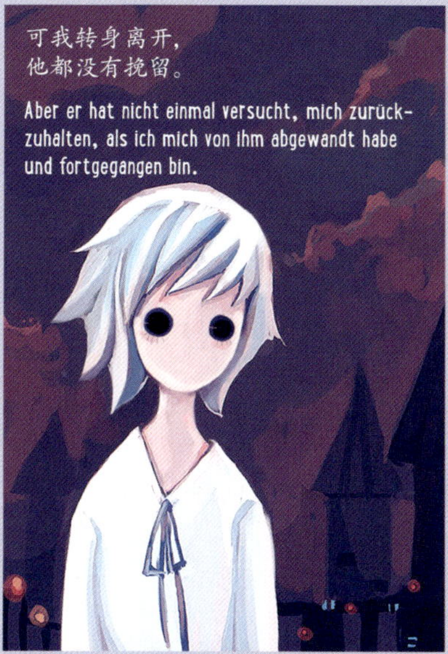
可我转身离开，
他都没有挽留。
Aber er hat nicht einmal versucht, mich zurück-
zuhalten, als ich mich von ihm abgewandt habe
und fortgegangen bin.

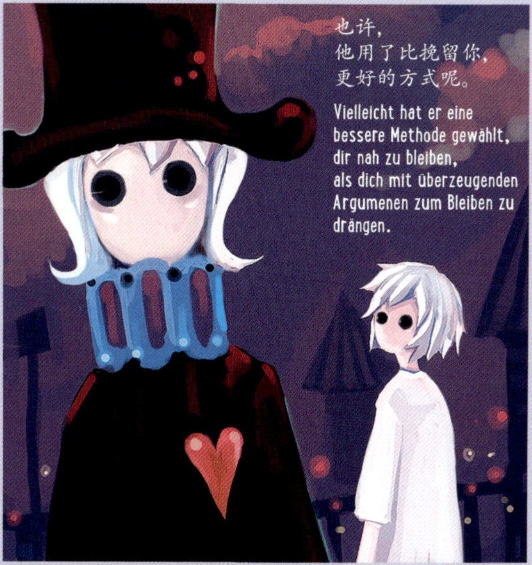
也许，
他用了比挽留你，
更好的方式呢。
Vielleicht hat er eine
bessere Methode gewählt,
dir nah zu bleiben,
als dich mit überzeugenden
Argumenen zum Bleiben zu
drängen.

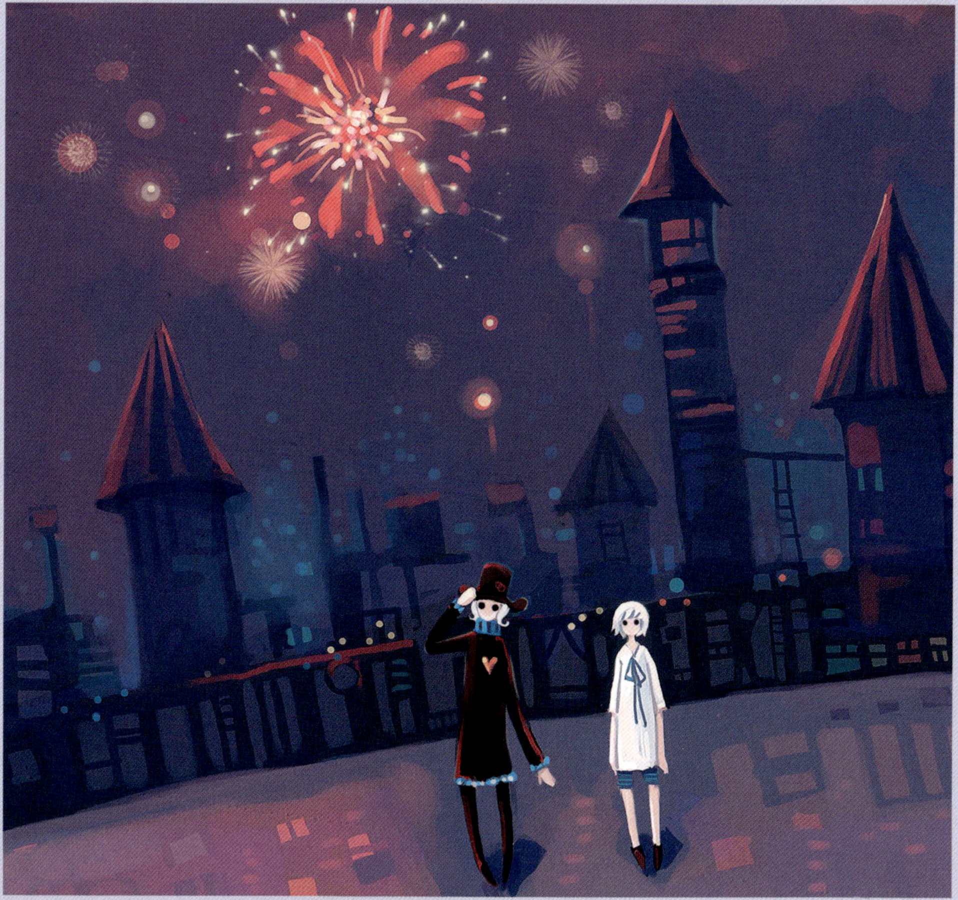

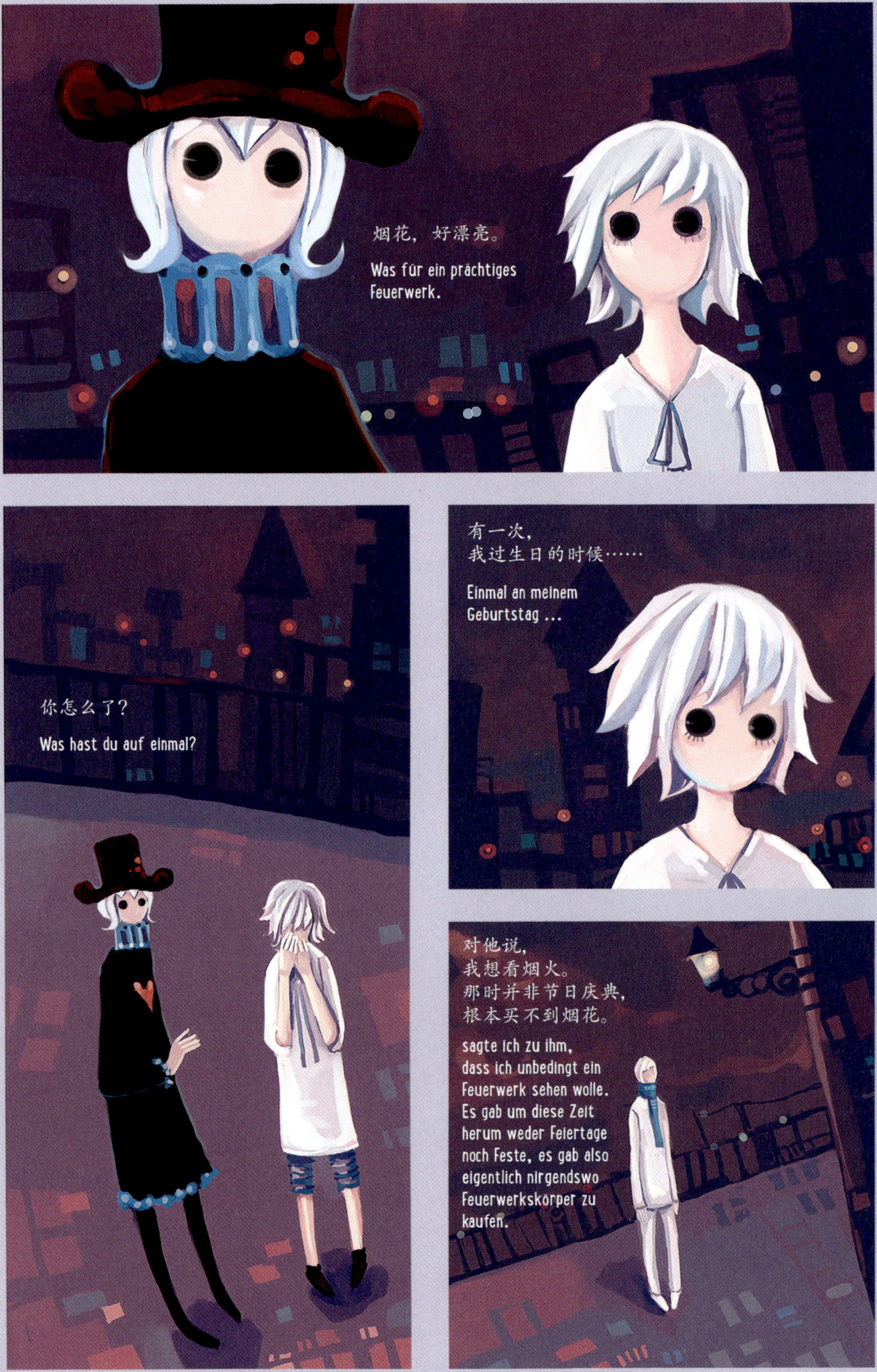
烟花，好漂亮。
Was für ein prächtiges Feuerwerk.
你怎么了？
Was hast du auf einmal?
有一次，
我过生日的时候……
Einmal an meinem Geburtstag ...
对他说，
我想看烟火。
那时并非节日庆典，
根本买不到烟花。
sagte ich zu ihm, dass ich unbedingt ein Feuerwerk sehen wolle. Es gab um diese Zeit herum weder Feiertage noch Feste, es gab also eigentlich nirgendswo Feuerwerkskörper zu kaufen.

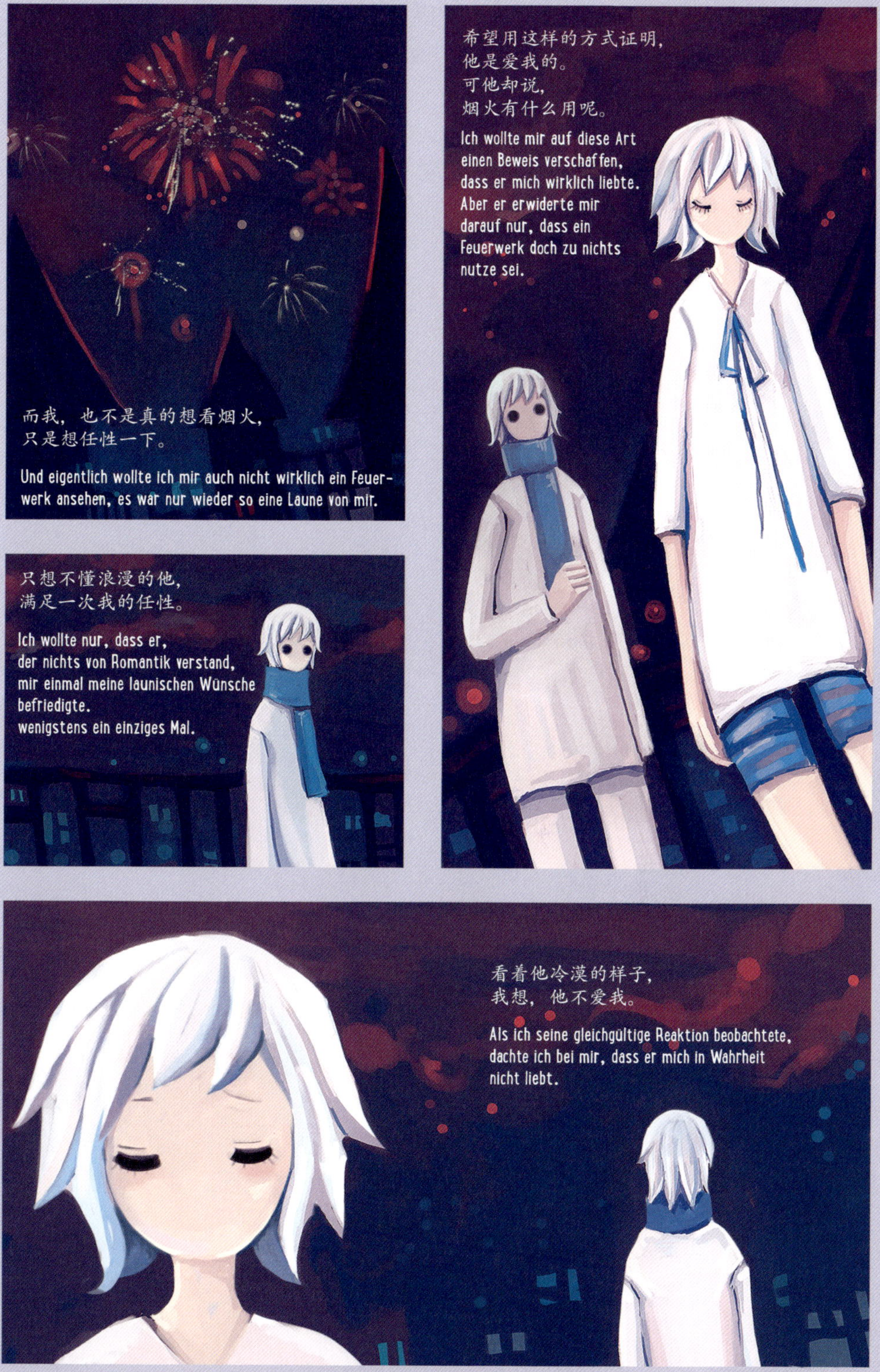
而我，也不是真的想看烟火，
只是想任性一下。
Und eigentlich wollte ich mir auch nicht wirklich ein Feuerwerk ansehen, es war nur wieder so eine Laune von mir.
只想不懂浪漫的他，
满足一次我的任性。
Ich wollte nur, dass er, der nichts von Romantik verstand, mir einmal meine launischen Wünsche befriedigte.
wenigstens ein einziges Mal.
希望用这样的方式证明，
他是爱我的。
可他却说，
烟火有什么用呢。
Ich wollte mir auf diese Art einen Beweis verschaffen, dass er mich wirklich liebte. Aber er erwiderte mir darauf nur, dass ein Feuerwerk doch zu nichts nutze sei.
看着他冷漠的样子，
我想，他不爱我。
Als ich seine gleichgültige Reaktion beobachtete, dachte ich bei mir, dass er mich in Wahrheit nicht liebt.

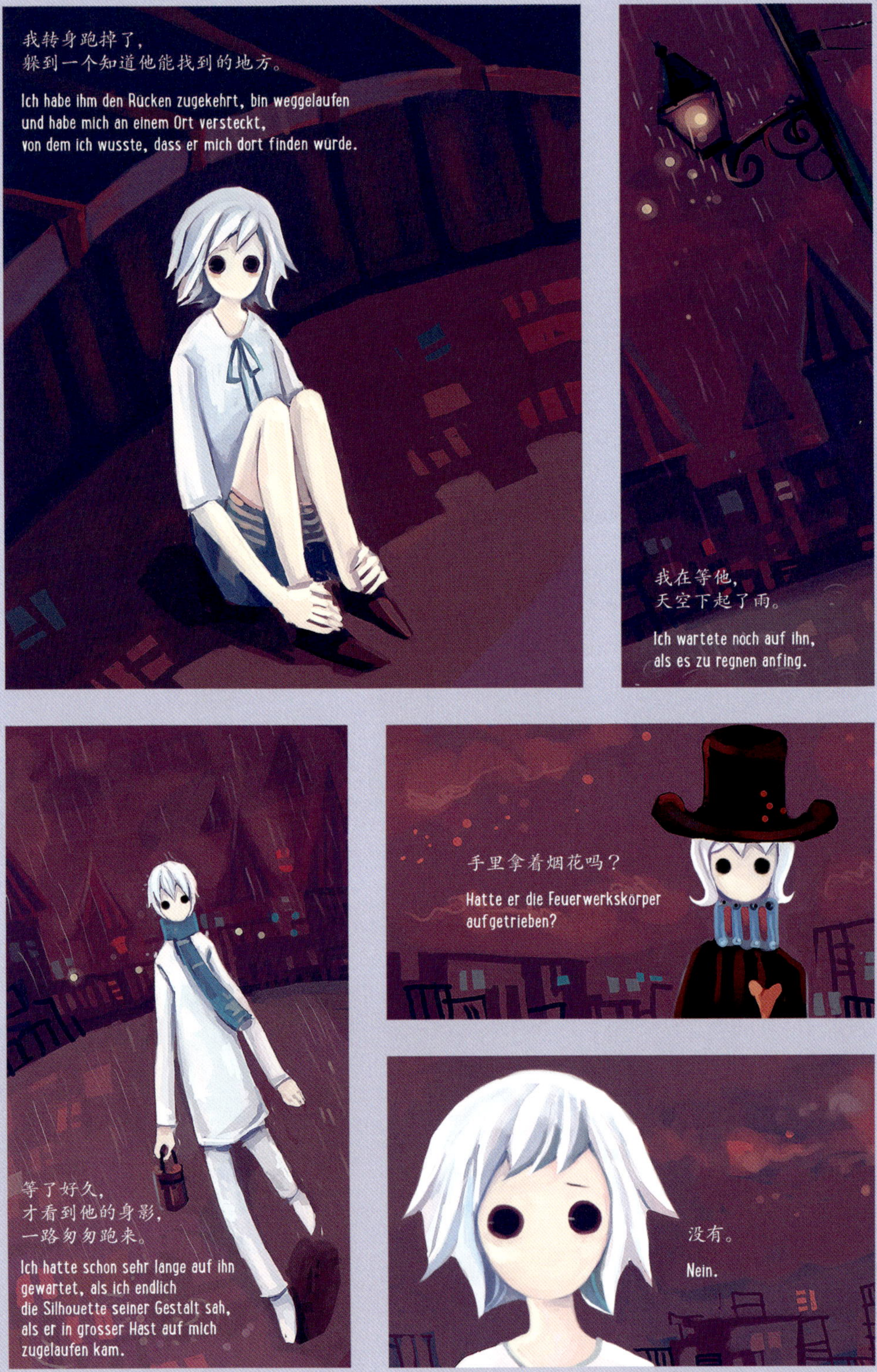
我转身跑掉了，
躲到一个知道他能找到的地方。
Ich habe ihm den Rücken zugekehrt, bin weggelaufen
und habe mich an einem Ort versteckt,
von dem ich wusste, dass er mich dort finden würde.
我在等他，
天空下起了雨。
Ich wartete noch auf ihn,
als es zu regnen anfing.
等了好久，
才看到他的身影，
一路匆匆跑来。
Ich hatte schon sehr lange auf ihn
gewartet, als ich endlich
die Silhouette seiner Gestalt sah,
als er in grosser Hast auf mich
zugelaufen kam.
手里拿着烟花吗？
Hatte er die Feuerwerkskorper
aufgetrieben?
没有。
Nein.

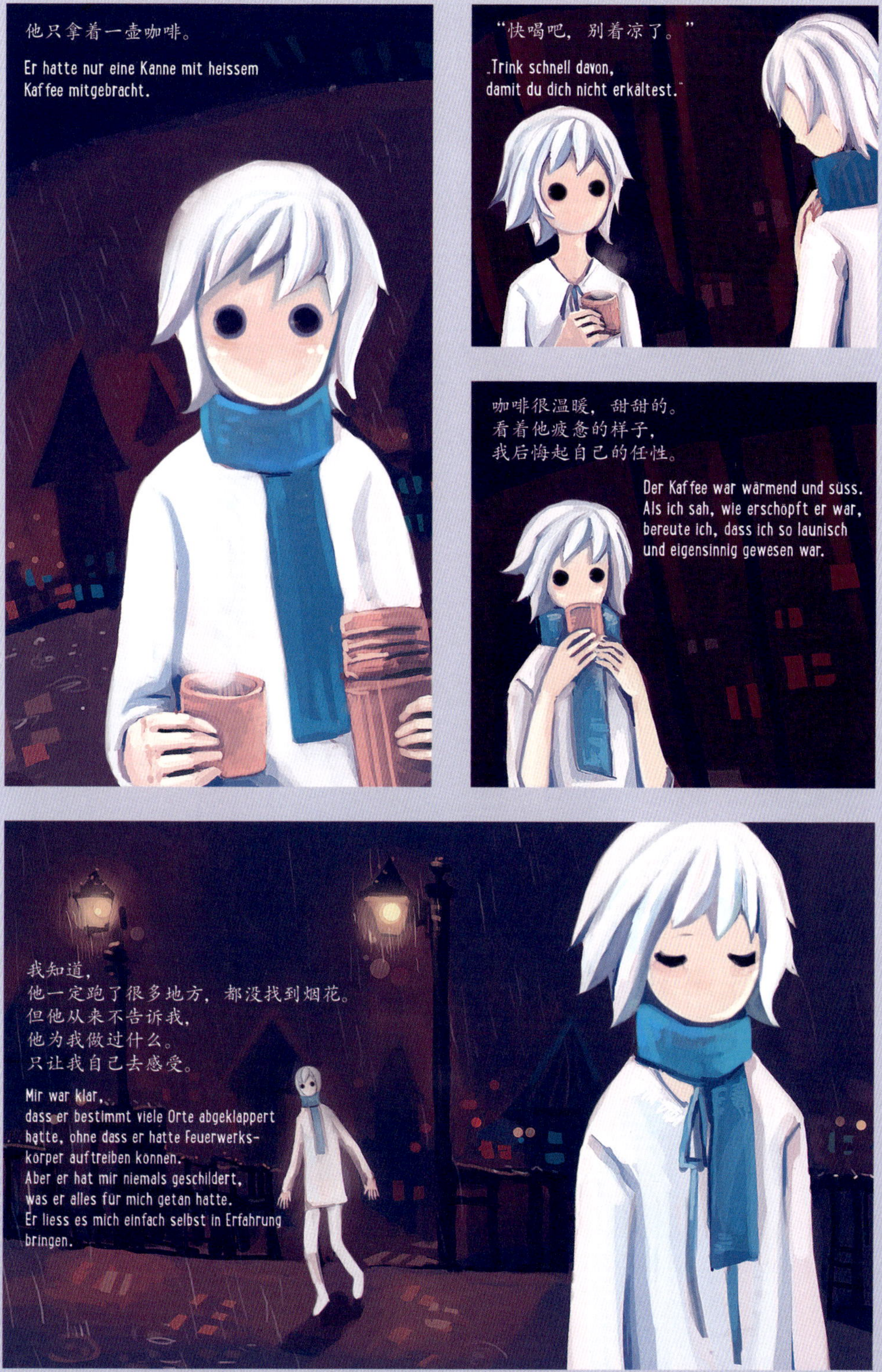
他只拿着一壶咖啡。
Er hatte nur eine Kanne mit heissem Kaffee mitgebracht.
“快喝吧，别着凉了。”
„Trink schnell davon, damit du dich nicht erkältest.“
咖啡很温暖，甜甜的。
看着他疲惫的样子，
我后悔起自己的任性。
Der Kaffee war wärmend und süss.
Als ich sah, wie erschöpft er war,
bereute ich, dass ich so launisch
und eigensinnig gewesen war.
我知道，
他一定跑了很多地方，都没找到烟花。
但他从来不告诉我，
他为我做过什么。
只让我自己去感受。
Mir war klar,
dass er bestimmt viele Orte abgeklappert
hatte, ohne dass er hatte Feuerwerks-
korper auftreiben konnen.
Aber er hat mir niemals geschildert,
was er alles fur mich getan hatte.
Er liess es mich einfach selbst in Erfahrung
bringen.

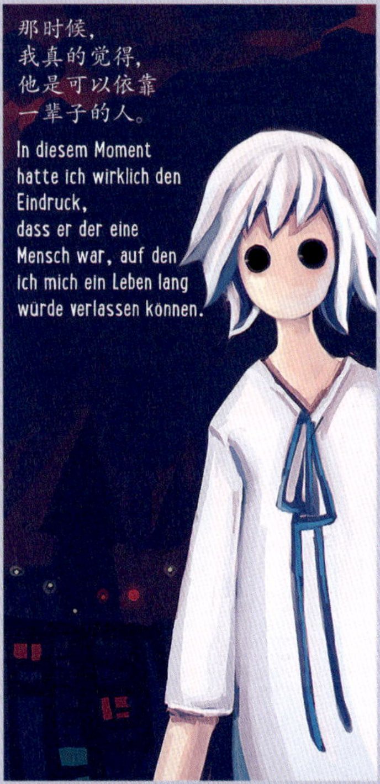
那时候，
我真的觉得，
他是可以依靠
一辈子的人。
In diesem Moment
hatte ich wirklich den
Eindruck,
dass er der eine
Mensch war, auf den
ich mich ein Leben lang
würde verlassen können.

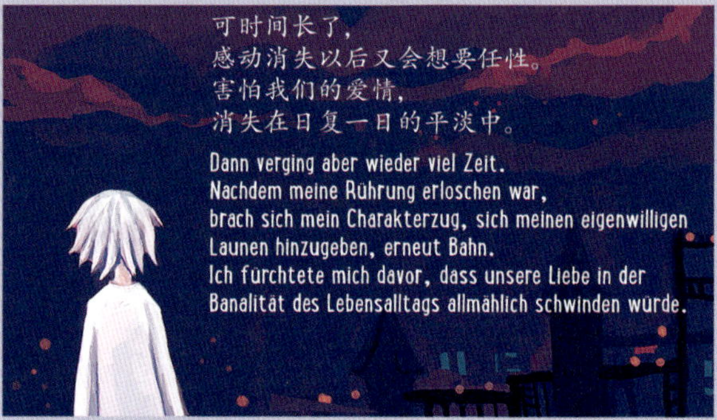
可时间长了，
感动消失以后又会想要任性。
害怕我们的爱情，
消失在日复一日的平淡中。
Dann verging aber wieder viel Zeit.
Nachdem meine Rührung erloschen war,
brach sich mein Charakterzug, sich meinen eigenwilligen
Launen hinzugeben, erneut Bahn.
Ich fürchtete mich davor, dass unsere Liebe in der
Banalität des Lebensalltags allmählich schwinden würde.

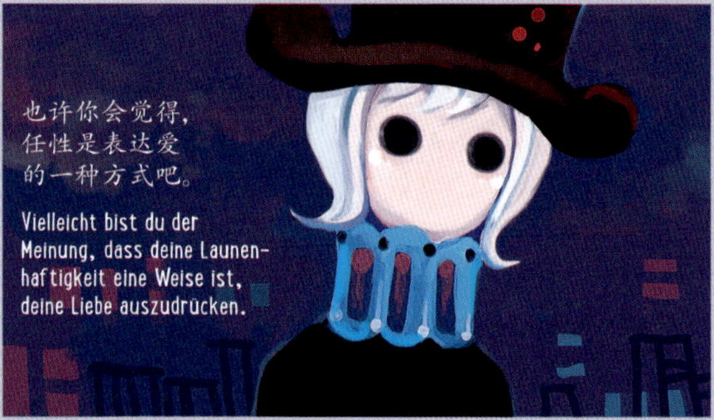
也许你会觉得，
任性是表达爱
的一种方式吧。
Vielleicht bist du der
Meinung, dass deine Launen-
haftigkeit eine Weise ist,
deine Liebe auszudrücken.

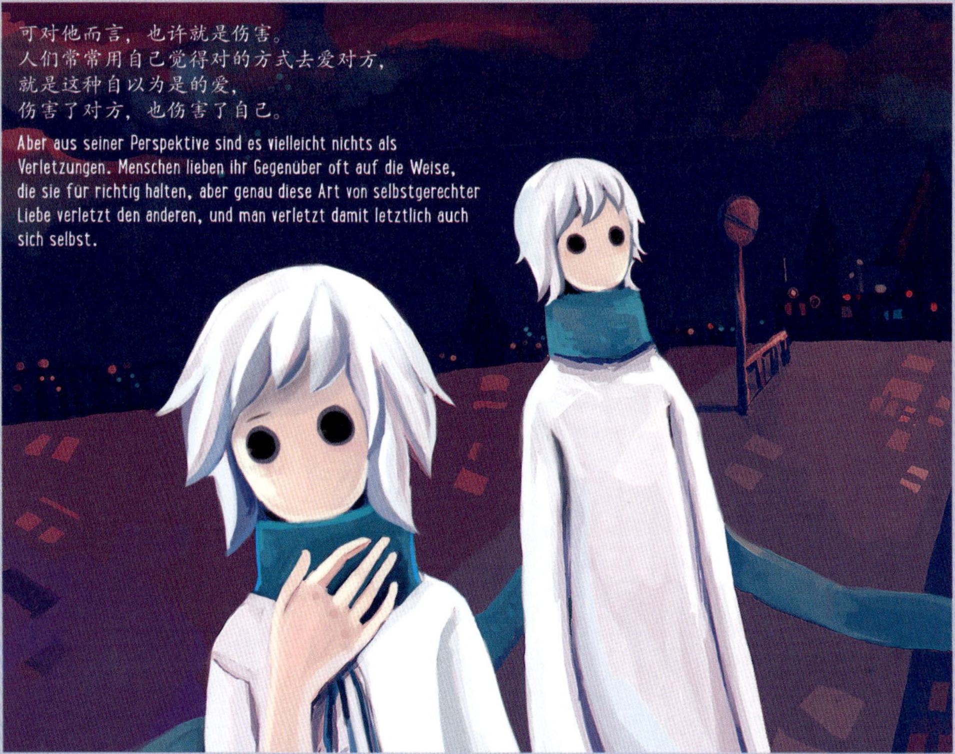
可对他而言，也许就是伤害。
人们常常用自己觉得对的方式去爱对方，
就是这种自以为是的爱，
伤害了对方，也伤害了自己。
Aber aus seiner Perspektive sind es vielleicht nichts als
Verletzungen. Menschen lieben ihr Gegenüber oft auf die Weise,
die sie für richtig halten, aber genau diese Art von selbstgerechter
Liebe verletzt den anderen, und man verletzt damit letztlich auch
sich selbst.

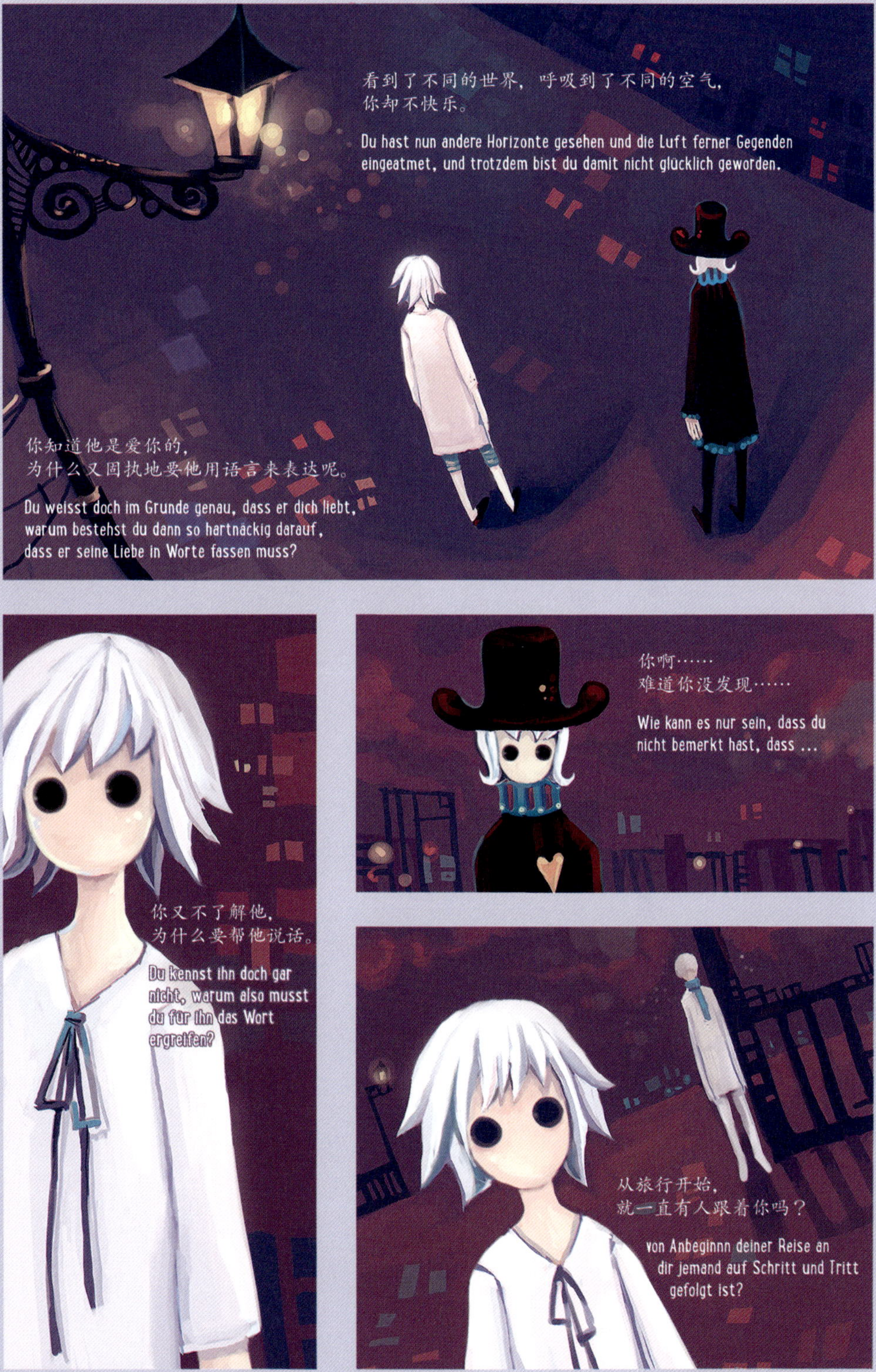
看到了不同的世界，呼吸到了不同的空气，
你却不快乐。
Du hast nun andere Horizonte gesehen und die Luft ferner Gegenden
eingeatmet, und trotzdem bist du damit nicht glücklich geworden.
你知道他是爱你的，
为什么又固执地要他用语言来表达呢。
Du weisst doch im Grunde genau, dass er dich liebt,
warum bestehst du dann so hartnäckig darauf,
dass er seine Liebe in Worte fassen muss?
你又不了解他，
为什么要帮他说话。
Du kennst ihn doch gar
nicht, warum also musst
du für ihn das Wort
ergreifen?
你啊……
难道你没发现……
Wie kann es nur sein, dass du
nicht bemerkt hast, dass ...
从旅行开始，
就一直有人跟着你吗？
von Anbeginnn deiner Reise an
dir jemand auf Schritt und Tritt
gefolgt ist?

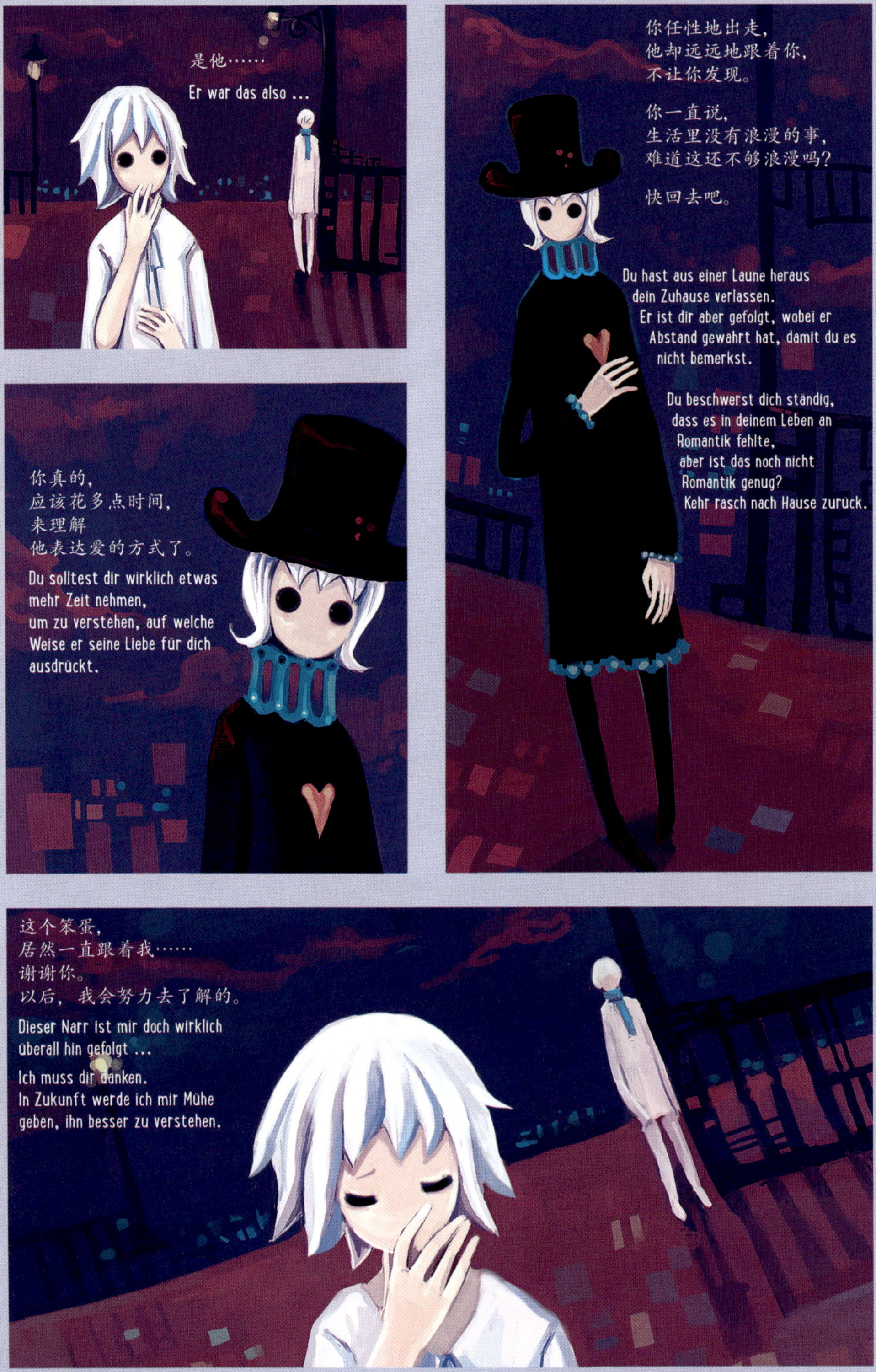
是他……
Er war das also ...
你任性地出走，
他却远远地跟着你，
不让你发现。
你一直说，
生活里没有浪漫的事，
难道这还不够浪漫吗？
快回去吧。
Du hast aus einer Laune heraus dein Zuhause verlassen. Er ist dir aber gefolgt, wobei er Abstand gewahrt hat, damit du es nicht bemerkst.
Du beschwerst dich ständig, dass es in deinem Leben an Romantik fehlte, aber ist das noch nicht Romantik genug?
Kehr rasch nach Hause zurück.
你真的，
应该花多点时间，
来理解
他表达爱的方式了。
Du solltest dir wirklich etwas mehr Zeit nehmen, um zu verstehen, auf welche Weise er seine Liebe für dich ausdrückt.
这个笨蛋，
居然一直跟着我……
谢谢你。
以后，我会努力去了解的。
Dieser Narr ist mir doch wirklich überall hin gefolgt ...
Ich muss dir danken.
In Zukunft werde ich mir Mühe geben, ihn besser zu verstehen.

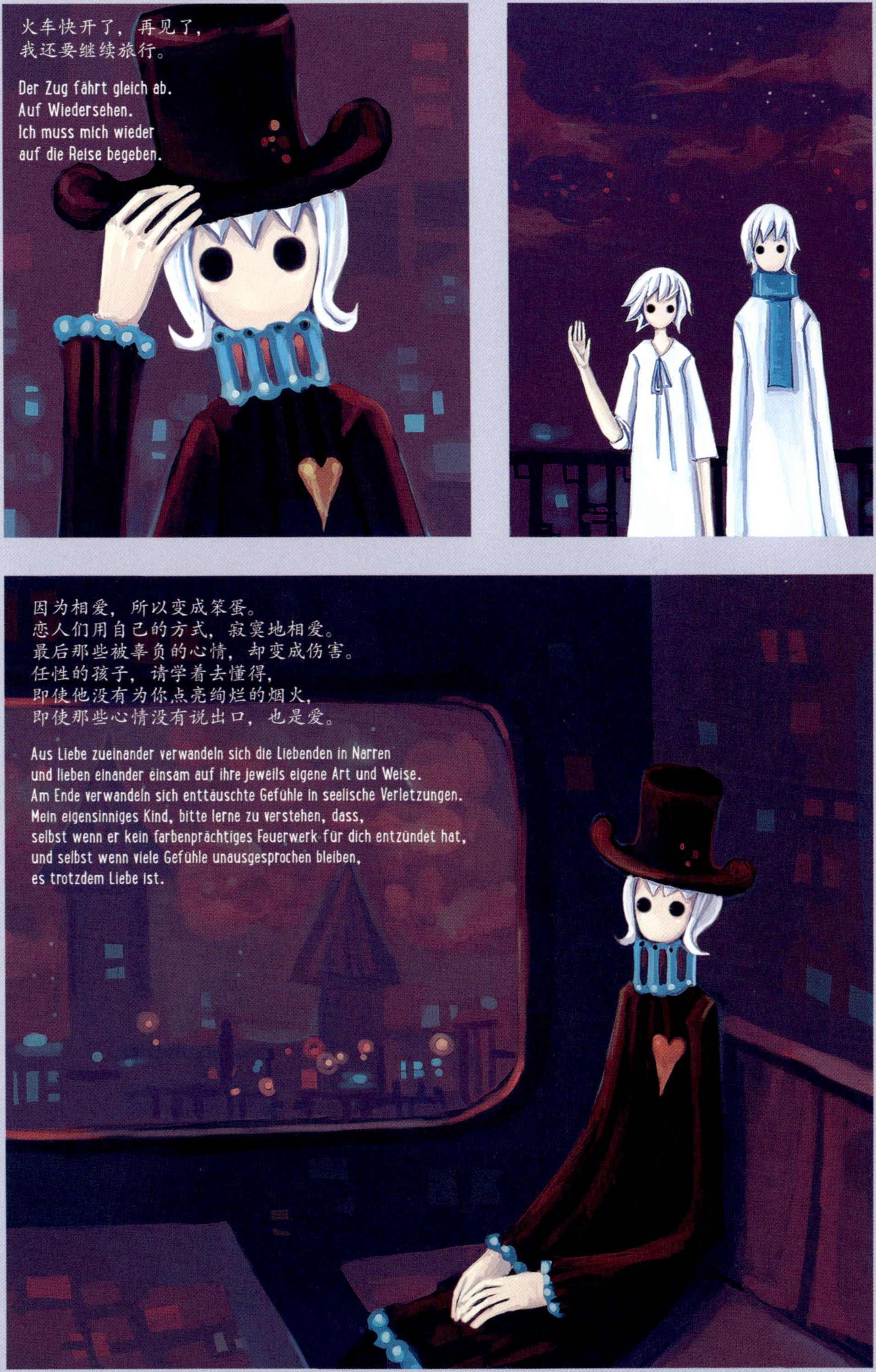
火车快开了，再见了，
我还要继续旅行。
Der Zug fährt gleich ab.
Auf Wiedersehen.
Ich muss mich wieder
auf die Reise begeben.
因为相爱，所以变成笨蛋。
恋人们用自己的方式，寂寞地相爱。
最后那些被辜负的心情，却变成伤害。
任性的孩子，请学着去懂得，
即使他没有为你点亮绚烂的烟火，
即使那些心情没有说出口，也是爱。
Aus Liebe zueinander verwandeln sich die Liebenden in Narren
und lieben einander einsam auf ihre jeweils eigene Art und Weise.
Am Ende verwandeln sich enttäuschte Gefühle in seelische Verletzungen.
Mein eigensinniges Kind, bitte lerne zu verstehen, dass,
selbst wenn er kein farbenprächtiges Feuerwerk für dich entzündet hat,
und selbst wenn viele Gefühle unausgesprochen bleiben,
es trotzdem Liebe ist.

FIREWORKS

夏花

也许辜负了那些没有说出口的心情，最后都逃不过悲伤的惩罚。

画着画着，忽然觉得这个故事可能在旅途开始就已经结束。

女孩子生气地跑掉，然后等在雨里，一直地等待，从期待变成失望，然后再从失望变成生气。
男孩子终于到来的时候，手中的却不是她希望他表达爱的烟花，只是一壶无关紧要的咖啡。
她生气地打翻咖啡。咖啡洒了一地，也烫伤了她和他的掌心。
男孩子只是沉默，他不会告诉她他在背后为她所做的一切，只让她自己去感受。
于是他们在那个下着雨的夜晚分手。她从此不再喝咖啡。
他们的故事就那样结束。女孩忽略了那些没有被他说出口的感情。
然后他们走上各自的人生。

她把关于他的记忆统统埋葬，偶尔和朋友谈起自己的爱情经历，想起他的时候，她总是带着轻蔑的笑容说，那是个冷漠的家伙。

Sommerblumen

Auch wenn man sich weigert, den unausgesprochenen Gefühlen gerecht zu werden, wird man letzten Endes der Strafe durch Trauer doch nicht entrinnen können.

Während ich so drauf los zeichnete, beschlich mich plötzlich das Gefühl, dass diese Geschichte eigentlich schon zu Beginn der Reise bereits ein Ende gefunden haben könnte.

Das Mädchen rannte wütend weg. Anschliessend wartete sie im Regen stehend auf ihn, und sie wartete und wartete, und langsam verwandelte sich ihre Erwartung in Enttäuschung, bis sich dann ihre Enttäuschung auch noch in blanken Zorn verwandelte.
Als der Junge endlich eintraf, hatte er nicht das von ihr als Liebesbeweis erhoffte Feuerwerk dabei, sondern nur eine nutzlose Kanne Kaffee.
In einem Wutanfall kippte sie die Kaffeekanne um. Der Kaffee verteilte sich spritzend überall auf dem Boden und die beiden verbrühten sich auch noch ihre Handflächen.
Der Junge schwieg zu allem, er wusste nicht, wie er ihr sagen sollte, was er im Hintergrund von ihr unbeachtet alles für sie getan hatte. Also vertraute er darauf, dass sie es selbst erspüren würde.
Daraufhin trennten sich die beiden an jenem regnerischen Abend. Sie sollte von nun an nie mehr Kaffee trinken.
Ihre gemeinsame Geschichte gelangte auf diese Weise an ihr Ende.
Das Mädchen ignorierte all jene Gefühle, die er unausgesprochen gelassen hatte.
Anschliessend machte sich ein jeder von ihnen unabhängig voneinander dazu auf, das eigene Leben fortzuschreiben.

Sie hatte sämtliche Erinnerungen an ihn in den Tiefen ihres Gedächtnisses vergraben.
Wenn sie gelegentlich mit Freunden über ihre Erfahrungen mit der Liebe sprach, und dabei an ihn denken musste, meinte sie immer mit einem abschätzigen Lächeln, er sein ein gefühlskalter Kerl gewesen.

那个冷漠的家伙，曾经让她独自在雨中等的人，忘了就好。

时间过得很快，她真的就彻底地忘记了他。很多很多年以后，那个女生结婚了，有了自己的孩子。某年夏天，在一个下着雨的夜晚，她的孩子吵着要看烟花；她微笑着望着孩子，毕竟是自己的孩子，继承了自己那么多，包括任性。

于是她带着孩子去买烟花，走了一家又一家，都没有。孩子依然哭闹着要烟花，寻找烟花的路长得不可思议。她累得筋疲力尽。

街道的尽头还有一家小小的店，一位老人坐在那里。

她一脸疲惫地问，有烟花吗？

老太太说，有。

孩子的笑容终于舒展开来，高兴地从老太太手里接过烟花。她笑着说，自己已经跑遍了这个城市所有的店，只为了满足这个任性的孩子。

Sie täte gut daran, jenen ihr gegenüber so gleichgültigen Kerl, der sie einst im Regen habe stehen lassen, zu vergessen.

Die Zeit verging wie im Flug, und schliesslich hatte sie ihn wirklich völlig vergessen. Viele Jahre später hatte jenes Mädchen von einst geheiratet und ein Kind bekommen. In einem Jahr zur Sommerzeit an einem regnerischen Abend quengelte ihr Kind lautstark danach, ein Feuerwerk sehen zu wollen. Sie betrachtete lächelnd ihr Kind, das wirklich ganz das ihre war, es hatte so viel von ihr geerbt, einschliesslich ihres launenhaften Temperaments.

Also machte sie sich mit ihrem Kind im Schlepptau dazu auf, Feuerwerkskörper einzukaufen. Sie gingen von einem Geschäft zum nächsten, aber keines hatte Feuerwerkskörper im Angebot. Das Kind quengelte weiterhin weinend danach, ein Feuerwerk sehen zu wollen. Sie hatten auf der Suche nach Feuerwerkskörpern schon einen unvorstellbar langen Weg zurückgelegt. Sie war total erschöpft.

Am Ende der Strasse gab es noch einen ganz kleinen Laden, in dem eine alte Frau sass.

Mit müder Miene fragte sie die alte Frau, ob sie Feuerwerkskörper da habe.

Die alte Frau antwortete mit einem Ja.

Endlich machte sich ein Lächeln auf dem Gesicht des Kindes breit, glücklich nahm es aus den Händen der alten Frau die Feuerwerkskörper in Empfang. Sie sagte lächelnd, sie hätte bereits sämtliche Geschäfte in dieser Stadt abgeklappert, nur um dieses launenhafte Kind zufriedenzustellen.

老太太抬起头，望着她的脸，慢慢地说，你知道为什么我的店里会有烟花吗？

因为很多年以前，有个疲惫的男孩子也是在一个下雨的夜晚跑到这里，问我有没有烟花。他说他已经跑遍这个城市所有的地方，他说，他要为一个任性的女孩买到烟花。可惜我没有烟花，他就哭了，哭得很伤心，然后低着头离开了。我看着他那失落的样子，非常后悔，从此以后，我每年进货都会进烟花，十多年过去了，你是第一个来买烟花的。

她愣在那里。也许辜负了那些没有说出口的心情，最后都逃不过悲伤的惩罚。

沉默不语的他在这个城市里悄然为她写下爱的词句，终于在很多很多年后被她读到。她靠在他曾经站着掉下眼泪的墙边，看着孩子在屋檐下点燃烟花，她的视线里一片明亮，火光暖暖地包围着她。很多他和她的，被她埋葬在心底的回忆，瞬间复活，咖啡甜甜的暖暖的味道，仿佛就在她的舌尖。

这个城市的雨越下越大，不知道什么时候才能停下来。夏日的烟火灿烂成一片，仿若美好的花朵，然后在瞬间燃烧殆尽，世界如同永夜一般寂寞。

Die alte Frau hob den Kopf, blickte ihr ins Gesicht und sagte langsam zu ihr: „Möchtest du wissen, warum ich in meinem Laden Feuerwerkskörper da habe?“

„Weil einmal vor vielen Jahren ein erschöpfter junger Mann ebenfalls an einem regnerischen Abend hier vorbeigelaufen kam und mich fragte, ob ich Feuerwerkskörper da hätte. Er sagte, er hätte bereits sämtliche Orte in der Stadt danach abgeklappert. Er erzählte, er müsse für ein launenhaftes Mädchen diese Feuerwerkskörper auftreiben. Leider hatte ich damals nichts dergleichen da. Er fing zu weinen an, und er weinte ganz schmerzerfüllt, dann ging er mit gesenktem Haupt fort. Ich nahm wahr, wie verzweifelt er war. Und ich bedauerte sehr, dass ich ihm nicht hatte helfen können. Von diesem Zeitpunkt an habe ich jedes Jahr Feuerwerkskörper eingekauft. Es sind seitdem mehr als zehn Jahre vergangen, und du bist die erste, die hierher kommt, um Feuerwerkskörper zu kaufen.“

Da blieb ihr vor Verblüffung die Sprache weg. Obwohl sie sich verweigert hatte, den unausgesprochenen Gefühlen gerecht zu werden, so hatte sie letzten Endes der Strafe durch die Trauer, die sie jetzt traf, doch nicht entrinnen können.

Er, der stets wortkarg gewesen war, hatte in dieser Stadt klammheimlich für sie Worte der Liebe niedergeschrieben, die sich erst viele Jahre später zu lesen bekommen sollte. Sie lehnte sich an die Hauswand, an der er einst gestanden und Tränen vergossen hatte, und beobachtete, wie ihr Kind unterhalb des Dachvorsprungs das Feuerwerk entzündete. In ihrem Sichtfeld wurde alles strahlend hell, der Widerschein der Flammen hüllte sie wärmend ein. Viele der Erinnerungen aus der gemeinsamen Zeit, die sie tief in ihrem Herzen vergraben hatte, erwachten augenblicklich zu neuem Leben. Es kam ihr so vor, als könnte sie den süsslichen und warmen Geschmack des Kaffees auf ihrer Zungenspitze schmecken.

Der Regen prasselte immer stärker auf die Stadt nieder, es war ungewiss, wann es endlich aufhören würde zu regnen.

Das sommerliche Feuerwerk erstrahlte zu einem leuchtenden Ganzen, einer wunderschönen Blüte gleich, brannte sogleich aus und verlosch augenblicklich. und die Welt versank wieder in einer einsamen Stille, so als würde diese Nacht ewig andauern.

一个人的路

MEIN WEG

Allein unterwegs

这篇不成熟的故事，
是《MY WAY》的开始。
戴礼帽的小人是在学校的某个下午，
拿起笔自然地就画了出来。
最初的小人脸比较圆，
一脸幼稚的样子。

Die folgende unausgegorene Geschichte
markiert den Beginn der Reihe „Mein Weg".
Eines Nachmittags in der Schule habe ich einen Stift zur Hand genommen
und ohne gross nachzudenken, wie ganz selbstverständlich, damit
begeonnen, den jungen Mann mit dem Zylinderhut zu zeichnen.
Die ersten Entwürfe des jungen Mannes zeigen ein eher rundes und
kindliches Gesicht.

那时候总是一个人坐84路公交车，
来回于家和学校之间，
单纯地想把一路上散漫的想法画下来，
用自由的文字写下简单的心情。

Damals nahm ich immer den Bus Nummer 84, um von meinem Zuhause
zur Schule und zurück zu fahren.
Ich wollte einfach nur einige verstreute Gedanken, die mir während
der Busfahrten in den Sinn gekommen waren, zu Papier bringen und in
ungezwungenen Worten einfache Stimmungen niederschreiben.

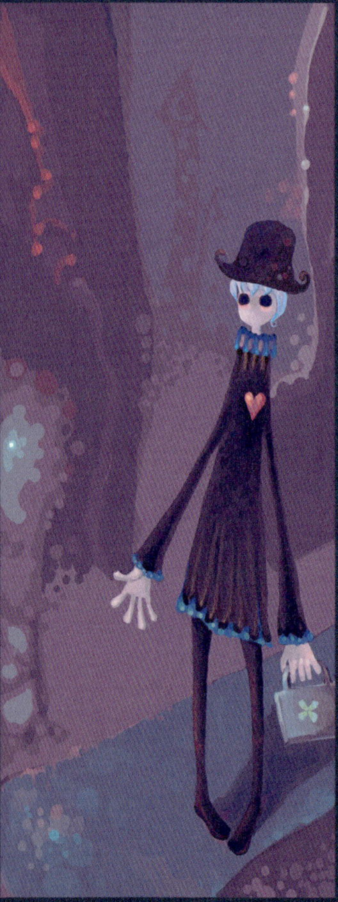

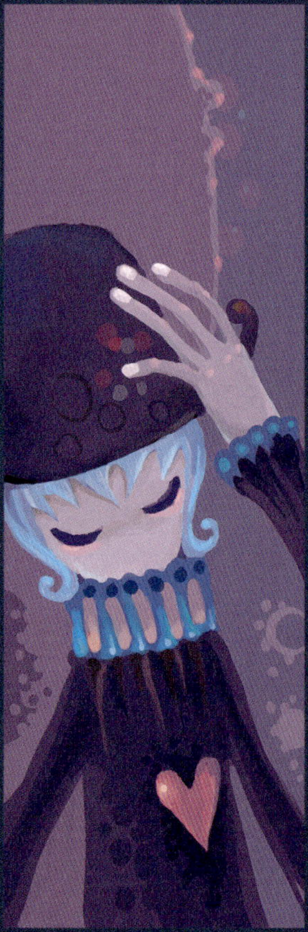

夜里，独自起程。
亲吻安睡的晨雾。

心里装着关于谁的幸福。
踏上一个人的路。

一片叶的凋落，
一个人的冬季。

风景后退了，
心中纠结了，
那些微蓝的景色，
在陌生的喧哗中继续。

Noch mitten in der Nacht breche ich auf und küsse
den friedlich schlummernden Morgennebel.

In meinem Herz trage ich ein Glücksgefühl mit
mir, das einem bestimmten Menschen gilt,
und ich mache mich ganz allein auf meinen Weg.

Ein Haufen welken Laubes bedeckt die Erde.
Ich verbringe einen Winter in Einsamkeit.

Die vertraute Landschaft hat sich zurückgezogen.
In meinem Herzen breiten sich Trübsal und ein
Gefühl der Verlorenheit aus.
Die in ein leichtes Blau gehüllten Landschaften
breiten sich weiter vor einer unvertrauten Lärm-
kulisse aus.

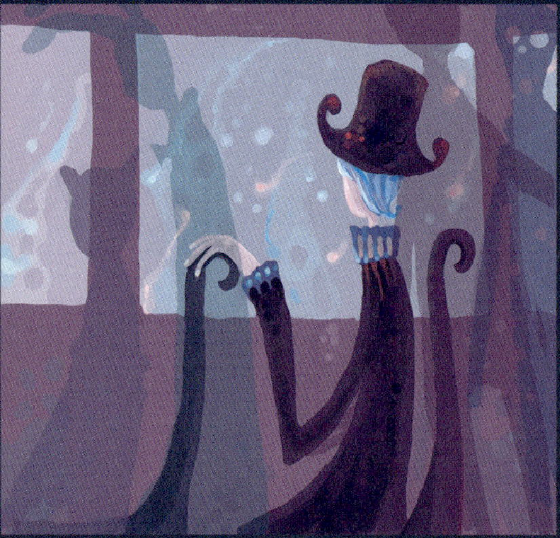

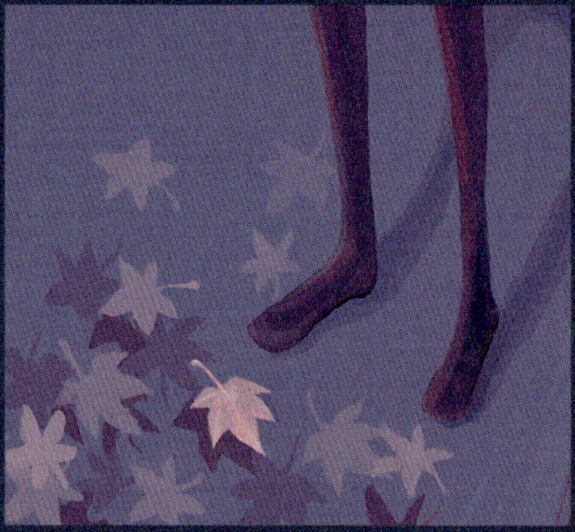

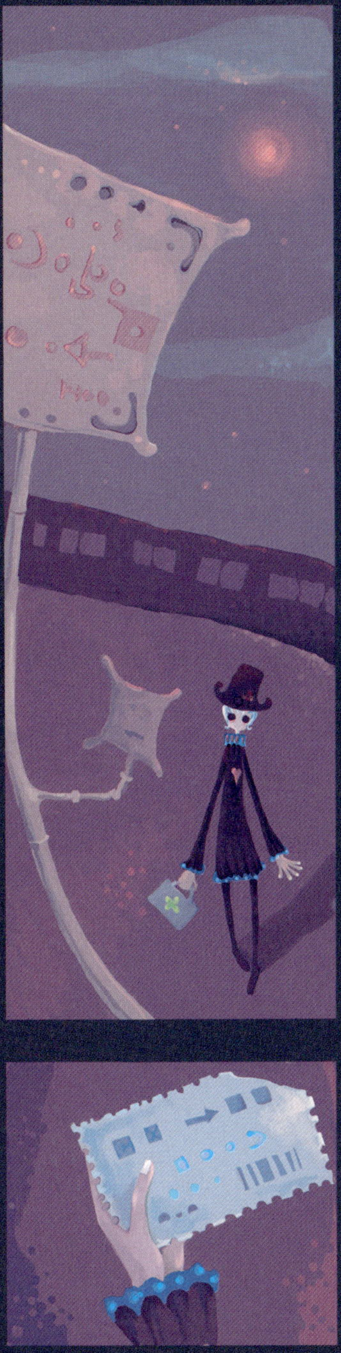

这是不回头的列车，
车票被剪掉一角后，
就没有权利后悔。
逃亡过一个季节，
一个昨天。

下一站到哪里？
下一站到哪里……

我闭上眼睛。
做一个梦吧。
明天到来时，
离终点会近一点。

Es ist ein Zug ohne Rückfahrt.
Sobald der Fahrschein durch das Abschneiden
einer Ecke entwertet worden ist, besitzt
man kein Anrecht mehr darauf, zu bereuen.
Ich bin vor einer Jahreszeit geflohen
und vor dem Gestern.

Zu welcher nächsten Haltestelle
bringt uns wohl der Zug?
Wohin wohl ...

Ich schliesse die Augen.
Lasst uns träumen.
Wenn der morgige Tag anbricht,
wird die Endstation schon ein wenig
näher gekommen sein.

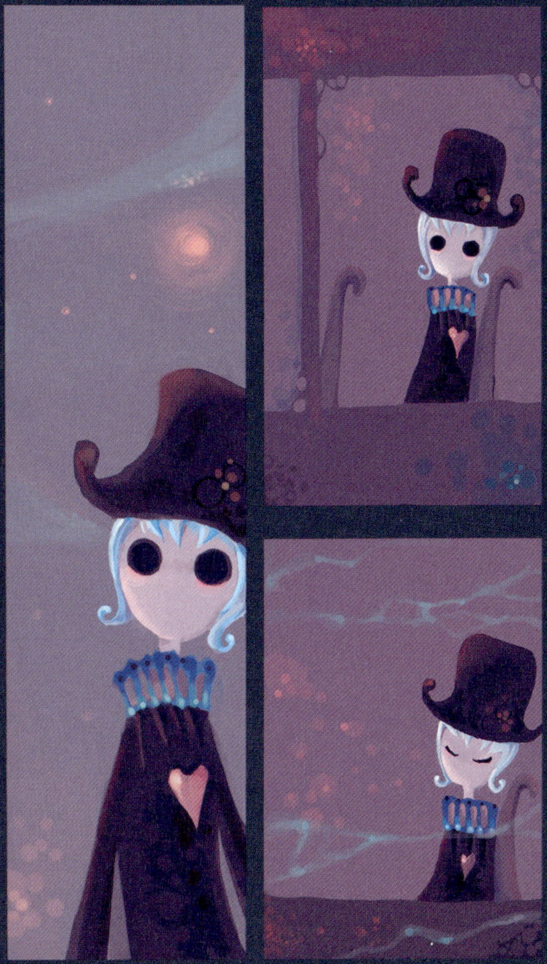

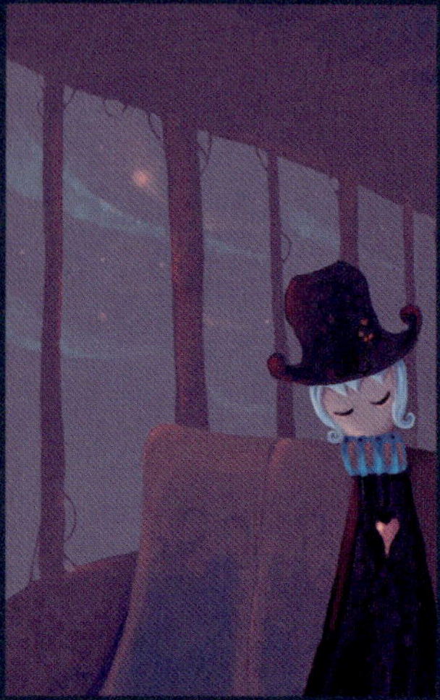

离开后的第一个早晨，
阳光有了熟悉的温暖。

安静地坐在一起吧，
像很早以前的日子，
我们不曾伤害彼此。

Am ersten Morgen nach meiner Abreise
verströmte die Sonne eine vertraute Wärme.

Lasst uns ruhig und friedlich beieinander sitzen,
so wie in früheren Tagen,
als wir einander noch nicht verletzt haben.

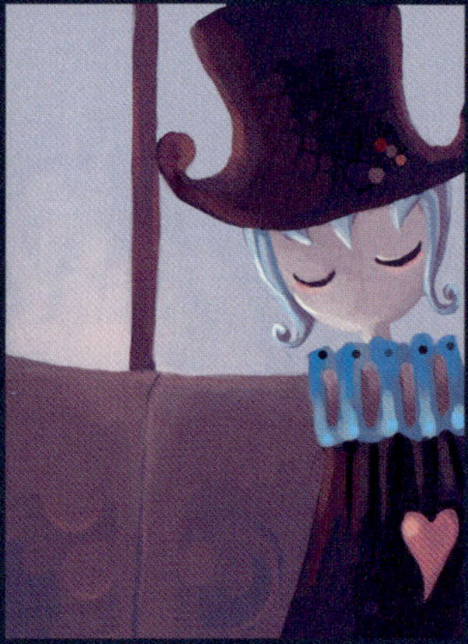

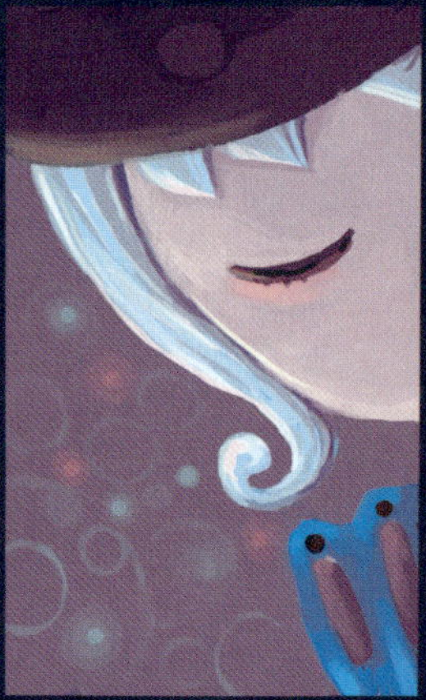

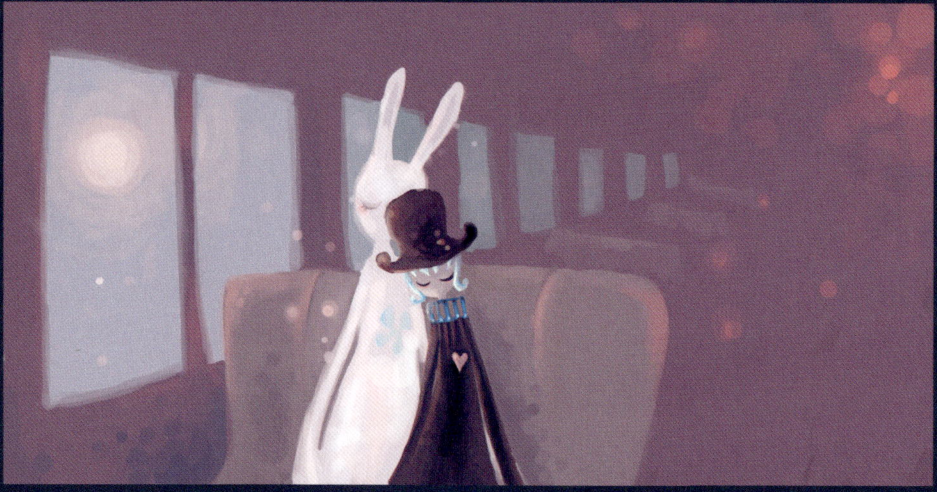

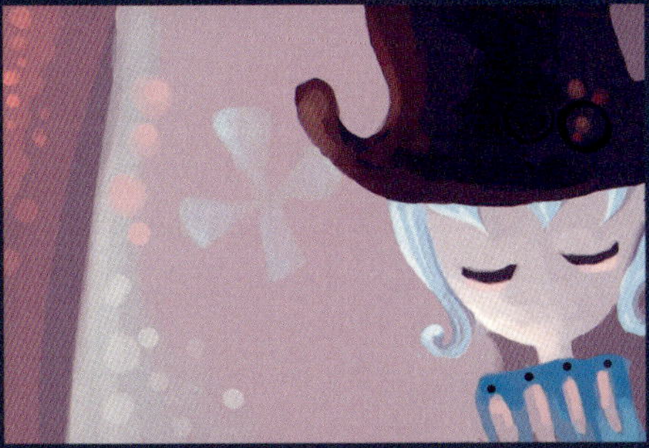

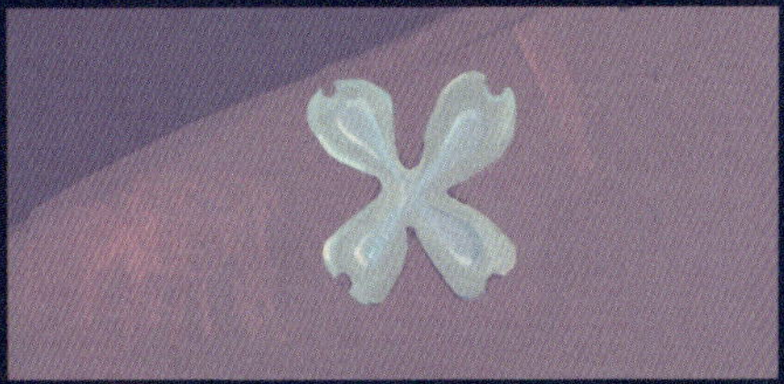

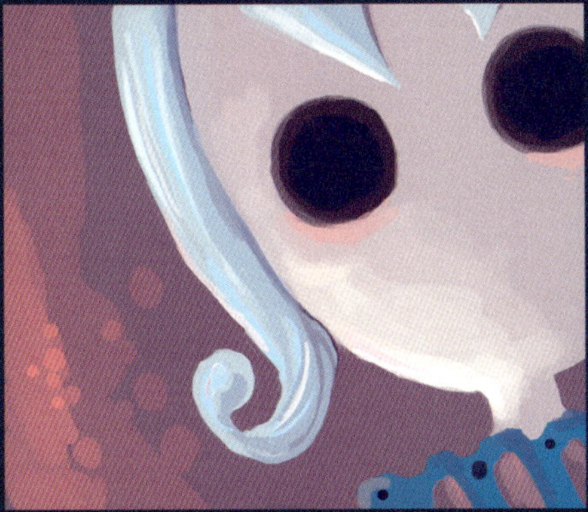

我忘记你已经离开，
再不回来。
即使在回忆里触摸到，
你柔软的发梢，
在梦醒来前的瞬间，
忘记伤害，不哭泣。

幸福要各自去寻找，
最后会习惯一个人的风景。
那么久以后，
我终于学会微笑着想你。
学会一个人，
也要将生活继续。

Ich habe ganz vergessen, dass du bereits fort bist und niemals wiederkommen wirst.
Selbst in der Erinnerung kann ich mir noch deutlich wachrufen, wie es war, deine weichen Haarspitzen zu berühren.
In dem kurzen Moment, bevor ich aus dem Trau erwache, kann ich allen Kummer vergessen und muss nicht mehr weinen.

Das eigene Glück muss ein jeder selbst finden.
Irgendwann habe ich mich daran gewöhnt, allein in der Landschaft zu sein.
Nach so langer Zeit gelingt es mir endlich, zu lächeln, wenn ich mich an dich erinnere.
Und ich habe gelernt, dass das Leben auch ohne dich, auf mich allein gestellt, weitergehen muss.

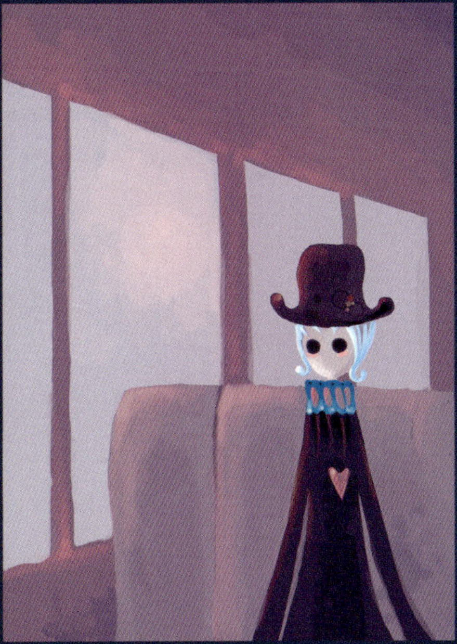

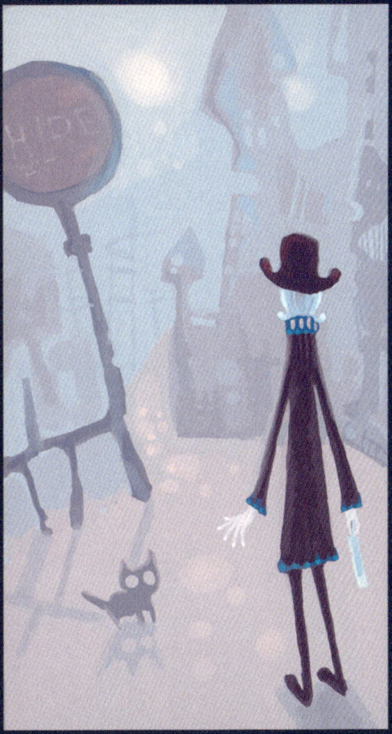

一个人到达陌生城市的清晨。
在咖啡的温暖中，
找到一点熟悉的温度。

Eines frühen Morgens komme ich in einer fremden Stadt an.
In der Wärme des Kaffees finde ich etwas Vertrautheit.

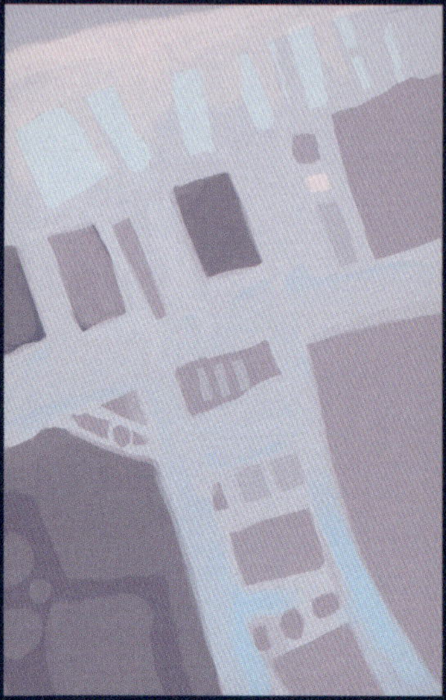

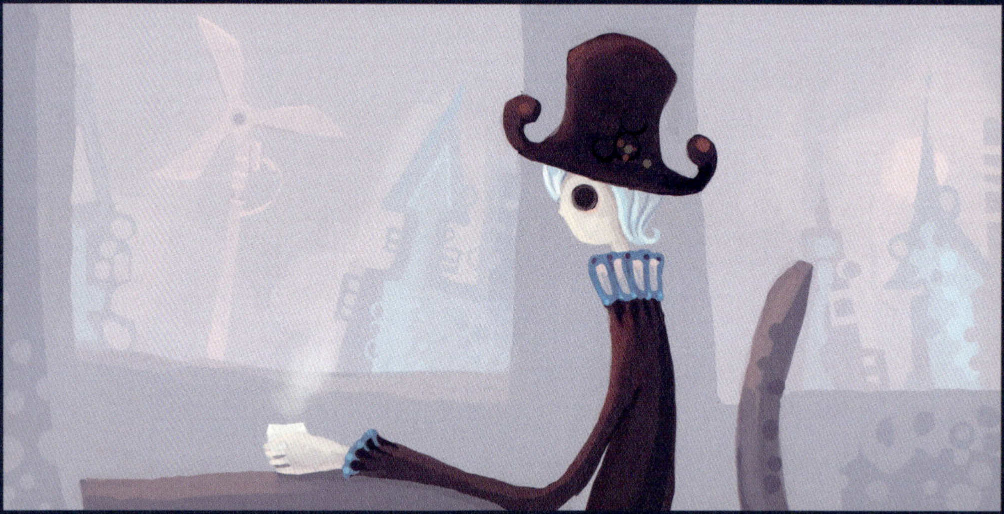

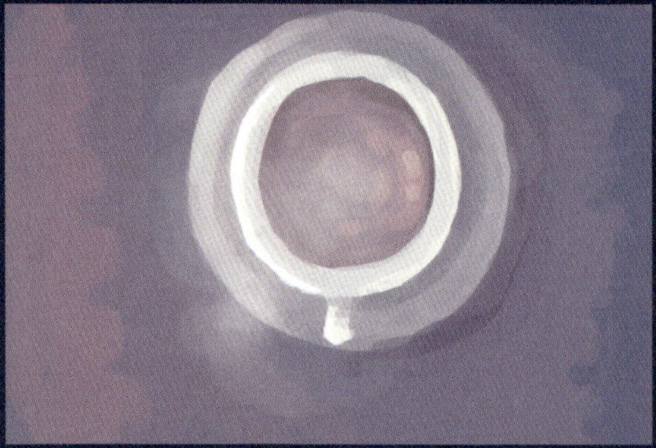

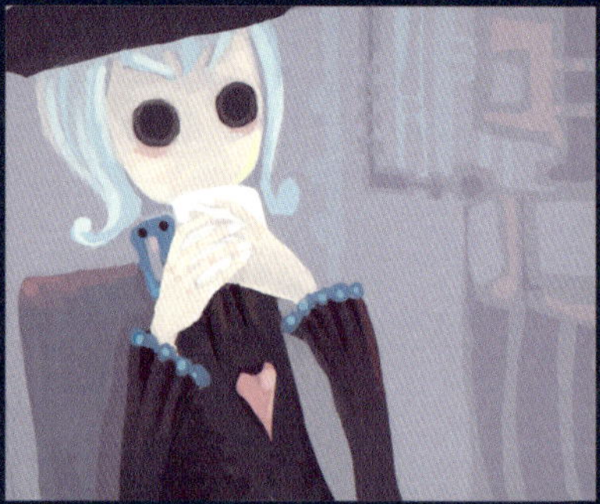

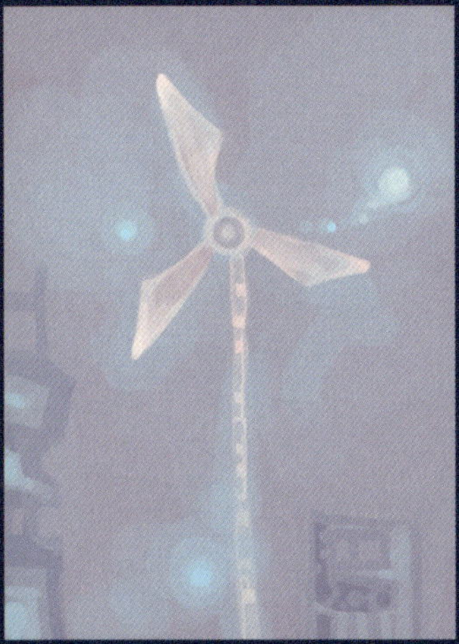

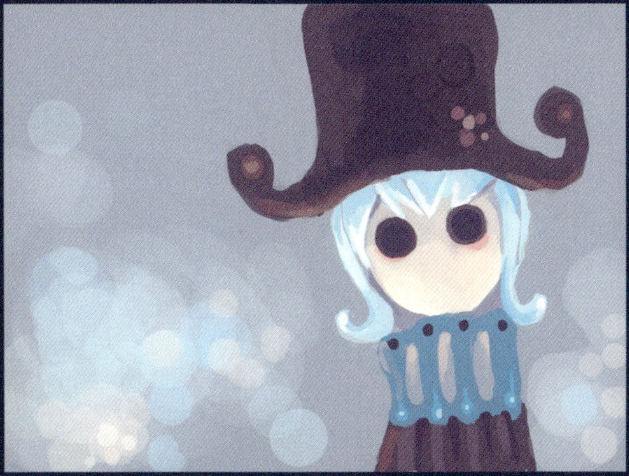

红色的风车，在清晨的雾气里。
我不喜欢有雾的天气，
因为会看不清前进的道路。

Rote Windräder im Morgennebel.
Ich mag kein nebliges Wetter,
denn dann kann ich den Weg, der vor mir liegt, nicht klar erkennen.

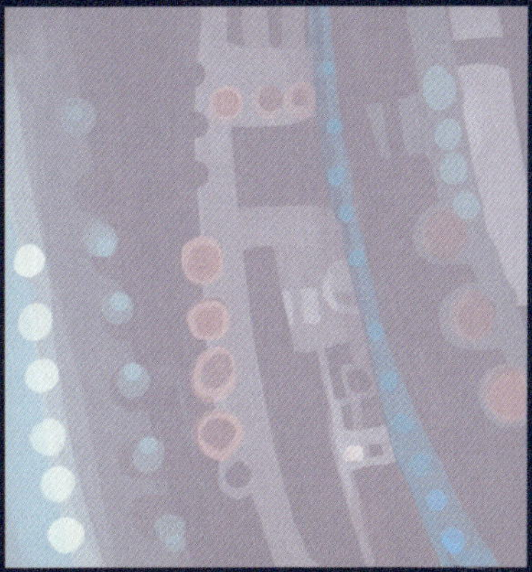

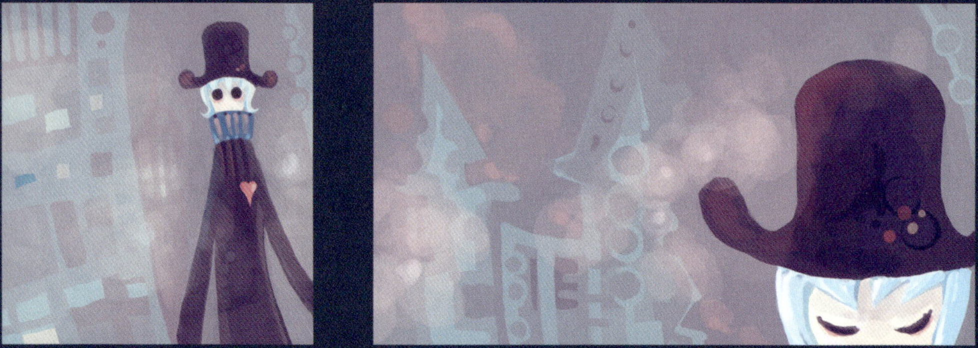

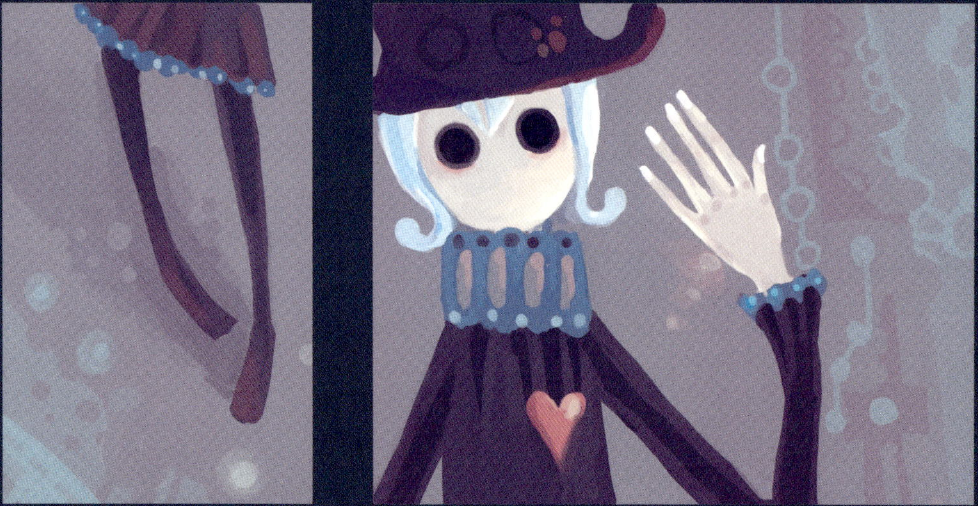

掌心的生命线，
把未来带到什么地方？

也许应该感激，
每个有雾的天气。
雾气散去后，也许……

In was für eine Zukunft führen mich wohl die
Lebenslinien auf meinen Handflächen?

Vielleicht sollte man dankbar sein
für jeden nebligen Tag.
Denn nachdem sich der Nebel gelichtet hat,
...

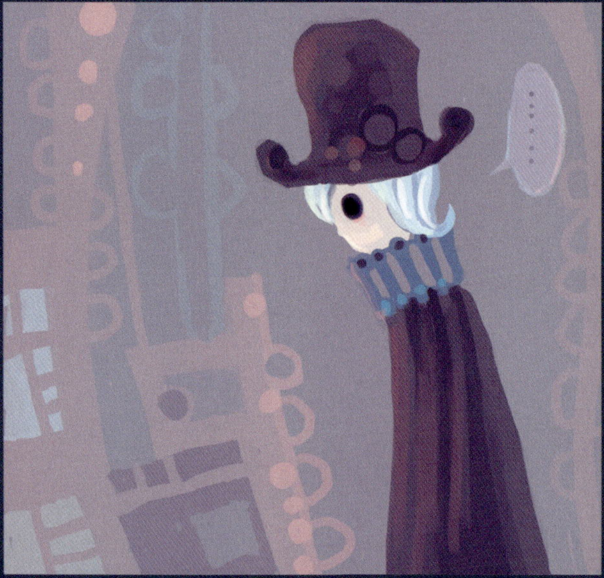

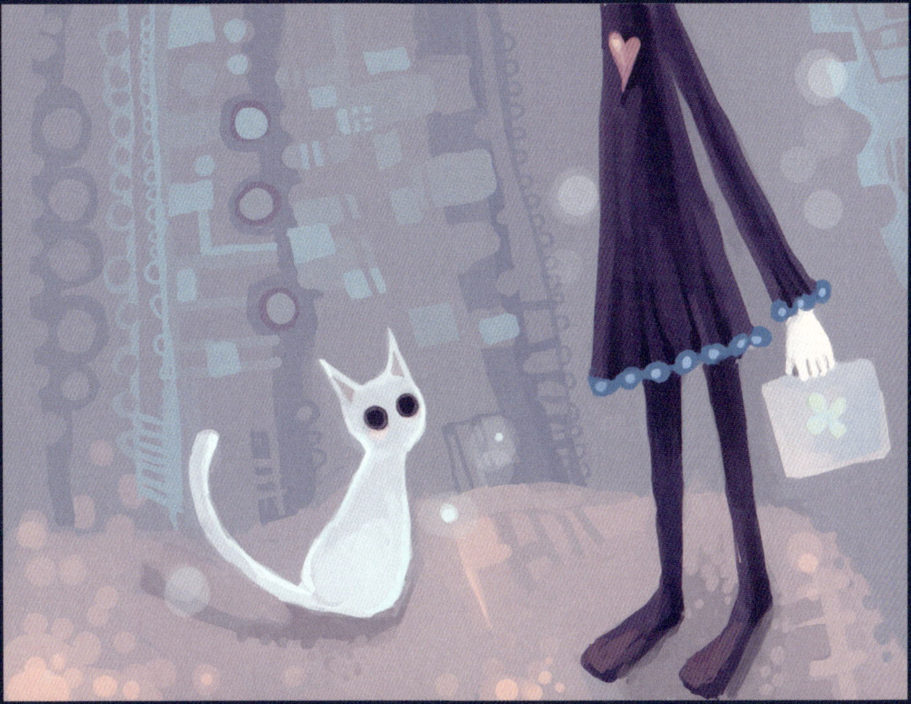

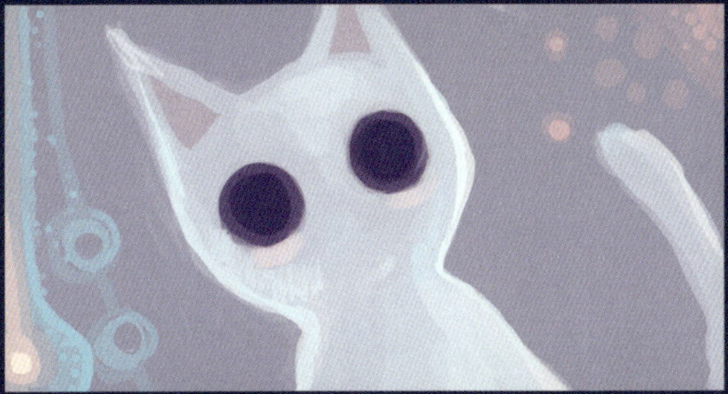

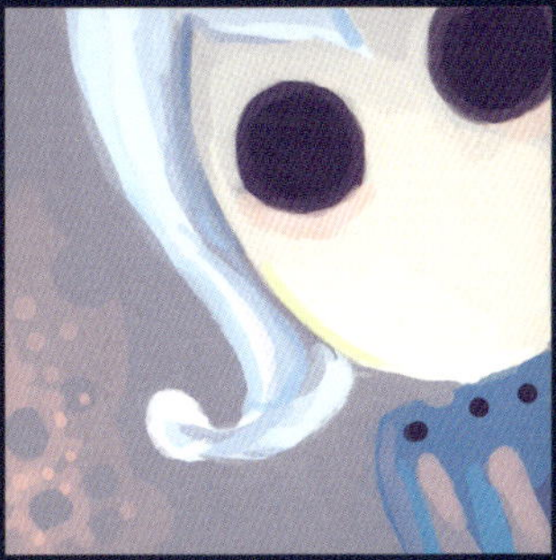

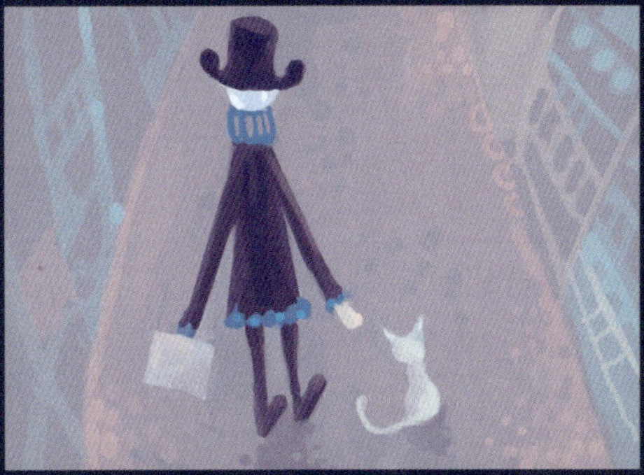

也许会有惊喜，在街道的拐角，
安静地等待着你。

erscheint vielleicht eine freudige Überraschung,
die an einer Strassenecke still auf einen gewartet hat.

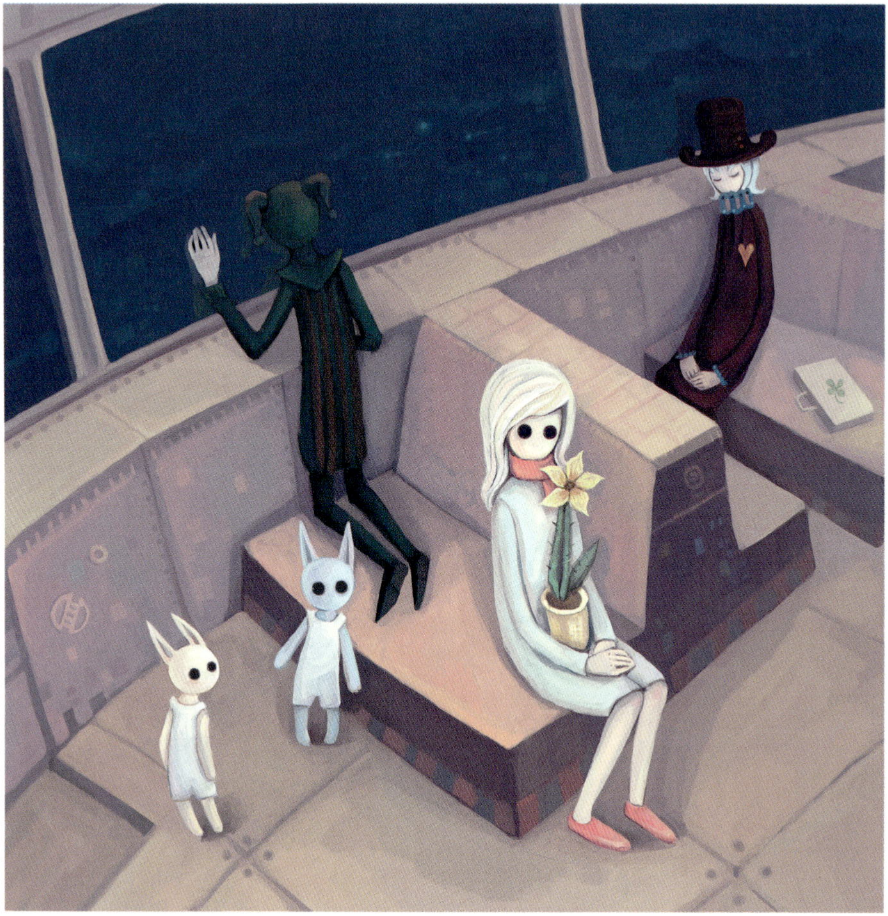

后记

这样的幸福

其实到今天为止，都觉得能在杂志上连载，能出书，感觉很不可思议，我真的觉得自己是世界上最幸福的人了。自己都不太能相信。

从小学开始，就经常因为上课乱涂鸦被老师叫到后面罚站，加上我成绩一向都不好，连自己写的人生计划书都被嘲笑“你这样的人怎么可能实现”。

那时候我觉得成绩不好的考卷就是全世界的烦恼，一步一步上楼梯般的沉重。

最严厉的一次伤害也是发生在我上课画画被老师没收后。她开始请全班同学举手揭发我的不是，从忘记戴红领巾到没穿校服这样的小事，都被一一数落。我站在自己的位置上低着头，恨不得就那样消失掉。

那时候我只是个小学五年级的孩子。于是我就认为自己真的是个一无是处的孩子。

那种自卑感到现在都不能完全消失。

高中以后，来到成都和妈妈一起生活，事情逐渐开始有了变化。

也许那时候觉得自己一无所有，就对很多事都看得开。因为成绩不好不能上普通高中，就去了自己喜欢的美术职高。现在回想起来，曾经是命运安排的折磨，统统都变成了幸福的铺垫。因为念美术学校，所以欣喜地发现，原来在这里上课画画是一种传统美德。

上了大学以后，发现世界上有一种叫涂鸦的东西，很神奇。在网络里，认识了很多涂鸦的朋友，然后就开始投稿，发表作品。

《MY WAY》第一次刊登的时候，我揣着它在书包里，挤在校车上——那是多么奇妙的感觉，只是小小的一点成就，心里却觉得无限温暖。现在有时候赶稿子赶到天亮，出去买早点的时候都忍不住傻笑着望着天空，觉得老天爷对我真好，真好。

大学里的一位外语老师在最后一次为我们上课的时候说："无论以后你们追求什么，记得要让自己觉得幸福。"

我在下面拼命地点头。

因为一直画画，所以变得幸福起来了。而且也想把这样的幸福，和拿着这本书的你分享，无论我们曾经是什么，甚至被大家认为一无是处，但只要一步步地走下去，就一定能触摸到属于自己的幸福。

寂地　2004年8月于成都

Nachwort

Welch ein Glück

Tatsächlich fühlt es sich bis zum heutigen Tag ziemlich unglaublich an, dass ich in Zeitschriften seriell veröffentlichen und Bücher publizieren kann. Ich komme mir wirklich vor wie der glücklichste Mensch auf Erden und kann das Ganze immer noch nicht ganz glauben.

Mit Beginn der Primarschulzeit wurde ich, weil ich während des Unterrichts Bilder vor mich hin kritzelte, vom Lehrer häufig dadurch bestraft, dass ich im Klassenraum hinten in einer Ecke stehen musste. Es kam noch hinzu, dass meine Schulleistungen immer allesamt schlecht waren. Für einen Aufsatz über die Ziele, die ich mir für mein Leben setzen wollte, erntete ich auch noch Hohn und Spott, und mir wurde gesagt: „Wie soll jemand wie du so etwas jemals verwirklichen können?"

Damals kam es mir so vor, als ob Prüfungsbogen mit schlechten Noten darauf die gesamte Trübsal in der Welt ausmachen würden, und all dies lastete so schwer auf mir, dass es sich so anfühlte, als ob ich eine Treppe hinaufsteigen müsse, wobei sich jeder Schritt schwerer anfühlte als der davor.

Die schlimmste Verletzung entstand ebenfalls einmal, nachdem die Lehrerin einmal eine während des Unterrichts gemalte Zeichnung konfisziert hatte. Sie forderte alle Mitschüler der Klasse dazu auf, aufzustrecken, um meine Fehler und Unzulänglichkeiten offenzulegen. Ich wurde für Lappalien, die vom Vergessen des Umbinden des roten Halstuchs der Jungpioniere bis zum Unterlassen des Tragens der Schuluniform reichten, welche der Reihe nach vorgebracht wurden, zur Schnecke gemacht. Ich stand gesenkten Hauptes an meinem Platz und wäre am liebsten im Boden versunken.

Zu jener Zeit war ich erst ein Schulkind in der fünften Klasse der Grundschule. Als Folge davon glaubte ich wirklich, ein Kind zu sein, das zu nichts taugte. Diese Minderwertigkeitsgefühle sind bis heute immer noch nicht vollständig verschwunden.

Ab der Mittelschulzeit, als ich nach Chengdu gekommen bin, um bei meiner Mutter zu leben, hat sich allmählich alles zu wandeln begonnen.

Vielleicht gerade weil ich damals glaubte, keinerlei Stärken zu besitzen, habe ich viele Dinge gelassen hingenommen. Weil ich aufgrund meiner schlechten Schulleistungen keine normale Mittelschule besuchen konnte, bin ich auf eine Berufsmittelschule mit Kunstschwerpunkt gegangen, und das war genau das, was mir gefiel.

Wenn ich jetzt daran zurückdenke, so lassen sich alle Qualen, die das Schicksal einst für mich bereitgehalten hat, im Nachhinein als Vorzeichen für späteres Glück betrachten.

Nachdem ich auf die Universität gegangen bin, habe ich dann für mich die Welt der Graffitikunst entdeckt, ich war davon total fasziniert. Über das Internet habe ich mich mit vielen Leuten aus der Graffitiszene angefreundet. Anschliessend habe ich begonnen, meine Manuskripte bei Verlagen einzureichen und meine eigenen Werke zu publizieren.

Als „Mein Weg" erstmalig veröffentlicht worden ist, habe ich davon stets ein Exemplar in meiner Schultasche mit mir herumgetragen, während ich mit vielen anderen im Schulbus eingezwängt war. — Das war ein dermassen wunderbares Gefühl, ein kleines Erfolgserlebnis konnte schon ausreichen, um im Herzen ein unermessliches Gefühl der Wärme zu spüren.

Wenn ich jetzt manchmal, um einen Abgabetermin einhalten zu können, bis zum Morgengrauen durcharbeite und dann in den frühen Morgenstunden nach draussen gehe, um Frühstück zu kaufen, kann ich nicht anders, als mit einem närrischen Lachen in den Himmel aufzublicken und mir dabei zu denken, dass der Gott da oben es doch wirklich sehr gut mit mir gemeint hat.

Ein Fremdsprachenlehrer an der Universität hat in unserer letzten Unterrichtsstunde zu uns Studenten Folgendes gesagt: „Egal wonach ihr später einmal strebt, denkt daran, dass es euch dabei gelingen muss, glücklich zu sein." Ich habe bei diesem Ausspruch unterhalb der Rednertribüne im Saal nach Leibeskräften zustimmend mit dem Kopf genickt.

Weil ich immer weiter gezeichnet habe, ist aus mir ein sehr glücklicher Mensch geworden. Mein Wunsch ist es, dieses Glück mit euch zu teilen, die ihr dieses Buch in Händen haltet. Egal was wir früher einmal waren, und selbst wenn man von allen immer nur als ein Taugenichts angesehen worden ist, so müssen wir doch nichts anderes machen, als Schritt für Schritt immer weiterzugehen, und wir werden so bestimmt auf unser Glück stossen.

Jidi am 22. August des Jahres 2004, in Chengdu

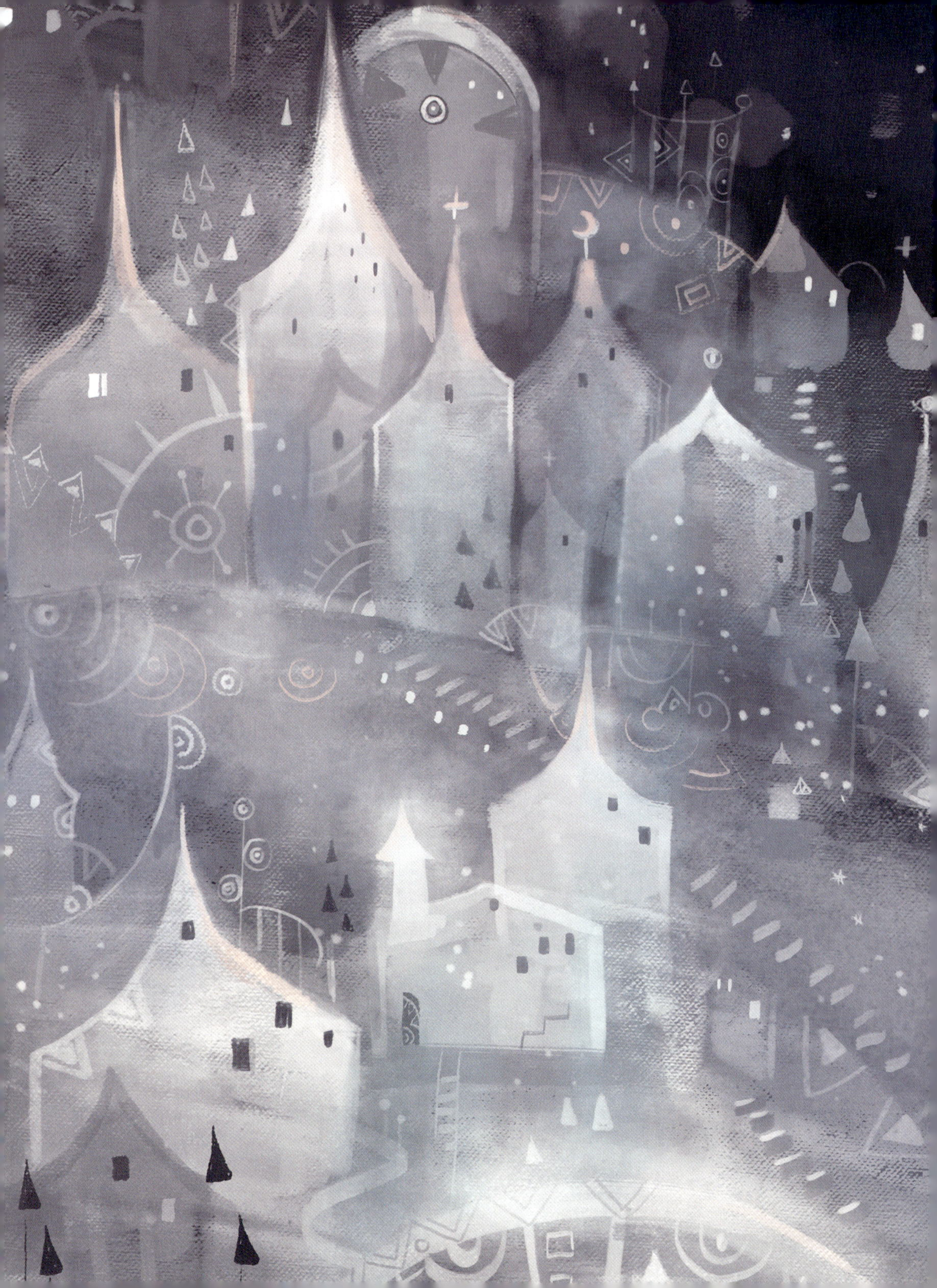

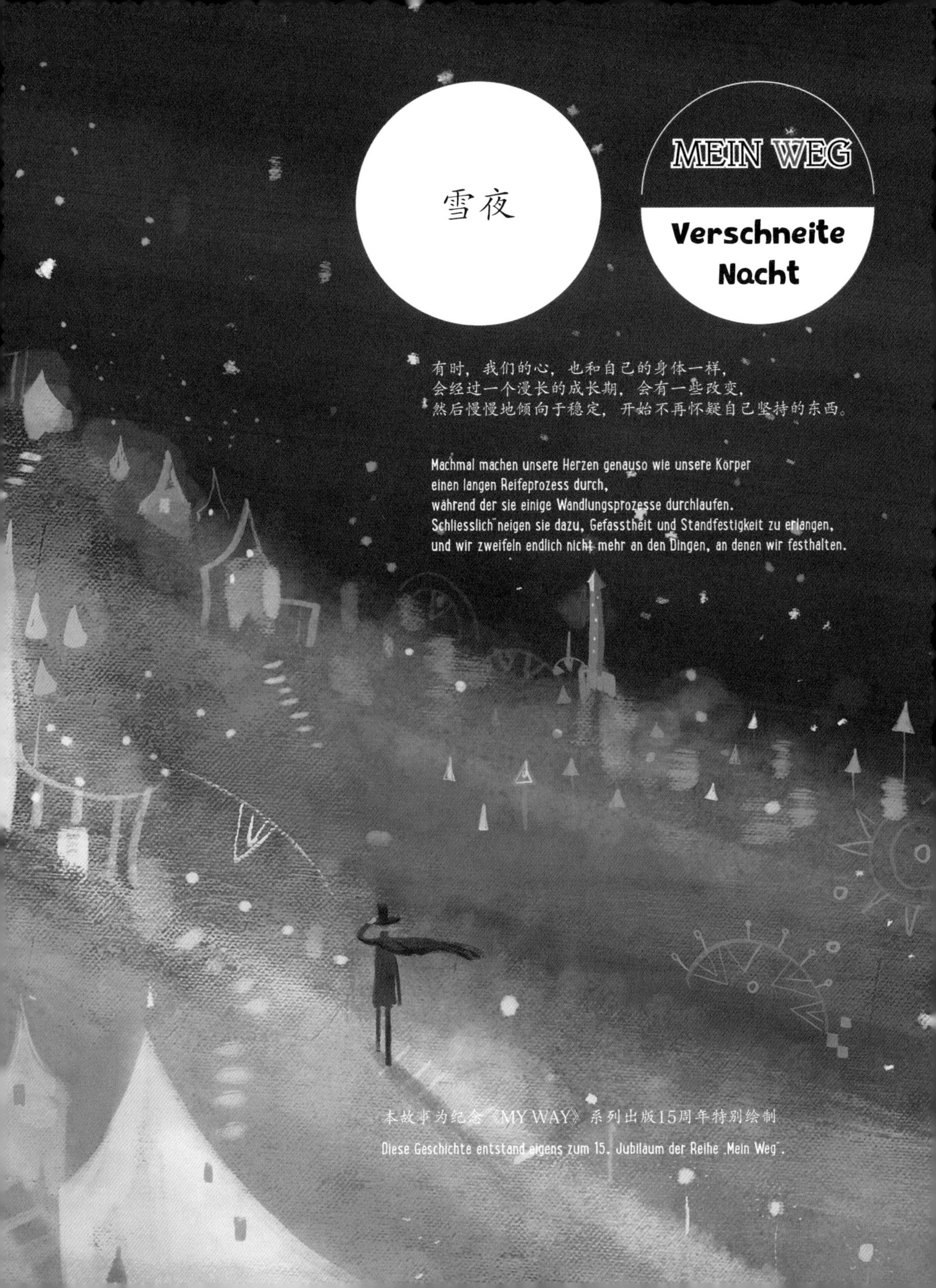

雪夜

MEIN WEG

Verschneite Nacht

有时，我们的心，也和自己的身体一样，
会经过一个漫长的成长期，会有一些改变，
然后慢慢地倾向于稳定，开始不再怀疑自己坚持的东西。

Machmal machen unsere Herzen genauso wie unsere Korper
einen langen Reifeprozess durch,
während der sie einige Wandlungsprozesse durchlaufen.
Schliesslich neigen sie dazu, Gefasstheit und Standfestigkeit zu erlangen,
und wir zweifeln endlich nicht mehr an den Dingen, an denen wir festhalten.

本故事为纪念《MY WAY》系列出版15周年特别绘制

Diese Geschichte entstand eigens zum 15. Jubiläum der Reihe „Mein Weg".

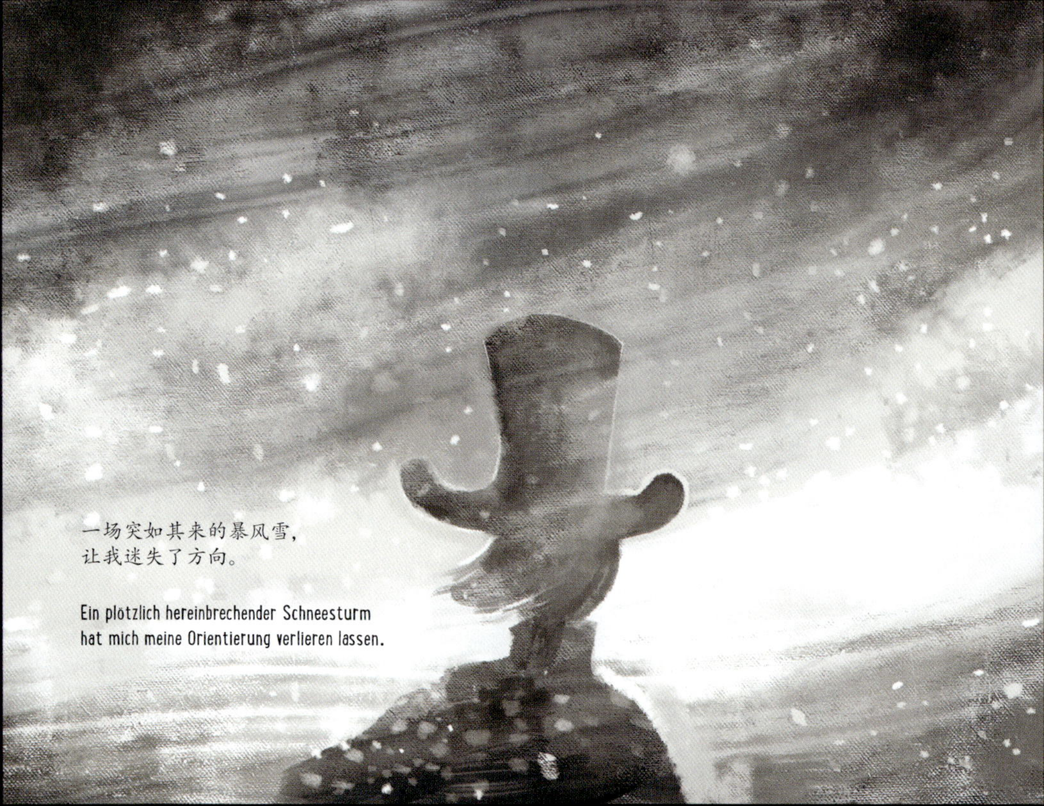
一场突如其来的暴风雪，
让我迷失了方向。
Ein plötzlich hereinbrechender Schneesturm
hat mich meine Orientierung verlieren lassen.

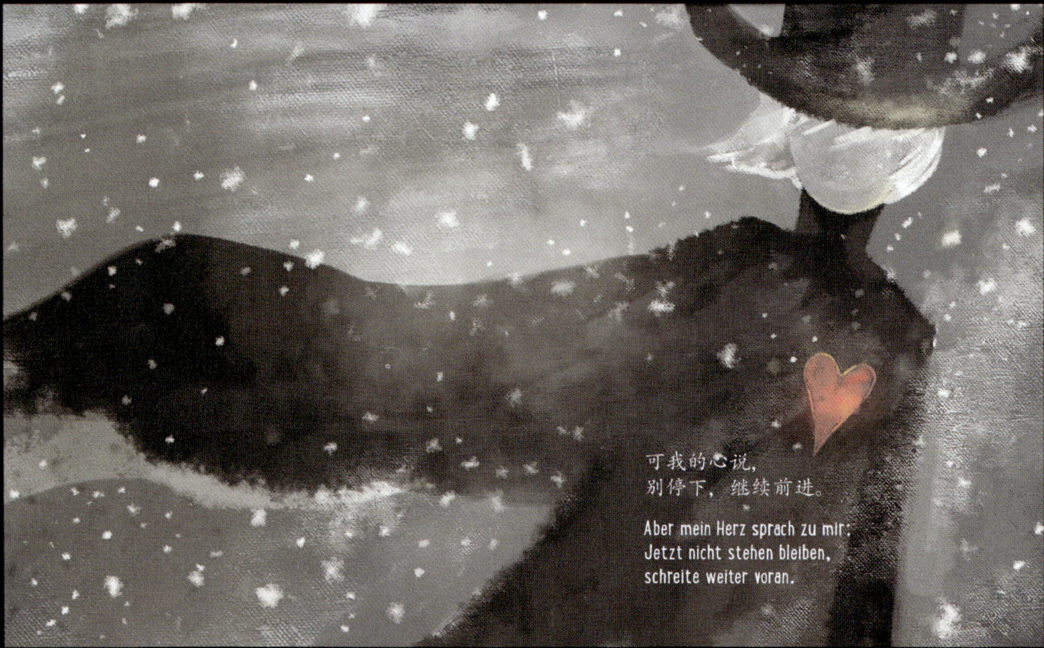
可我的心说，
别停下，继续前进。
Aber mein Herz sprach zu mir:
Jetzt nicht stehen bleiben,
schreite weiter voran.

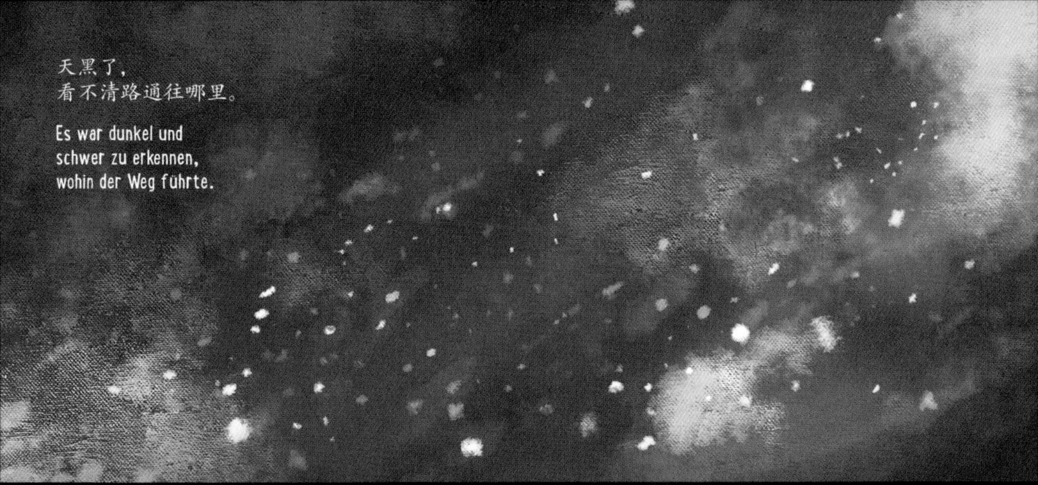
天黑了，
看不清路通往哪里。
Es war dunkel und
schwer zu erkennen,
wohin der Weg führte.

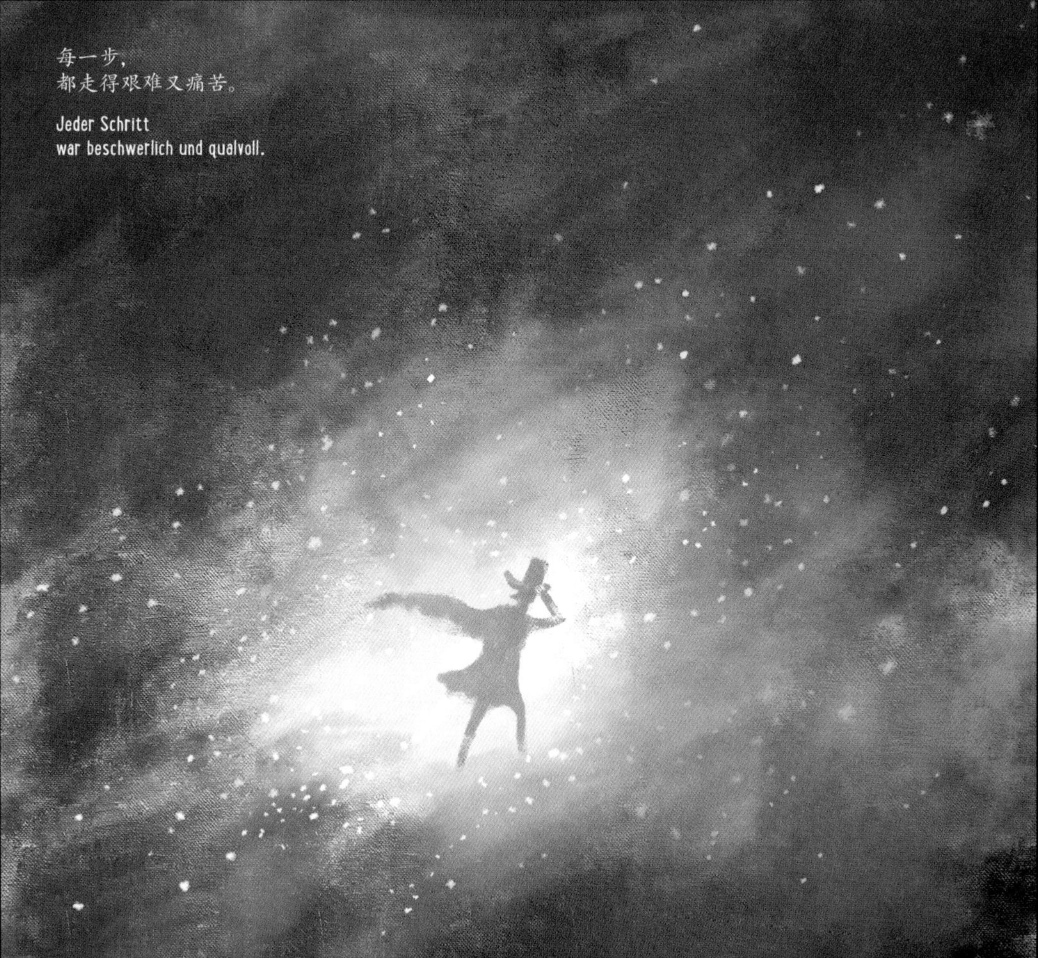
每一步，
都走得艰难又痛苦。
Jeder Schritt
war beschwerlich und qualvoll.

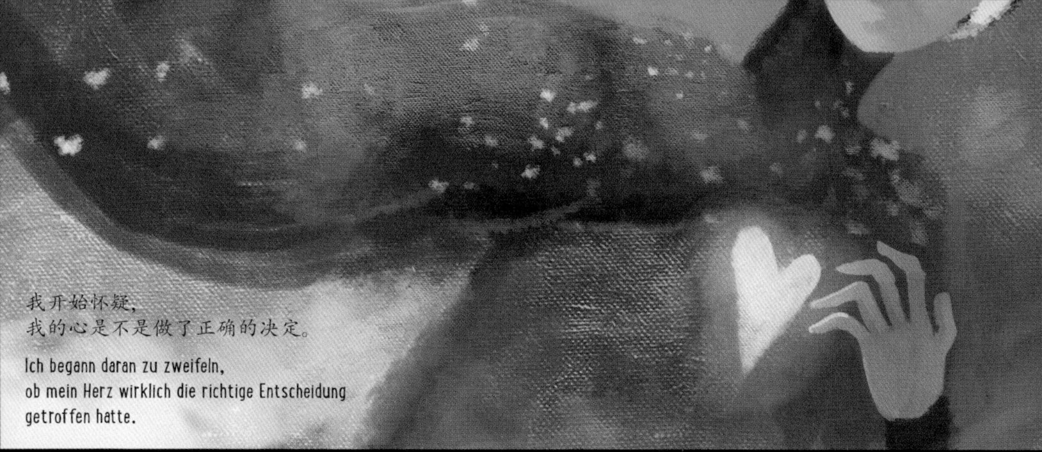

我开始怀疑，
我的心是不是做了正确的决定。

Ich begann daran zu zweifeln,
ob mein Herz wirklich die richtige Entscheidung
getroffen hatte.

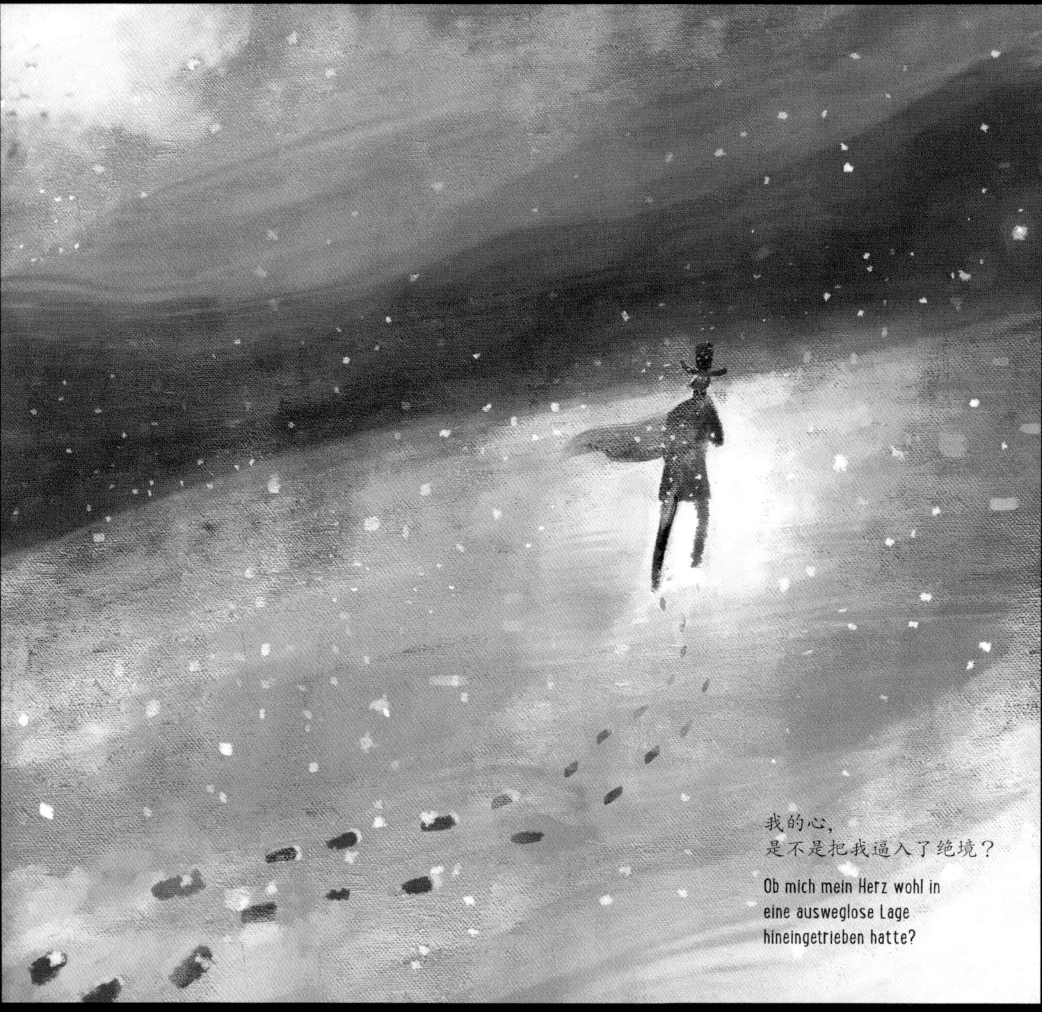

我的心，
是不是把我逼入了绝境？

Ob mich mein Herz wohl in
eine ausweglose Lage
hineingetrieben hatte?

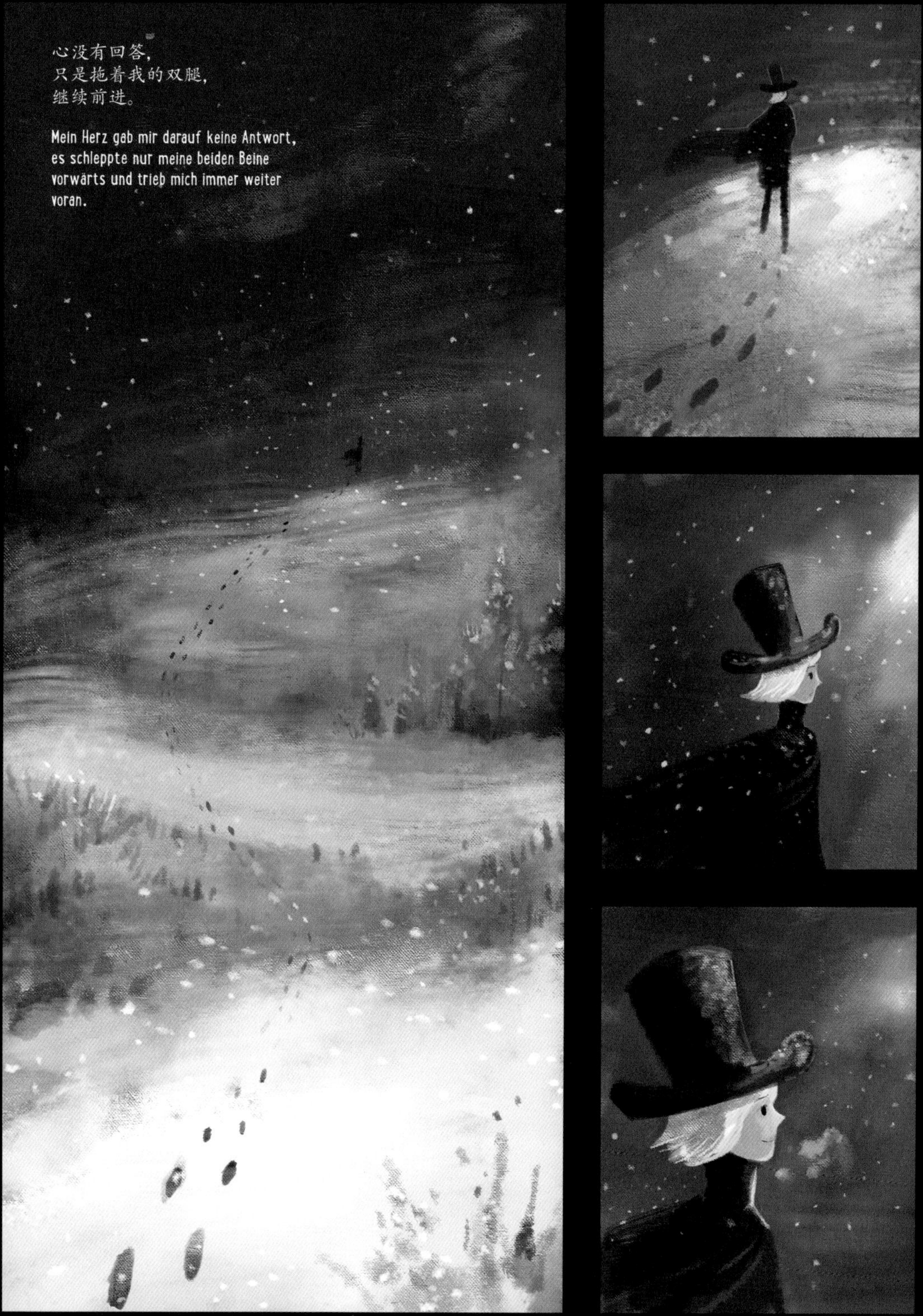
心没有回答，
只是拖着我的双腿，
继续前进。
Mein Herz gab mir darauf keine Antwort, es schleppte nur meine beiden Beine vorwärts und trieb mich immer weiter voran.

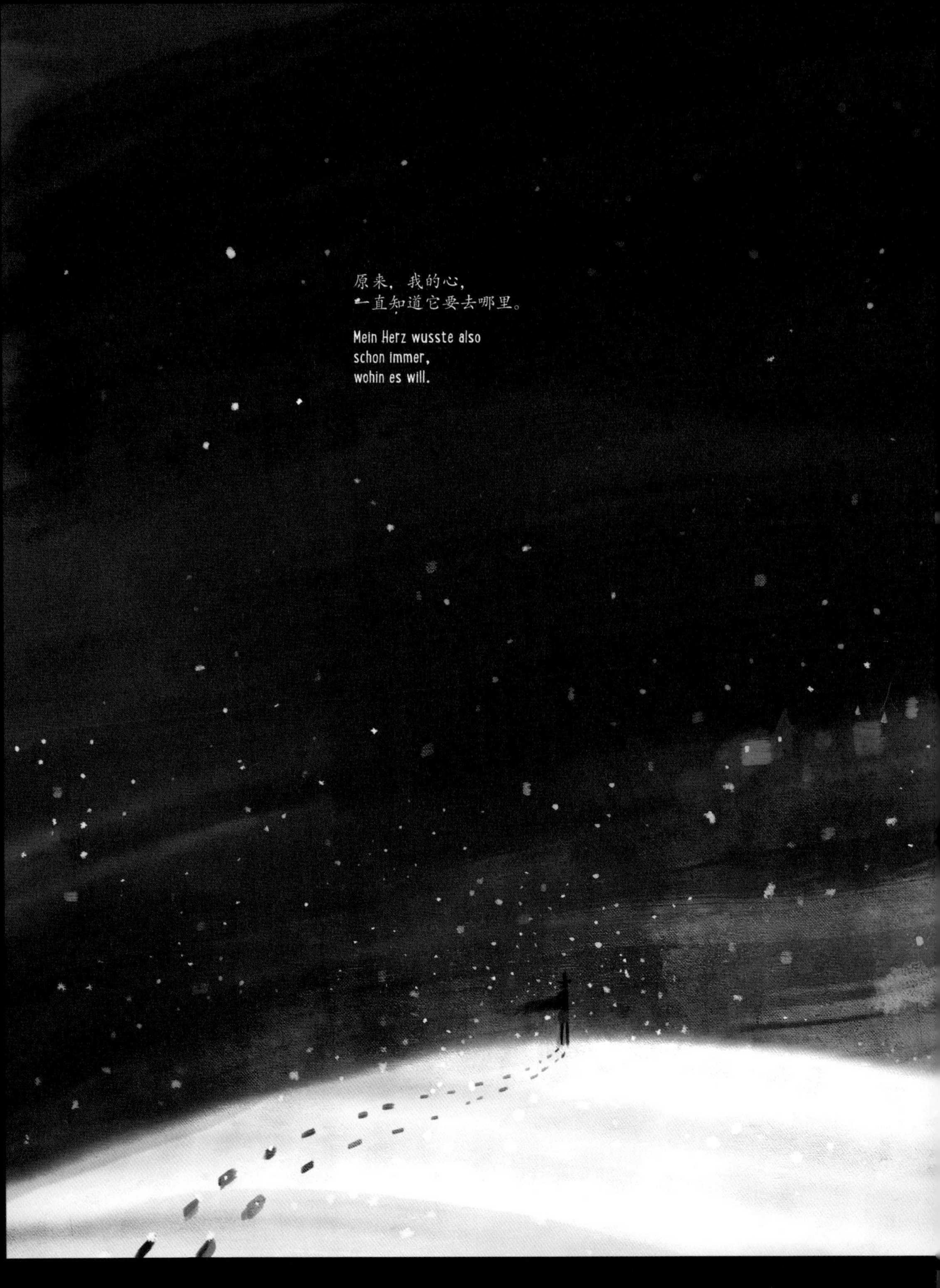

原来，我的心，
一直知道它要去哪里。

Mein Herz wusste also
schon immer,
wohin es will.

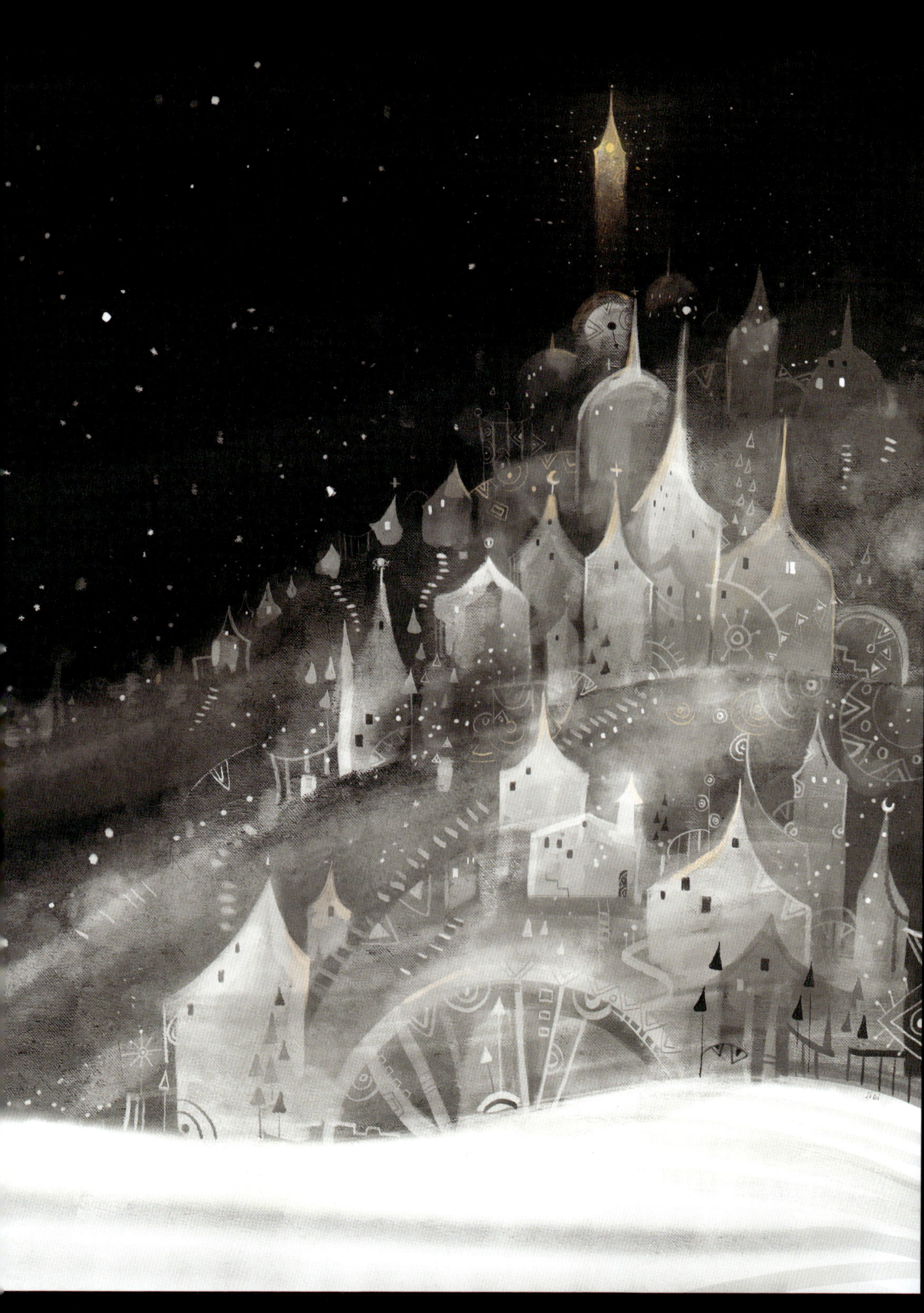

再版后记

我们原本有很多美好的东西，都是在对自己的不满，和对未来的不安中消耗掉的。有时，我们的心，也和自己的身体一样，会经过一个漫长的成长期，会有一些改变，然后慢慢地倾向于稳定，开始不再怀疑自己坚持的东西。

十二年以后，再看自己最初的这本作品。它和我记忆中的不太一样。记忆里我自卑于自己的绘画技巧，觉得自己没有什么讲故事的能力，所以后来一直努力想要让自己“变得更好”。但等心平气和下来以后，回头再看它，忽然发现了它的美好之处。
那时候我刚上了大学，有那个年纪的人应该有的敏感细腻，凭着自己的本能去绘画一个又一个故事。对未来没有特别的期许，也不知道这本书会畅销，十二年间一直一直加印，还被翻译成别的语言。
那时，我只是一个自卑的少年，忽然发现了自己的天赋就努力去画而已。
这本书凝固了一些当时的我并不自知的美好，那个年纪的清澈透亮。那一年的我还不需要为生活操心，还没遭遇生活的变故。就好像，我们度过少年时光时，总觉得生活糟透了。
年纪大一些之后，再回望，忽然觉得那是一段美好的时光 —— 它并不完美，却有无可取代的纯粹。
再版“MY WAY”系列的时候，其它的几本多多少少都做了一些修订，但唯有第一本，只是去掉了几张和主题无关的插画。其它的，都原样保留。
因为这是我们共同的回忆。

这本小小的书，这么多年一直被你们喜欢着，我心里有说不出的感激，我会一直一直画下去的。

寂地
2016年10月7日

Nachwort zur Neuausgabe

Eigentlich besitzen wir viele wunderbare Dinge, die aber durch Unzufriedenheit mit uns selbst und Zukunftssorgen aufgezehrt werden. Manchmal macht unser Herz unserem Körper gleich einen langsamen Reifeprozess durch, bei dem es gewisse Veränderungen durchläuft und anschliessend dazu neigt, beständiger zu werden. wodurch wir allmählich nicht mehr die Dinge anzweifeln, an denen wir festhalten.

Wenn ich jetzt mit einem zeitlichen Abstand von zwölf Jahren erneut mein Erstlingswerk betrachte, so wirkt es auf mich ziemlich anders als in meiner Erinnerung.
Ich erinnere mich daran, dass mich immer Minderwertigkeitsgefühle plagten, weil ich meine zeichnerischen Fähigkeiten für unzureichend hielt und meinte, kein wirkliches Talent für das Erzählen von Geschichten zu besitzen. Deshalb arbeitete ich später immer verbissen daran, „besser zu werden“.
Aber wenn ich nun bereits mit einer gewissen Gelassenheit erneut darauf zurückblicke, so entdecke ich plötzlich, dass dieses Erstlingswerk durchaus seine ausserordentlich schönen Seiten besitzt.
Damals war ich gerade an die Universität gekommen und besass jene Sensibilität und jene Einfühlsamkeit, die charakteristisch ist für Menschen dieses Alters. Ich verliess mich ganz auf meine Instinkte, als ich eine Geschichte nach der anderen zeichnete.
Ich hatte für die Zukunft keine besonderen Erwartungen, und mir war auch nicht bewusst, dass dieses Buch zu einem Bestseller werden würde, der in den kommenden zwölf Jahren immer wieder nachgedruckt und zudem noch in andere Sprachen übersetzt werden würde.

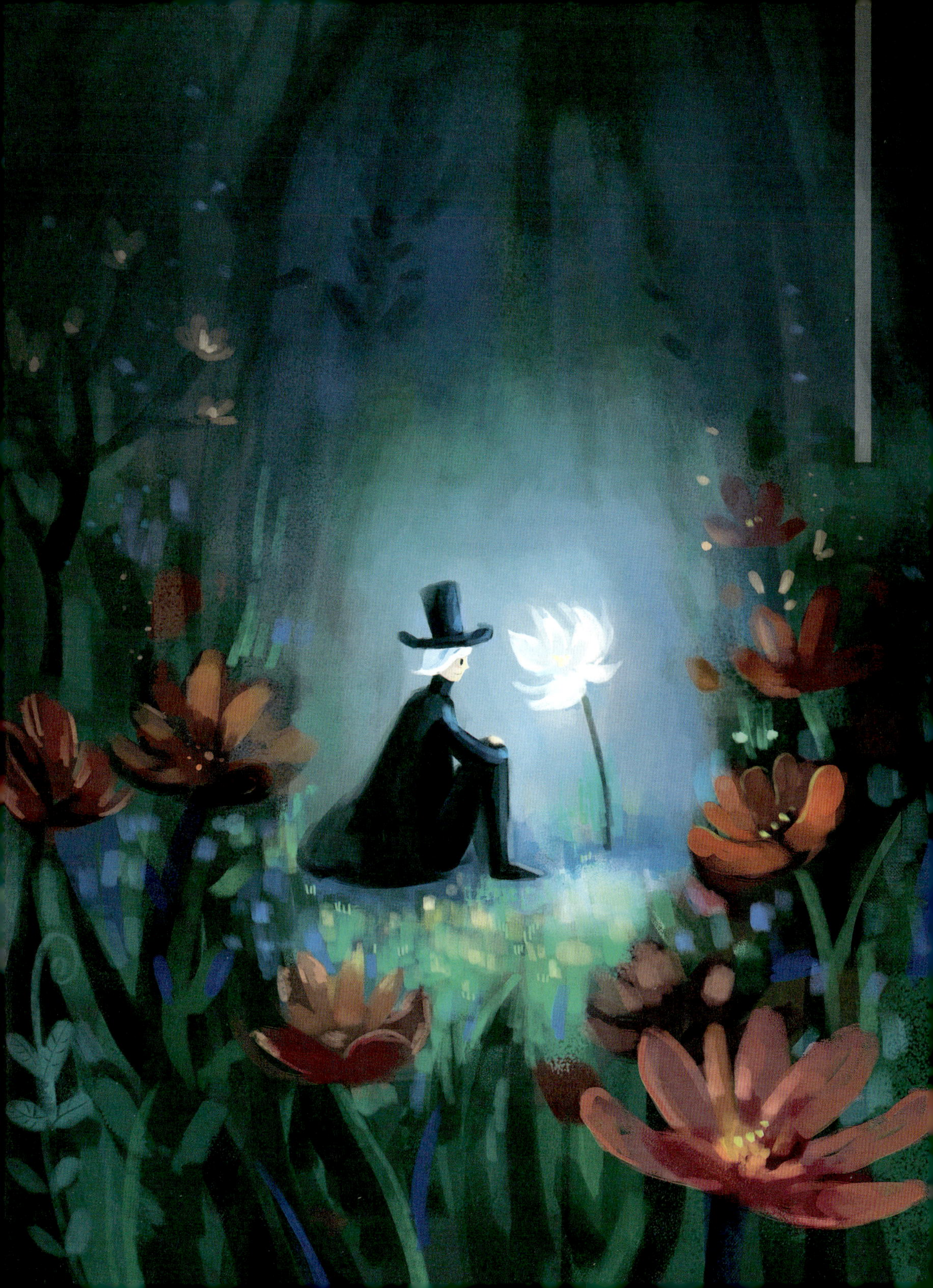

Zu jener Zeit war ich nur ein von Minderwertigkeitskomplexen geplagter Teenager, der plötzlich seine angeborene Begabung entdeckt hatte und daraufhin mit grossen Fleiss alles daran setzte, zu zeichnen.

Dieses Buch hat einige schöne Seiten der damaligen Zeit sowie die Reinheit und Unschuld dieses Lebensalters, worüber ich mir damals selbst überhaupt nicht bewusst war, für immer festgehalten.

In jenem Jahr musste ich mir um meinen Lebensunterhalt noch keine Sorgen machen und ich hatte noch keine Schicksalsschläge erlebt. Es scheint so zu sein, dass wir während unserer Jugendzeit es stets so empfinden, dass das Leben absolut schrecklich ist.

Nachdem ich nun etwas älter geworden bin und darauf zurückblicke, so finde ich plötzlich, dass das eine wunderschöne Zeit war, zwar durchaus nicht perfekt, die aber eine unersetzliche Reinheit und Unschuld besass.

Für die Neuausgabe der Reihe „Mein Weg“ wurden alle anderen Bände mehr oder weniger überarbeitet. Nur beim ersten Band wurde bis auf die Entfernung einiger Illustrationen, die thematisch nicht gepasst hatten, alles wie ursprünglich belassen, denn es handelt sich hier um Erinnerungen, die wir miteinander teilen.

Diesem kleinen Buch habt ihr während so vieler Jahre Liebe und Beachtung geschenkt. Ich empfinde dafür eine unaussprechliche Dankbarkeit in meinem Herzen. Ich werde immer weiterzeichnen.

Jidi am 7. November des Jahres 2016

Originaltitel: 我的路 第一卷 Wo de lu - Volume 1

Szenario,Text, Zeichnungen: 寂地 Jidi

Übersetzung aus dem Chinesischen, Satz und Lettering: Elisabeth Wolf
Lektorat: Yingqun Stille, Filipe Tavares

Verlag der deutschsprachigen Ausgabe:
Chinabooks Wu & Wolf GmbH, Turmstraße 4, 78467 Konstanz, Deutschland
Chinabooks E. Wolf und E. Wu, Bühlstrasse 6, CH-8142 Uitikon-Waldegg, Schweiz
www.chinabooks.de | www.chinabooks.ch | www.manhua.ch | www.facebook.com/chinabooks.ch
www.twitter.com/chinabooks_de | www.instagram.com/manhua_at_chinabooks
Tel. 0041 (0)43 540 40 77 / 0041 (0)76 518 45 26 | bestellen@chinabooks.ch

Vertrieb an den deutschen Buchhandel:
GVA Gemeinsame Verlagsauslieferung Göttingen GmbH & Co. KG
www.gva-verlage.de
Postfach 2021, D-37010 Göttingen
Tel. +49 (0) 551 384200 -0 | Fax. +49 (0) 551 384200 -10

Vertrieb an den österreichischen Buchhandel:
Mohr Morawa Buchvertrieb GmbH
Sulzengasse 2, A-1230 Wien
Telefon: +43 (1) 680 14-0 | Fax: +43 (1) 688 71 30 | Mail: momo@mohrmorawa.at

Vertrieb an den deutschen Comicfachhandel:
Comic Base Berlin
www.comic-base-berlin.de
Baruther Str. 10, D-10961 Berlin
Tel. +49 (0) 30 / 6 94 38 55

PPM Peter Poluda Medienvertrieb e.K.
www.ppm-vertrieb.de
Industriestraße 18, D-32694 Dörentrup
Tel. +49 - 5265 - 9 55 88 55

Erstauflage September 2021 – Printed in Germany

FSC
www.fsc.org
MIX
Papier aus verantwortungsvollen Quellen
FSC® C111446

ISBN: 978-3-03887-000-5 (zweisprachige Ausgabe Chinesisch-Deutsch)